创造
适合每位学生发展的教育

水车园小学"润泽教育"的实践与探索

金艳 / 编著

东北师范大学出版社

长春

图书在版编目（CIP）数据

创造适合每位学生发展的教育：水车园小学"润泽教育"的实践与探索 / 金艳编著. — 长春：东北师范大学出版社，2021.11

ISBN 978-7-5681-8608-7

Ⅰ.①创… Ⅱ.①金… Ⅲ.①小学教育—教育研究 Ⅳ.①G62

中国版本图书馆CIP数据核字（2021）第257249号

□责任编辑：石　斌　　　　　□封面设计：言之凿
□责任校对：刘彦妮　张小娅　□责任印制：许　冰

东北师范大学出版社出版发行
长春净月经济开发区金宝街118号（邮政编码：130117）
电话：0431-84568023
网址：http://www.nenup.com
北京言之凿文化发展有限公司设计部制版
北京政采印刷服务有限公司印装
北京市中关村科技园区通州园金桥科技产业基地环科中路17号（邮编：101102）
2022年4月第1版　2022年4月第1次印刷
幅面尺寸：170mm×240mm　印张：18.25　字数：302千

定价：45.00元

序 言
PREFACE

踵事增华　不负时代

我是2010年底调任水车园小学校长一职的，到写下这篇文字的时候，整整十年，恰恰是纪年法中的一个年代——21世纪10—20年代。

我们普通人的理想会归结为时代的理想，同样，我们教育人的理想也会归结为教育的理想。这十年，水车园人的理想是创造适合每位学生发展的教育。

这十年，水车园人真办教育，办真教育，不图回报，加大投资，努力打造环境优美、设施先进的品牌学校。

这十年，水车园人志存高远，追求卓越，咬定青山，埋头苦干，培育了一大批具备"优秀德行、健康身心、人文素养、科学精神、国际视野"的优秀学子。

这十年，水车园人砥砺奋斗，眼疾步稳，勇立潮头，敢为人先，实现了超常规、跨越式的发展，创造了让人刮目相看的教育成绩。

这十年，水车园小学从品牌学校到一体化办学，从一体化办学到集团化办学，从"一家"到"大家"，踏平荆棘成大道。

这十年，在"润泽教育"理念的支撑下，我们追求一种诗意盎然的境界，构建了以培养学生拥有广阔的视野、健康的身心为目标的育人文化体系，让"黄河品质，水车情怀"的核心价值观深入人心，让"尊重个性、挖掘潜力、快乐发展"的办学理念落地生根。

这十年，我们以丰富多彩的课程为载体，培植学生的能力，张扬学生的个性，培育学生的特长，践行"润物无声，适性扬长"的教育方法。我们开发了五十余门学校课程，教师走班教学，学生全员参与，每个人都找到了自己的特长，实现了"全员加特长的双重培植"学生发展目标。

这十年，自主学习，做一个乐学善思的"黄河娃"；自主管理，做一个民主快乐的"黄河娃";自我教育,做一个德行优秀的"黄河娃"的"三自"德育模式,促进了学生自我教育的不断升华。

这十年,我们获得无数的褒奖:"全国文明校园""全国未成年人生态道德示范校""全国中小学心理健康教育特色学校""国家级语言文字规范化示范校"……一个个奖牌的背后,是我们为教育理想迈出的每一个坚定步伐。

这个世界够高远,教育的理想和行动当然也没有止境。然而我想,人类的伟大之处就在于不管这个世界有多远多大,我们都不惜付出时间的代价去追逐它。因为对于我们选择的事业,我们的价值观就是踵事增华,不负时代。

金 艳

目 录
CONTENTS

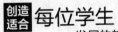

第三章 林木非培植，根株弗成
——学校课程建设

第四章 桃李待日开，荣华照当年
　　——学生德育管理

第五章 根本固者，华实必茂
　　——集团化办学

第一章

随风潜入夜，润物细无声

——学校文化建设

苏霍姆林斯基说："让学校的每一面墙壁都开口说话。"是的，学校的一草一木、一亭一台都应该具备高颜值，让有形的美渗入学生人的内心，成为根植于内心的审美价值判断标准。

我们的校园并不大，但四季轮回的时空里连接着山川万物。春有梨花绽放花如雪，夏有国槐繁茂冠如伞，秋有一树金黄果满枝，冬有白雪皑皑覆青瓦。这样的美景，让人不禁联想到大自然的雄浑、绚丽、神奇，时空之美连接山川万物。穿行于这样的校园，更能领略自然之美。

校门口水车吱吱呀呀地转个不停，在水车的转动中，在老师的辛勤耕耘下，开启智慧，润泽生命，学校的品位也在这点点滴滴中得以提升。湿地园、编程教室、家政课堂、细语亭，一处处景观都是别出心裁的雕琢……我们的教学楼也按不同的主题架构布局——优秀德行、人文底蕴、科学精神、国际视野，我们试图用微缩的世界去呈现所能呈现的大世界，把我们所知的美好事物由一方小院引入广阔的时空。

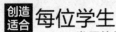
水车园小学赋

水车园教育集团水车园小学　金　艳

黄河之都，丝路明珠。广武门前，水车园南；兴学立校，岁在丙申（一九五六年）。依长河之畔纳涓涓细流，仰兰山毓秀育莘莘学子。是以名：水车园小学。

水车之园，虽处立德深巷，难掩桃李芬芳。春雨落，梨花翻飞轻如画；夏日升，国槐如冠木参天；秋风起，一地红叶云高阔；冬雪降，几房白瓦书声落。水润车泽，立于门首，悠悠转动，"润泽教育"义深深；细语小亭，藏于别院，默默不言，润物无声情真真。

夫立校者，立魂为本。其校有魂，木铎金声百年开拓；其校无魂，杏坛岁月万般蹉跎。"黄河品质，水车情怀"，其校之魂也。"尊重个性，挖掘潜力，快乐发展"，育人之本也。"修润自身，惠泽学子"，为师之道也。"执着勤勉，奉献创新"，师生共勉也。时至今日，踵事增华，势顺前辈之积蕴，力拓后来之新象。名师云集，得其时而荟萃；众生卓越，随其力而高翔。嗟乎，水车之园，金城列名，陇原入榜，春秋代谢，日月辉煌！

夫强校者，质量为本。三尺讲台，方寸间皆有进退；一片赤诚，回首时问心无愧。知不足时囊萤映雪，觉有缺处仲尼回车。自勉以精进，自强以传世。教学之道，以生为本。掘其潜力者事半而功倍，激其志趣者不鞭而奋蹄。嗟乎，水车之园，杏坛群英，怀瑾握瑜，施能展智，敏敏前行！

夫名校者，特色为本。万千学子，难同一质。学有所长，在乎课程。缤纷退迹，适性扬长。整本阅读，点灯之路熠熠生辉；国际交流，游学之途步步开眼。传统节日几多美，璀璨文学千古情。德智体美并发展，核心素养是关键。嗟乎，水车学子，胸怀寰宇，放眼天下，登高涉远，自强可嘉。

赞曰：千秋伟业，教育先行，水车之园，宏图正展。前贤殊荣，彪炳青史，后昆宏愿，昭彰著新。壮怀逸兴，秀拔超群；豪情冉冉，任重道远。

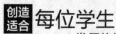

呵护　唤醒　培植　引领

——我的办学方略与思考

水车园教育集团水车园小学　金　艳

一、教育理念

教育在于呵护心灵、唤醒智慧、培植能力、引领发展。

二、价值追求

润泽是温润，是呵护；润泽是滋润，是唤醒；润泽是浸润，是培植；润泽是圆润，是引领。我倡导融合中西方优秀文化，滋养学生生命，适合学生发展的教育，着力培养具有优秀德行、人文底蕴、科学素养、国际视野、健康身心的现代公民。

三、教育格言

教育要尊重孩子的个性特长，挖掘其隐藏的潜力，使其成为独特的、最好的自己。

自从教以来，我始终坚信"教育是一项事业，需要奉献；教育是一门科学，需要求真；教育是一种艺术，需要创新"。在水车园小学，我将自己的理论学习与实践经验相结合，将培养具有优秀德行、人文底蕴、科学素养、国际视野、健康身心的现代公民作为育人目标，提出教育要尊重儿童，挖掘潜力，张扬个性，并因地制宜地实施了"一主两翼"高效阅读、"三自"德育，构建了丰富的课程，以此落实"润泽教育"的理念，呵护童心，唤醒童趣，培植能力，引领孩子成为最好的自己。

四、教育的思考和实践

（一）我的教育思考

教育是呵护。 呵护即尊重个体尊严，珍视生命的灵性，聆听孩子内心的发展需求。教育是培养，是发展，但首先是呵护。呵护如拂过脸颊的春风，追求一种温润的效应、一种诗意盎然的境界。呵护童心意在让孩子拥有广阔的视野、渊博的知识、豁达的情怀、自由的个性、健康的身心。在多年的办学实践中，我意识到文化如绵绵细雨，无声地滋养着学生的心灵。在水车园小学，我重视校园文化建设，以文化的校园浸润着颗颗童心。

教育是唤醒。 个体发展有无限潜力与多种可能，这需要教育者运用适宜的教育策略去唤醒，去激发，从而让每个学生成为最好的自己。"润泽教育"如悠扬的钟声，它要唤醒沉睡的潜质。何以唤醒，唯有阅读。一个人的阅读史，即他的心灵发育史。

教育是培植。 "林木非培植，根株弗成。"我理想中的教育犹如园艺师之于苗木，润其根，涤其叶，矫其形，顺其长势而成可造之材。在水车园小学，我以先进的课程理念为指导，构建课程体系，以此促进学生能力提升、个性张扬、特长发展。

教育是引领。 个体发展的可塑性决定了教育在个体发展中的引导作用，教育是在遵循个体发展规律的基础上，给个体发展以积极的干预，促进其成人、成才。成才先成人，人以德立，我坚持立德树人的育人目标，在水车园小学实施了"三自"德育、双轨制评价，引领师生向更好的自己不断前进。

在我眼里，真正的教育家型校长应该有大家风范。

1. 思想引领基于立德树人、基于核心价值观的落地落实

当下的教育生态，各种教育思想、观念百花齐放，但无论怎样，都应该基于立德树人、基于核心价值观，即心中有党、魂中有国、情中有乡音。一个称得上教育家型校长的人，他的理念中无论如何都不应该有负能量，这是底线，必须坚守。

立德树人是教育家型校长的根。从家庭层面看，孩子从小就懂得并实践孝顺父母，这是立德树人的基础，学校应该帮助家长科学开展家庭教育，达成

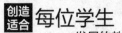
基础目标；从社会层面看，孩子遵守社会公德，这是立德树人的生长，学校应该从孩子社会化层面，让其达成成长目标；从国家层面看，孩子肩负着国家意识、社会责任、民族期望，这是立德树人的升华。学校应该从课程设计层面，实现这样的愿景目标。

践行核心价值观是教育家型校长的魂。有魂的教育才有生命力，当一次次立德树人的实践活动、一门门立德树人的主题课程、一个个鲜活的立德树人典型案例植根于孩子心灵深处的时候，教育的实效性便会迸发出来，学校的各种理想产品便一下子变成了价值理性作品。核心价值观是不是入脑、入心、入魂，不在于你说了它多少次、讲了多少次、背诵了多少次，而在于它是不是根植于你的灵魂深处，在于它是不是物化成了你的行为。

教育家型校长的魅力就在于他可以有智慧把立德树人物化成学生的行为，在于他可以有方法把核心价值观植入学生的灵魂并生成学生们共同的信仰。

2. 实践指导基于无私奉献、基于规范办学的真实情境

教育家型校长的办学实践对不同层次学校的指导应该基于无私奉献。那种把学校特别是义务教育学校商业化的专家的做法，我是不敢苟同的，也不认为这样的做法有多少含金量。离开了无私奉献，教育家型校长的实践指导就变了味，也就失去了成长的正确方向。

教育家型校长的办学实践对不同层次学校的指导应该基于真实情境。外出学习、跟岗研修已经成为校长专业成长的一种范式，但为什么学来学去，什么都没学到呢？究其实，还是缺少了真实情境。有的专家保密，不把真经外传，也有的专家没什么真经，都是虚幻的，所以实践指导应该坚持实事求是，应该保持原生态。

3. 示范引领基于可操作、基于可物化与实践的生成

教育家型校长的一个最大的社会贡献，就是能对区域学校引领示范。就当下看，这种社会效应正在慢慢扩散开来，但依旧缺少一种可操作、可物化的范例。基于可操作的引领示范，是一种观念上的教育实践。比如，"学生至上与教师第一"这样的观念谁都可以操作，就是把教师和学生放到一个位置上，同样尊重，同样对待，没有偏颇，不可为了学生而忽视老师的感受，也不可为了老师而损害孩子们的利益，这才是没有功利的教育，才是可操作的引领示范。

基于物化与实践的引领示范，是一种学习上的教育实践。比如，开展舞蹈比赛，兄弟学校没经验，到示范校来看看，回去就可以操作了；校本课程是怎样开发的，回去看看自己的条件，就能决定是不是学习开展；文明礼仪该怎样抓，来看看，就可以效仿了。物化与实践的引领示范是领航的根本任务。

（二）我的教育实践

有了上述思想引领，理应做以下教育实践。

1. 修润自身

辛勤耕耘，以中西方优秀文化滋养学生，在润物无声中打造适合每位学生发展的教育，促进学生的生命成长，是为"润泽教育"，也是我的教育哲学。砥砺而行，寻找校长这一专业领域的制高点，在学习、借鉴、反思中找到办学成功的有效途径；不忘使命，凝心聚力，与师生共绘愿景；以共同目标驱动个人愿景，以共同愿景驱动个人进步。

2. 读懂老师

学校开展各项活动："卓越教师发展协议"实现教师的专业提升；"学科首席教师"评选成为教师弯道加速的最大引擎；"木铎金声文化奖"让教师产生归属感；多样化阅读赋予教师成长的深度；"教师发展日"让教师在修炼中起舞。

3. 研究学生

培育学生的目标是围绕六大素质，融合中西方优秀文化，培养具有"人文底蕴、科学精神、健康身心、学会学习、实践创新"核心素养的公民，使学生"自主学习——做一个乐学善思的'黄河娃'；自主管理——做一个民主快乐的'黄河娃'；自我教育——做一个德行优秀的'黄河娃'"。在渗透式、融合式整合中，指向核心素养形成的、富有水车园小学特色的"6S"课程体系良好运行长达十年之久，这样的课程让学生在选择中成就自我，让每一个独一无二的孩子得到发现，得到丰富，得到完善。以"双轨制"评价促进学生发展进入良性循环，即"评优选先"与"群星闪耀尽我所能"两种评价方法相结合，在内驱与外约的共同作用下更好地实现育人目标。

4. 领导教学

深入一线，不离教学，确立"学本课堂"教学模式，即以学生本体、学习本位、学科本色促进师生共同成长为核心的课堂，充分相信学生的学习潜能，

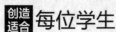

学生在教师指导下学会自主合作探究学习，教师和学生以平等身份共同开展学习活动，实现学习目标。

5. 创意管理

高效会议、实时访谈，让校长室成为离学生心灵最近的地方。学校实施学生整班值周、家校书友会、学生小课题、亲子活动等创意管理方式，充分发挥学生和家长在学校管理中的作用，让他们成为学校管理的有效补充。

6. 完善课程

在核心素养引领下，完善适合儿童发展的课程体系。跨界、跨学科的课程整合是学校今后五年需要加大力气改进的战略选择。如何提升学校课程思维含量，使学生的思维能力在教学过程中得到充分发展呢？今后三至五年，学校将依托思维导图、前置性作业、平行进程图、系统动力图等方面的研究，实现理念的更新。

7. 改进评价

顺应信息化发展潮流，未来五年构建一个学生评价的网站。做到"四全"：全程，实时呈现学生发展"动态轨迹"，记录学生成长历程；全面，全方位评价引领学生"与众不同"；全员，学校、家长、社会、学生实现"充分对话"，促进学生个性发展；全时，实时"自动生成"，分析学生综合指标。学校以此能关注到每一个孩子的成长。

8. 关注未来

教育要有新作为，还意味着我们不仅要关注教育的未来，更要关注时代的未来。在专注教育内部变革的同时，还要有更宽的时代视野和格局。要主动关注我国社会主要矛盾的新变化，认识到"人民日益增长的美好生活需要和不平衡不充分的发展之间的矛盾"，就包括人民对更好的教育的期待。公平而有质量是教育重要的时代命题，一所有担当的学校应当主动承担起这方面的责任，为教育整体的平衡和充分发展竭尽全力。

9. 创新发展

每一所学校都有自己独特的传统与文化，有着不同的学生基础，但这都不妨碍学校对于创新的追求。面向未来，教育一定要有新的转变，要从依赖名师、依赖办学条件的改善转到依赖创新驱动上来。无论是校长还是教师，都要有强烈的创新愿望，为学校营造适应未来发展的"学习场"，进行积极的内部"创新装修"。

做学生、教师、学校自我实现的推动者，塑造面向未来的教育，以锐意进取呼应伟大的新时代是一个校长的责任和幸福。

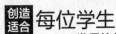
以"润泽"文化之美，育全面发展之人
——水车园小学校园文化建设概况

水车园教育集团水车园小学　金艳　彭正斋　张靖

　　兰州位于黄河之滨，是镶嵌在丝绸之路上的一颗璀璨耀眼的明珠。它经过漫长岁月和历史积淀，形成了集黄河文化、丝绸文化、民族文化于一身的文化特色。水车园小学就坐落在原水车园之南的广武门前，自1956年建校至今，在六十余年的发展中，深受黄河文化的滋养，积淀了自身丰厚的文化底蕴。

　　学校以"尊重个性　挖掘潜力　快乐发展"为办学理念，以"培养具有优秀德行、人文底蕴、科学素养、国际视野的公民"为办学使命，以创"卓越的队伍、丰富的课程、一流的质量"为办学目标，形成了"执着勤勉，奉献创新"的校训，"修润自身，惠泽学子"的教风，"乐学善思，执着进取"的学风，形成了以"黄河品质，水车情怀"为核心的"润泽"文化。

　　学校依托浓厚的教科研氛围和育人氛围，不断提升教育教学品质，构建了"三自德育"体系，形成了"学本课堂"教学模式，完善了学校课程体系，开发了"选修+必修"共计五十余门学校课程，使学校课程更好地服务于学生发展。学校以"润泽教育"为内涵打造适合每位学生发展的办学格局。

　　近几年学校各方面工作都取得了显著成绩。学校先后被评为"国家级语言文字规范化示范校""全国写字教育先进集体""甘肃省教育系统先进单位""兰州市教育系统先进单位""兰州市文明单位""兰州市体育先进单位""兰州市艺术教育先进单位""兰州市校外教育先进集体""兰州市两基迎国检工作先进集体"，学校被确定为"全国科学教育实验基地""全国湿地实验学校""全国写字教育实验学校""教育部语文出版社语文教师专业化发展工程基地校""甘肃省中小学标准化心理咨询辅导室""甘肃省地方课程建设示范校""甘肃省德育示范校""甘肃省快乐校园"，多次荣获"兰州市教育质量优秀奖"，被确定为兰州市"文化建设示范校""艺术特色学校""兰州市体育传统校——篮球训练点""城关区科普示范学校""城关区特色学校""城关区现代化学校"。

一、学校发展目标

1. 战略目标

战略目标：卓越的队伍，丰富的课程，一流的质量。

（1）着眼未来，立足实际，通过对国家课程的开发和学校课程的建设，系统开发满足学生需求、充分落实学校培养目标的校本课程、班本课程。

（2）在课堂教学中落实学生主体地位，通过课程与教育教学改革，实现教学方式与学习方式的转变。

（3）把跨界、跨学科的课程整合作为今后五年改进的战略领域。

2. 学校文化发展目标

学校文化发展目标：总结建校以来特别是近十年来学校发展的历史经验，倡导并强调以下价值取向：

（1）黄河品质，水车情怀。

（2）做更好的自我。

（3）优秀是一种习惯。

（4）学校兴衰，我的责任。

（5）干部行为准则：公、勤、谦、真。

（6）课程改变学校才会改变。

（7）做受人欢迎的人，尽最大努力做好自己的事。

（8）生活上可以照顾，工作上不可以照顾。

（9）海纳百川，包容共生；聚天下英才，做幸福事业。

（10）追求卓越，反对平庸，拒绝低劣。

（11）在工作中研究，在研究状态下工作。

（12）自主性教育：学生能做的，老师不要包办。

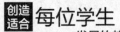

二、文化建设的精神力指导思想

核心价值：黄河品质，水车情怀。

学校愿景：办一所值得信任、有学习力、有故事的学校。

学校使命：融合中西方优秀文化，滋养学生生命；创造适合学生发展的教育，着力培养具有健康身心、优秀德行、人文底蕴、科学素养、国际视野的公民。

学校目标：一流的质量，卓越的队伍，丰富的课程。

校训：执着勤勉，奉献创新。

教风：修润自身，惠泽学子。

学风：乐学善思，执着进取。

三、文化建设基本原则

传承吸纳：学校在继承原有办学特色的基础上，进行本校文化的挖掘、传承，学习借鉴知名学校的文化建设经验，经过不懈的努力，总结、提炼、确定适合本校实际情况的以"黄河品质，水车情怀"为核心的文化追求，努力办一所值得信任、有学习力、有故事的学校，建立学校文化发展总体架构。

浸润完善：以"黄河品质，水车情怀"为核心文化，以"润泽"为品牌，将其通过校园环境建设和教育教学融入师生的精神世界，并进行学校文化形象的设计。

践行创新：融合中西方文化，践行"六大素质"教育，在实践和研究中不断完善和丰富学校文化，促进学校"润泽"品牌的形成，推动学校健康、可持续发展。

四、文化建设思路

通过对学校文化建设核心思想"黄河品质，水车情怀"与"润泽教育"理念的深入解读，我们将以艺术的视角，将科学性、教育性、艺术性相结合，由点辐射到面，合理布局，系统全面，将环境建设融入现代化的校园建设中，与时俱进，特色鲜明，建设具有艺术水准的高层次、高品位的水车园小学校园文化空间。

五、形象力塑造，彰显"润泽教育"品牌内涵

1. 校名墙

顾明远先生题写的"水车园小学"题刻于校门口，苍劲有力的金色大字在深色大理石的烘托下显得生动、大气、厚重，提升了学校内涵，昭示了学校厚重的历史。

图1-1　校名题刻（顾明远先生题写）

2. 水润车泽

"山有百藏而不言，水润万物而不语。""水润车泽"景观修建于2011年，其中"黄河品质，水车情怀"八个大字由原甘肃省委书记李子奇同志题写，苍劲雄浑。其寓意为在老师的辛勤耕耘下，开启智慧，润泽生命。景观以"生命与智慧"为主题，以"润德、润智、润体、润美、润心、润行"的"润泽教育"为核心，让"润"点化师生的心，浸润师生的情，滋养学生的根。生命润泽生命，智慧启迪智慧，思想升华思想，心灯点亮心灯，精神引领精神，幸福塑造幸福。水润车泽景观，传递"执着勤勉，奉献创新"的校训，彰显"修润自身，惠泽学子"的教风，培育"乐学善思，执着进取"的学风；以培养"仁爱宽厚，睿智大气"的具有人文底蕴、科学素养、国际视野、健康身心、优秀德行，有智慧、能创新的现代公民为育人目标。

图1-2 "水润车泽"景观

3. 学校校徽

学校校徽由水车造型变化而成，生成三个圆，校名是顾明远先生题写的学校标识，水车的支架是由篆刻的红色水字构成，包含意蕴：

（1）黄河之水象征中西方优秀文化，水车象征教师，水车将黄河之水引进田地，庄稼得到滋养，教师将中西方优秀文化引入课堂，滋润孩子心田，润泽学生生命，同时昭示学校"执着勤勉，奉献创新"之精神。

（2）教师应该是上善之人，像水一样柔顺，滋养万物而不与万物相争，有功于万物而又甘心屈于万物之下。正因为这样，有道德的人，效法水的柔性，温良谦让，广泛施恩却不奢望报答。作为老师的我们，要有这份柔性，要有这份温良谦让，用自己最柔软的心去关爱孩子，去润泽、呵护、唤醒、培植、引领每一个孩子不断成长。

图1-3 学校校徽

4. 学校校歌

学校校歌（见图1-4），根据学生形象塑造的要求修订为：

天上飘来滔滔黄河，水车辘辘洋溢喜悦，琅琅书声响起的地方，我们的校园生机勃勃。天上飘来滔滔黄河，水车辘辘洋溢喜悦，朗朗书声响起的地方，我们的校园生机勃勃。乐学善思，执着进取，黄河娃掬饮知识清波。

老师好像辘辘水车，同学就是嫩绿幼苗。灿烂阳光照耀的地方，我们的校园笑语欢歌。老师好像辘辘水车，同学就是嫩绿幼苗。灿烂阳光照耀的地方，我们的校园笑语欢歌。黄河品质，水车情怀，黄河娃拥抱快乐世界。

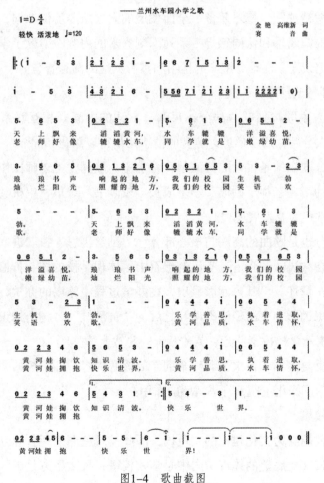

图1-4　歌曲截图

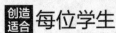

（1）歌词创作思路

学校1956年建校，至今已是六十余年的老校，校歌要符合以下要求：①昂扬向上，催人奋进，与学校的历史传承、文化积淀和发展成就相协调。②体现学校地域文化环境、学校特色、办学思想和时代特色，既要寓意深远，又要简洁明快、朗朗上口、适合传唱，符合校歌歌词的普遍特点。

（2）歌词整体主旨

水车园小学校歌歌词内涵丰富，意蕴深长，格调高远，紧扣时代脉搏，既集中反映了学校独具的办学传统、办学特色和人文精神，又生动地表现了学校良好的办学理念、育人环境和师生风貌。

其具体涵盖了学校"乐学善思，执着进取"的优良学风，知行合一、追求真理的"勤勉精神"，德才兼备、全面发展的人才培养价值取向，以及水小人对学校强烈的归属感和认同感等一系列深刻隽永的内容，讴歌了学校发展及教师职业的无上荣光。涌动着饱满的情绪和富有灵性的深邃智慧。

（3）歌词分层释义

歌词分为主歌与副歌两部分，每部分歌词的内涵既相互联系，又各有主旨。内容层次分明，逐层递进，蕴含的情感逐步得以深化和加强。

主歌部分歌唱的是古老的黄河孕育着水车。歌词中把老师比作辘辘水车，把学生比作幼苗，老师辛勤培育学生成长。校园书声琅琅，生机勃勃，也折射了学校的日常行为及发展进程。

副歌部分也是歌曲的高潮与核心部分。"勤学善思，执着进取"是学校良好的学风，在教风的润泽下、学风的感召中，体现学校的核心价值观——"黄河品质，水车情怀"。其内涵彰显出，在办学过程中施以的办学行为及其对水小人产生的深远影响；历经沧桑洗礼之后的"黄河娃"，掬引知识清波，拥抱快乐世界，揭示学校桃李芬芳、英才辈出的斐然业绩。

副歌的反复演唱，再次强调整个词作的核心内容，即学校的办学理念与内在精神，起到了深化主题、升华情感的作用。

5. 学校校旗

学校以敦煌红为文化建设的主色调，因此校旗色调采用敦煌红，象征优雅隽永，是学校文化底蕴的体现。居中是学校校徽，校徽下方是由顾明远教授题写的校名标识。校名题刻则是学校品牌展示的一部分。

图1-5　学校校旗

6. 实物形象

我们设计制作了拥有自己特色的文化形象物品，如校旗、纸杯、手提袋、校刊《森林水车》、宣传读本《爱满校园》、阅读记录册、为教师特制的笔记本等。

7. 标识名称

学校的建筑、校刊等都拥有内涵丰富的名称，也体现了学校的形象文化。"立德巷""润泽教学楼""舒园（洗手间）""闻道厅""细语亭""交流空间""'黄河娃'广播站""森林水车"等，这些富有寓意及地域特色的名称，有生气，有灵性，发挥着重要的标志作用，同时散发着文化的魅力，凝练着学校的文化底蕴。学生耳濡目染是嘉言善行的熏陶，是学校文化精神的传承。

8. 吉祥物快乐"黄河娃"

自信、认真、好奇是吉祥物快乐"黄河娃"的名片。为激励学生发展，融合校园文化和地域特色，学校设计制作了具有校园文化元素的"黄河娃"——毛绒小公仔。小公仔形象憨态可掬，分为男生款和女生款，分别以黄色和粉色为主色调。学生在平时的积分活动中可获得此吉祥物。

9. 教师誓词

学校教师誓词蕴含着教师的职业理想信念、责任和使命，承载着教师对教育的职业理解、职业态度和职业情感。教师誓词是教师新形象的再塑造，习近平总书记指出，教师要做"四有"好老师，教师是打造中华民族"梦之队"的

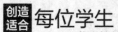

筑梦人,教师还要做学生成长发展的四个"引路人"。建立和实施教师宣誓制度,用"好老师""筑梦人""引路人"的内涵进一步丰富教师誓词内容,不仅能够促使教师角色内隐认知的形成,而且也能对教师的言行起到内隐导向作用,以发挥其示范引领作用。

教师誓词:我是水车园小学的教师,我的一言一行、一举一动都必须经得住学校、社会的考验。我将守望教育的快乐,过一种幸福的教育生活,弘扬"执着勤勉,奉献创新"的学校精神,践行"修润自身,惠泽学子"的教风,做学生人生发展的引领者、做教育改革和学校发展的参与者、做终身学习的实践者,即使艰辛,也将与同事们携手共进,以"永远执着的美丽"形象,践行教育追求和人生理想。我将无愧于"水车园教师"的光荣称号,把每一个学生的成长当作最高荣誉!

10. 学生誓词

学生誓词,是学校文化的一个载体,是学校向学生进行思想行为规范教育的重要渠道。通过宣誓,不仅可以振奋学生精神,增加学生的学习动力,而且可以通过心理暗示提升学生的自信心。同时,全校学生齐诵誓词,这种共同的目标和追求会激发每一个学生的责任感、荣誉感和归属感,从而形成强烈的向心力、凝聚力和群体意识。

学生誓词:我是水小少年,我为水小代言!我们努力做到:自主学习,做乐学善思的"黄河娃";自主管理,做民主快乐的"黄河娃";自我教育,做德行优秀的"黄河娃"!

11. 学校礼服:学生礼服和教师礼服

学校礼服包括学生礼服和教师礼服。学生礼服包括运动礼服和礼仪礼服。运动礼服由优雅隽永的敦煌红和优雅深沉的藏青色搭配而成,缀有中国元素的盘扣,彰显时尚与传统的有机融合。优雅隽永的敦煌红三件套淑女裙女生礼仪礼服和优雅深沉的藏青色三件套男生礼仪礼服,打造了完美的校园风格。教师的礼仪礼服是女式黑色裙装和男式藏青色西装,体现了庄重、大气、典雅的教师形象。

12. 校园景观与功能室

(1)主题书吧与图书馆

"博览群书知晓天下事,集成众智理达世间情。"轻推图书馆大门,一列列书架上摆放着琳琅满目的书籍，孩子们捧着书，书香书韵在空中飘荡，书卷中的文化气息扑面而来。每年毕业季，毕业生都会以感恩母校的方式为母校回赠图书。孩子们发扬"奉献、友爱、互助、进步"的精神，以书为媒，书香传情。

环境温馨的休闲书吧放置了造型各异的藤椅和茶几，老师和学生可以在这里惬意地读书，享受午后的美好时光。学校里大大小小的十几个书吧总是人气最高的地方。每年，上百万字的阅读量是水车园小学给每个孩子最丰富的精神食粮。海量阅读，沉淀的是思想，表达的是对美的崇尚与追求。

图1-6 音乐书吧

图1-7 时光书吧

图1-8　毛虫书吧

图1-9　树人书吧

图1-10　水车READ书吧

图1-11　教师读书交流空间

（2）梨树情韵

校园里的老梨树是学校发展的见证者。梨树情韵已成一种文化，梨花向上、向善、向美，书写蓬勃。每年，当雪白的梨花开满校园的时候，孩子们就迎来了春天里的新学期。春风拂面，梨花飞雪，孩子们笑脸盈盈，校园里其乐融融。秋风阵阵，梨果飘香，孩子们书声琅琅，校园里欢声笑语。老梨树花开了又谢，谢了又开，见证了孩子们的成长，学校的发展。

图1-12　梨树情韵

（3）主题形象墙

我们的教学楼也按不同的主题架构布局——身心健康、优秀德行、人文素养、国际视野，我们试图用微缩的世界去呈现所能呈现的大世界，把我们所知道的美好事物由一方小院引入广阔的时空。

图1-13 科学精神主题墙

图1-14 人文底蕴主题墙

图1-15 优秀德行主题墙

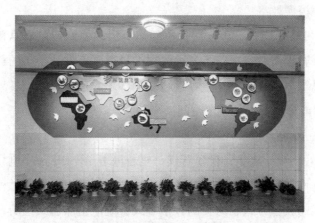

图1-16　国际视野主题墙

图1-17　走廊文化墙

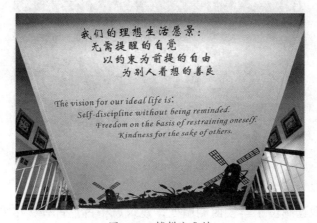

图1-18　楼梯文化墙

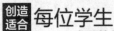

（4）科教模型教室

"满眼生机转化钧，天工人巧日争新。"科教模型旨在培养和提高学生的综合素质。科教模型教室配备了各种各样的科教零部件，小小的科教模型集探索、创新、思维力于一体。学生经过巧妙的构思，创作出造型各异的作品，而模型的展示，能提高他们的想象空间。

（5）Dream小剧场

"人生如戏，戏如人生；世事若棋，棋若世事。"Dream小剧场不仅是单纯的戏剧演出场地，而且是"教育剧场"——把戏剧表演和教育过程结合起来，是一种交互式的教育方式、另类的教学模式，既注重体验式经历，又将艺术特质融入其中，潜移默化中将戏剧融入了美育范畴。剧场根据各类题材主题配备了专业演出服装和道具，学生在宽阔的剧场排练各种剧目，通过角色扮演、对话、时空转换等，多种形式提高学生的综合能力。

（6）细语亭

"春潮映杨柳，细雨入楼台。"蓝天、绿树、红瓦，构成了细语亭的浪漫。亭中有书卷，师生可以在这里触摸文字，谈天说地，也可以在这里互相倾诉心事。总之，这里是温馨之亭，是小憩之所，是放松之地。

图1-19 细语亭

（7）连廊与花架

校园景观连廊位于学校西侧墙处，建筑风格古色古香，尽显雅致，像游廊一样发挥建筑空间的脉络作用，可成参观路线，亦能划分空间，增添风景深度。花架景观也将景与人融会，人可于此消夏，观景。孩子们休息、游戏、读书，或坐或倚，审美性与安全性完美融合。铁和木头的完美结合有一种复古和怀旧的味道，使校园充满层次感。

（8）地面景观

"春雨惊春清谷天，夏满芒夏暑相连。秋处露秋寒霜降，冬雪雪冬小大寒。"二十四节气，是中国人对栖居的诗意创造，衣食农事，依季候而作，随岁月流转。为了让学生感受我国的二十四节气的传统文化，学校在操场东侧地面设计制作了二十四节气地面铜雕造型。不论是最初的创意还是二十四节气歌谣的选定，还是画面的创作，均查阅了大量相关资料，还邀请了专家手绘图稿。总之，从创意到选歌谣到画面创作，再到制模铸造，每一个环节都精心设计，力求让作品更加完美。二十四节气地面铜雕造型最终选用高强度的锡青铜来铸造，作品古朴厚重。相信经过岁月的磨砺，它们必将成为水车园小学独有的传世之作。

图1-20　二十四节气地雕

十二生肖地雕造型，可以帮助学生了解我国的优秀传统文化。

十二生肖和二十四节气都是中华民族悠久历史文化的重要组成部分，凝聚着中华民族文明的历史文化精华，地面铜雕既保留了传统精髓，又加入了易于被孩子们理解的创新元素，极富中国特色。

图1-21　十二生肖地雕

（9）学生实践基地

"纸上得来终觉浅，绝知此事要躬行。"学校在家政教室门前建设了169平方米的钢结构学生实践基地，改善了此区域在雨雪天无法使用的状况，成为学校一个开放式多功能活动区域，供学生开展家政课、科技课、小乐器进课堂等活动，从而培养、提高学生的创新能力和实践能力。

（10）湿地体验馆

湿地园是校内湿地教育活动实践基地。湿地园主要分为5个区域：湿地微景观、湿地保护知识栏、湿地动物标本展示长廊、学生作品展示区、科技教室。湿地微景观简单模拟河流湿地的自然环境，将湿地中的水、土壤、植物、鸟类等主要元素浓缩在一起，直观地为学生呈现湿地的主要构成。湿地保护知识栏以图文结合的方式呈现有关湿地的知识，包括湿地的定义、功能、主要类型，湿地生物，湿地面临的威胁等内容，是对学生进行科普湿地保护相关知识的途径之一。湿地动物标本展示长廊将鸟类标本、动物标本、昆虫标本三类标本以不同的方式置于湿地园的湿地微景观、长廊、湿地教室等不同区域，在营造浓厚科普氛围的同时，对每一个标本都进行了具体介绍，这有助于学生了解每一种湿地动物的习性，感受湿地动物的多样性。

图1-22 湿地生态园

图1-23 湿地教室

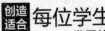

（11）主题浮雕

主题浮雕作品设计简洁，雕塑54米长的画面，用简单、易懂的风格展现出水车园小学的"润泽教育"理念。浮雕用不同视觉的水车造型，突出了学校的特点：伴随着水车的转动声，孩子们在优美的环境中生活、学习、嬉戏、成长。老师培育孩子们的成长，就像从播种种子到发芽，从发芽到开花，辛勤的园丁们使祖国的花朵百花齐放。孩子们自己动手种花浇水，在校园里通过学习知识，不断成长，书香的熏陶，而科学的探究，知识的浪潮让孩子们"德智体美"全面发展。书籍是开启智慧的钥匙，知识让孩子们怀揣梦想拥抱蓝天。社会进步、科学发展、城市建设，体现着教育对社会发展的核心作用。老师们秉持"春蚕到死丝方尽，蜡炬成灰泪始干"的教育精神，让孩子们在日月精华的养护下苗壮成长。在悠悠河风里，水车淘洗着岁月的金沙，在谆谆教诲里，"黄河娃"们沐浴着知识的雨露，在今后的腾飞中，他们必怀着真挚的情去圆一个"中国梦"，为神州大地的屹立做出贡献，能在未来的旅途中放飞梦想，扬帆起航，拥有更加美好的明天。

图1-24　水车文化浮雕

（12）汉白玉升旗台

学校为不断提升校园文化建设的品质，采用汉白玉雕花设计制作升旗台，雕花图案采用黄河、水车形象及甘肃彩陶纹饰，体现了学校"黄河品质，水车情怀"的办学理念。汉白玉旗台颜色洁白无瑕，质地坚实细腻，非常容易雕刻。洁白如玉的汉白玉升旗台代表着纯洁、诚实、纯真和务实，它在师生的日常生活中，有着重要的作用和意义。旗台是用来举行隆重升旗仪式的地方，是我国传统爱国主义教育和集体主义教育的重要场所。每周一次的升国旗仪式，可以培养学生的爱国主义精神。

图1-25 汉白玉升旗台

缔造"润泽教室"，彰显班级文化

水车园教育集团水车园小学　金　艳　张　莹

为进一步丰富校园文化的内涵，努力构建理想的学校，积极营造和谐的校园文化氛围，学校开展了水车园小学"润泽教室"建设。通过活动，我们为学生营造了勤奋学习、快乐生活、全面发展的良好环境，为教师提供了专业发展的平台，让师生的生命在和谐的教室里更加灿烂。

一、"润泽教室"的内涵

在新教育生命叙事和道德人格发展理论的指导下，学校吸收新教育儿童课程的丰富营养，开展晨诵、午读、暮省活动，并把理想课堂的三重境界作为所有学科追求的目标，让师生共同书写一个个教室成长的故事，从而形成有自己个性特质的教室文化。缔造"润泽教室"，就是要让教室里的每个孩子穿越课程岁月，追求有德行、有情感、有知识、有个性，能审美，在各方面训练有素又和谐发展的目标，一天天地不断成长。

二、"润泽教室"的建设目标

1. 把教室建成图书馆，是阅览室；

2. 把教室建成实践场，是探究室；

3. 把教室建成操作间，是展览室；

4. 把教室建成信息资源库，是教师的办公室；

5. 把教室建成习惯养成地，是人格的成长室；

6. 把教室建成共同生活场所，是生命的栖居室。

三、相关设计方案

"雨露班"设计方案

水车园教育集团水车园小学　高千茜

一、班级文化构建总体目标

1.班级名称：雨露班。

含义：让孩子们在雨露的滋润下茁壮成长。

2.班级口号：小事成就大事，细节成就完美。

3.班级公约：

（1）升旗仪式要搞好，热爱祖国第一条。

（2）齐唱国歌感情深，肃立致敬要做到。

（3）出操集队快静齐，动作规范做好操。

（4）每天眼操做两次，持之以恒视力保。

（5）铃声一响教室静，专心听讲勤思考。

（6）举手发言敢提问，尊敬师长听教导。

（7）课间休息不吵闹，文明整洁要做到。

（8）勤俭节约爱公物，遵循公德很重要。

4.班级愿景：让今天的自己胜过昨天的自己。

5.班级格言：志高造就辉煌！

6.班歌：

鲜花爱雨露

花儿鲜花儿艳，花儿真美丽。

我们像鲜花开在春天里，鲜花爱雨露。

我们爱老师，鲜花爱雨露。

我们爱老师，花儿鲜花儿艳。

花儿真美丽，我们像鲜花开在春天里。

鲜花爱雨露，我们爱老师。

7. 班级标识（幼芽雨露）:

图1-26　绘制班级标识

8. 班级目标: 在雨露的滋润下, 幼芽茁壮成长!

二、班级文化氛围营造

1. 在教室后面种植各种花草, 配合不同花草的介绍、养殖方法, 培养学生动手能力及对生活的热爱。

2. 文化展板除了用于展示班级文化外, 还拓展为不同小组的评比栏。

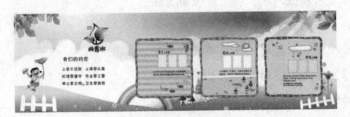

图1-27　文化展板

3. 侧墙悬挂与做人道理相关的文字:

图1-28　悬挂的做人道理

4. 前后悬挂文明礼仪和学习技巧等内容：

图1-29　文明礼仪与学习技巧

三、班级文化制度建设

1. 制定班级积分制度。

2. 制定班级学生一日行为规范。

3. 制定班级自主管理岗位及责任。

4. 确定班本课程及实施方案。

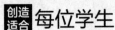

一隅书吧，一方乐土

水车园教育集团水车园小学　高卫欣

作为一所书香校园，学校除了开设许多具有特色的阅读课程之外，还在学校的角角落落等一切可以利用的地方摆放了书籍，方便每一个喜欢阅读的孩子随时随地有书可读。

"毛虫书吧"书虫多

教学楼一楼门厅旁的书架，设计成一只胖胖的毛毛虫，淡淡的马卡龙薄荷绿，清新可爱，命名为"毛虫书吧"。

由于这个楼层都是低年级的班级，所以书架上摆放的都是好看的绘本。每天课间，总有三三两两的学生在此读书，他们或独自一人坐在小板凳上，手捧一本精美的绘本，看得忘乎所以；或两三个小脑袋凑在一本书前，你读给我听，我指给你看。他们时而凝神专注，时而咧嘴偷笑。每每读完一本，小脸蛋上就会洋溢起幸福的满足感，然后一边心满意足地把它送回原位，一边用渴求的目光搜寻下一个目标。有时，下课铃声会不合时宜地打断沉浸在故事中的小可爱们，此时只见他们一边争分夺秒地收书，一边又狠狠地往后翻阅两页，仿佛这样就能弥补心中的不悦与不舍，然后一步三回头地踏着铃声的尾音疾步回到教室里……

"时光"易逝，唯书香永存

为了方便学生舒心阅读，我们在每一个书吧旁都贴心地配置了小椅子或软面沙发，让学生体验到课余时间坐在这里阅读的快乐。阅读本就是一件愉快的事情，就应该在舒适的环境里进行。

开学不久，我打电话约小霖妈妈下午来学校交流，了解孩子的有关情况。铃声响后，我们落座在"时光"书吧前的小沙发上。上课的时候这里比较清静，也免去了家长在办公室里谈话的尴尬。

刚聊没两句，我就因为班级里的一个突发事件，被小班长急匆匆地叫走了。等我处理完事情，时间已经过去了一刻钟，于是我满心歉疚地快步向书吧走。远远地，我就看到小霖妈妈手捧一本书，正认真地看着。窗外的阳光透过窗户，照在她长而柔顺的披肩长发上，使她头发上笼罩着一圈金色的光芒，那背影仿佛是从油画中走来。那一刻我想起了一句诗："若有诗书藏在心，岁月从不败美人。"

许是看得入迷，她没有察觉到我的到来。她手里的书，也已翻阅过半。和小霖妈妈的沟通很是顺利，交流结束后，小霖妈妈的手里还攥着先前看过的那本书。虽是封底，但我也一眼看出是《窗边的小豆豆》。

起身时，她略带难色地说："高老师，这本书我能不能带回去？孩子说最近全班一起在读它，天天把'小豆豆'挂在嘴边。我刚看了看，的确很有趣，我也想读一读。等下次她再说起'小豆豆'时，我也能跟她聊两句。"

我有点被这个爱读书的妈妈感动到了。每一个热爱阅读的人，无论是天真可爱的孩童，还是奔波忙碌的成人，翻开书本阅读的姿态都一样充满魅力。

"树人书吧"，带你寻找心灵的方向

三楼的"树人书吧"，从外形上看，是一棵顶天立地的大树，无论是造型还是名称，都凸显了学校教育的直接目的——促进人的发展，即通过合适的教育来培养人才，塑造人、改变人、发展人。

这个书吧的书籍，以历史和人物传记为主。青少年阅读这类书籍，不仅可以丰富历史文学知识，而且在这个懵懂的年纪，阅读伟人的成长经历，可以激发他们的志气，增强他们克服困难与挫折的勇气，增长他们应事接物的智慧。孩子们在这里，可以穿越时空的隧道，感受先秦诸子百家争鸣、盛世大唐开放繁荣；看《史记》与司马迁对话，寻《桃花源》和陶渊明长谈；随《居里夫人》探索科学，与苏格拉底初探哲学……

读史使人明智，读人物传记修养心灵。通过这些书籍的浸润，孩子们可以

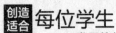

与古今圣贤对话，与中外智者交流，从而培养他们成为具有中国文化根基和世界眼光的现代人。

"Read书吧"，让你遇到更好的自己

杨绛先生曾写下："读书是为了遇见更好的自己，学习不是狭隘的，不是为了学历、升官、发财，不是酸文假醋，不是清高寡淡，是塑造我们的精神长相，让我们的视野更开阔，以更好的视角来诠释这个世界。"

四楼的"Read书吧"充分利用了字母的线条感，和楼梯间的同色系书墙相呼应，看上去既深沉内敛，又时尚美观。这里是每一位水小毕业生选择留影纪念的打卡之地，也是老师们搞小型活动的必选之所。老师们曾在这里带领着自己的"爱徒"，举办过一场场班级读书会……

读更多更好的书，是每个真正喜欢阅读的人的追求。站在这面书墙前，会让我们感觉到在知识的瀚海里，我们所知道的是那样的少。希望我们每个人都爱书、读书、懂书，让读书改变我们的内在。

中国传统文化之节日文化

水车园教育集团水车园小学　火文燕

一、课程概况

1. 课程概况

中宣部等5部委联合下发的文件《关于运用传统节日弘扬民族文化的优秀传统的意见》中指出："中国传统节日，凝结着中华民族的民族精神和民族情感，承载着中华民族的文化血脉和思想精华，是维系国家统一、民族团结和社会和谐的重要精神纽带，是建设社会主义先进文化的宝贵资源。"传统节日文化具有丰富的教育价值和教育资源，我们必须不断保护、发掘、继承、创新民族节日，将传统节日文化纳入学校课程，对学生进行传统文化教育。

学校课程开发与实施和传统节日文化相结合，一方面可以利用传统节日的趣味性和实践性，开发传统节日文化课程，加深传统节日自身的精神意义；另一方面，鼓励学生积极参与传统节日活动，帮助学生不断加深对传统节日文化的认知和体验，使传统节日文化得到持续传承的同时，有效促进教学工作的展开和学生自身的发展和成长。

2. 课程目标

（1）引导学生积极参与课程，感受传统文化的魅力，提升综合素质。引导学生积极参与传统节日文化课程，体验传统节日的魅力，感受传统节日中流溢出的中华文化底蕴。通过实践活动锻炼学生的操作能力和表达能力，提高其综合素质。

（2）丰富学校课程内涵，充实小学课程内容。节日文化中丰富的教育资

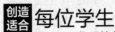

源，包括节日的快乐心理、多彩的节日文化、优秀的民族文化精神等，这些都可以使学校课程内涵更丰富，内容更多元化。

（3）引领家长参与课程开发与实践，促进家校合作。教师、家长和学生共同参与节日活动的准备与实施，共同构建节日文化课程，最大限度地发挥节日文化教育的价值。

二、课程实施

1. 实施过程

为了充分挖掘传统节日的文化内涵，向学生传承传统节日精神，学校的传统节日文化课程内容围绕"腊八节、小年、春节、元宵节、清明节、端午节、中秋节、重阳节"展开。知识目标上，重视了解传统节日的名称、日期、起源、传说故事、风俗习惯、与节日相关的古诗词等，让学生写一写自己的节日生活，重在培养学生对资料的搜集、比较、分析和运用能力，以及对语言的概括和表达能力，激发学生对家乡和祖国的热爱。

（1）围绕传统节日组织经典诵读活动，在传诵经典中传承文化。

端午节，举行端午节诗歌朗诵；中秋节，诵读中秋经典故事；元宵节，讲述有关的古诗词、儿歌等。

（2）通过微信公众号、微课等方式制作传统节日的专题片，或组织学生观看元宵节、端午节、中秋节、重阳节等专题片，了解传统节日的风俗习惯等。

（3）以主题班会、诗歌朗诵、文艺演出、线上线下书友会等形式进行活动成果展示。

春节，鼓励学生参与有关节日的特色美食制作、打扫卫生、写春联、贴春联、守岁、放炮迎新等活动；元宵节，利用废旧材料制作元宵花灯，组织"观灯""猜灯谜"大赛，邀请家长和学生一起参与庆祝元宵节；清明节，组织学生到烈士陵园向革命烈士敬献花圈，或到革命纪念馆了解革命先烈做出的奉献，教育小学生珍爱生命，珍惜来之不易的幸福生活；端午节，邀请家长和孩子们一起包粽子、吃粽子，分享成果，了解端午文化；中秋节，邀请家长和学生一起制作月饼，向敬老院赠送月饼，赏月画月，制作活动小报等；重阳节，开展为老年人送祝福活动，邀请退休老教师到校讲学校的故事。

（4）指导学生填写《我眼中的传统文化之节日文化》活动手册。

学校四年级开展传统节日文化课程，给学生下发《我眼中的传统文化之节日文化》活动手册，学生通过收集、筛选、整理资料，了解并填写节日来历、起源、风俗习惯、故事传说，以及与节日相关的古诗词、谚语等，并通过自己过节的亲身经历写一写"我的节日"，感受传统节日的魅力与美好。

2. 实施成效

（1）举办传统节日一系列主题活动，创造校园节日文化氛围，不仅可以给学生带来过节的快乐感受，而且还可以也让学生在节日文化氛围中亲身感受民族文化，这样既弘扬了以传统节日为主题的民族文化，又培育了爱国爱乡的热情，以及民族自尊、自信、自强的精神。

（2）学生从各方面收集节日的有关资料，动手制作节日美食，开展主题班会，参观纪念馆等一系列实践活动，调动了学生参与的积极性，提高了学生搜集信息、处理信息的能力，动手实践能力，表情达意的语言文字能力，也扩展了他们的知识范围，丰富了他们的课余生活。

（3）通过开展家校合作，在节日庆祝亲子活动中，家长和学生共同参与，体会节日氛围，增进了亲子感情，提高了学生的动手操作能力，培养了学生的创造力，亲手制作的节日美食也加深了节日印象，使传统节日更有意义。

三、课程评价

1. 评价方式

（1）学校、教师在活动后从课程目标对节日文化精神反映的符合程度，对特定阶段学生身心发展水平的符合程度，课程内容突出传统节日文化的程度，学习活动内容的全面性把握程度，学习体验功能的完整性，学习体验方式的多样性等方面进行总结性评价。

（2）针对课程既定目标是否达成，课程实施中是否存在问题，学生是否得到发展，学生在活动中的感受，家长在课程实施中的参与度，以及教师在课程实施中的反思进行总结性评价。

（3）具体在诗歌朗诵大赛、猜字谜活动、制作节日美食等活动中，对学生个人设计作品、书面作业以及小组参与配合度、活动效果等方面进行量化评价。

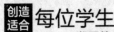

2. 评价亮点

学校对课程的评价不只看教师提供的评价，也要注意采用家长的意见，通过家长委员会、家长会、调查问卷等方式反馈，以书面形式和口头形式对传统节日活动进行评价，以便更好地完善传统节日文化课程体系。

学生作为课程实施的对象，是学习传统节日文化的主体，也是评价的主体，所以学生的感受与发展也应纳入课程评价范围中。

中国传统文化之二十四节气

水车园教育集团水车园小学　高卫欣

一、课程概况

二十四节气是中国传统文化的重要组成部分，是我国古代劳动人民经过长期对天文、物候和气象的观测和探索总结出的结果，比较准确地反映了一年四季的基本特征。在二十四节气的背后，蕴藏着中华民族深厚的文化积淀和传统习俗。经过几千年的发展，二十四节气依然对人类的生产、生活起着重要的作用，更渗透到了人们生活的方方面面。毋庸置疑，二十四节气是一项重要的创造，具有文化传承的价值，同时，还具有不可小觑的社会价值，时刻影响着人们的生活。

课程目标：

学校自2018年就开设了"二十四节气"校本课程，希望能够使学生初步了解二十四节气的物候特征，以及其与农业生产等方面的相关联系；学习了解有关节气的诗词、谚语、艺术作品等；了解人们在二十四节气时的风俗活动，知道二十四节气是我国劳动人民创造的辉煌文化，并从中建构相关的天文、物候知识。通过亲身经历，培养并发展学生对科学传统文化的兴趣，培养学生传承我国文化传统的兴趣。

二十四节气课程内容涉及健康、语言、社会、科学、艺术等多个学科领域，可以在学科融合中促进学生深度学习。分领域目标具体如表1-1所示：

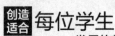

表1-1　分领域目标具体明细

领域	具体目标
健康领域	了解不同节气时，气候变化与人身体的关系，提高安全意识。 知道不同节气时，饮食对人身体健康的影响。 感受自然，体会愉悦情绪。 养成在节气不同时，参加不同的体育活动增强体质的习惯。
语言领域	喜欢节气歌谣、谚语，感受它们朗朗上口的风格，理解它们的内容。 愿意倾听节气的小故事、传说，想象和体会故事中的情节，并乐意讲述这些传说。
社会领域	愿意将学习到的知识与其他学生分享，将自己喜欢的故事讲述给别人听。 能主动参加集体活动，与他人交谈，增强合作意识。 知道节气与农业的关系，关注家乡的农业生产和劳动人民，有热爱家乡的情感。
科学领域	简单了解二十四节气的来历，感受节气给人们生活带来的好处。 知道每个节气时，自然界和人类所处的状态，通过节气了解自然，培养学生的好奇心和兴趣，有进一步探索的欲望。 知道动植物在不同节气的变化，体验人与环境、动植物与环境的依存关系；运用多种感官感受自然，培养与自然的情感，增强保护环境的意识；从节气中认识自然现象雨、雪、霜等，知道它们对人们生活的影响。
艺术领域	能够感受节气儿歌的内容和节奏，尝试展示韵律动作，在与同伴合作中获得快乐。 初步感受节气中的自然要素，发挥想象力，尝试用多种艺术形式将其表现出来。 尝试利用自然界的实物来塑造手工制品，表现自己的想象。

二、课程实施

（一）实施过程

二十四节气课程的实施方案经过了多次的实践与迭代修改。实施后，学校对课程的意见进行收集整理并反思，在已有理论的基础上，结合意见对方案存在的问题进行思考、修改，将得到的启示重新归入新的方案中，再次实施、反思、调整，最终得到较适合学校学生的节气课程方案。

我们采用网络式课程实施模式，即以某一节气为中心，形成发散式的网络结构。例如，以霜降这一节气为中心，挖掘其在学生教育的语言、科学、社会、健康、艺术等领域的价值，以促进学生的发展。

（1）以班组规模的教学形式开展活动，学习《二十四节气》的校本教材，了解二十四节气的时间、农事、民俗活动等，加强二十四节气融入学校课程的实践研究。

在农历二十四节气当天，学校安排二十四位老师进行"二十四节气课程"的现场授课或微课授课，以节气特征为主题，带领学生了解节气，走进诗歌。孩子们跟随老师的二十四节气课程，沿着二十四节气的路线，了解农业现象、风俗人情，同时结合古典诗词的诵读学习，了解我国古代历法纪年法"天干地支"与二十四节气的密切关系，感受我国古代劳动人民的聪明与智慧，激发民族自豪感，达到"寻求传统文化之根、续接传统文化之脉、唱响传统文化之歌"的活动主旨。

（2）营造校园氛围，让墙壁、橱窗、板报成为传播二十四节气知识的重要途径，让"自然本性"架起学生与节气的桥梁。美术老师也在美术课上让孩子们多角度、多形式地展现他们眼中的各个节气特征。

（3）为了让学生感受我国的二十四节气传统文化，学校在操场东侧地面设计制作二十四节气地面铜雕造型。二十四节气地面铜雕造型选用高强度的锡青铜铸造，作品古朴厚重，相信经过岁月的磨砺，它必将成为水车园小学独有的传世之作。

（4）收集气象、农业谚语，全面培养学生收集和处理信息的能力，通过教学促进学生的全面发展。

（5）观察校园内二十四节气时的各种植物，了解相关物候知识，学会做植物名片，贴近自然，提高学生的审美感知，挖掘二十四节气中蕴含的文化因素，提高教育价值。

立秋——一枕新凉一扇风，处暑——残暑消尽秋渐浓；

白露——清露盈盈凉意生，秋分——秋风折桂月毕天；

寒露——马穿山径菊初黄，霜降——草木摇落露为霜；

立冬——孟冬寒气至，小雪——刺梧犹绿槿花然；

大雪——当年瑞雪多盈尺，冬至——冬至阳生春又来；

小寒——风劲雪寒孕新春，大寒——淡日寒云久吐吞。

（二）实施成效

开发二十四节气校本课程是学校基于"尚自然之美，还孩子天性"的校园

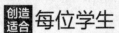

文化理念，在核心素养的统领下实施学校传统文化教育的新举措。在追求"生产、生活、生态"三生共赢，力求实现"中国梦"的今天，二十四节气所蕴含的古老智慧很有价值。在重视传统文化复兴的今天，学校开发和实施二十四节气校本课程，将二十四节气渗透到各个教育活动中，培养了学生的核心素养。

1. 促进学生认知的发展

皮亚杰指出："儿童认知能力的发展取决于他如何与客观环境发生相互作用，即如何活动。"小学是学生心理特点、个性倾向形成、感官功能发展的重要时期，在这个时期，天气的变化、动物的活动、花朵的盛开以及人们的活动，都能够引起学生所有的好奇心与幻想，激发学生探索的欲望。实施二十四节气校本课程，能促进学生学习与社会生活的联系，促进学生观察能力、联想能力及表达能力的发展。二十四节气课程，内容清浅，挖掘了生活中的农业现象、民俗活动来介绍常识，又拍摄了照片来诠释、记录节气，而精心选择的诗文经典又从文学的角度表达了作家、诗人眼里的节气，让学生切切实实地感到：节气，是中国古代劳动人民智慧的结晶，这些在过去很有用，而今依然价值深远。从儿童的眼光来看待传统文化，从儿童的需求来开展节气课程，"儿童化"是二十四节气校本课程最有特色也是做得最为成功的地方。

2. 提高学生的审美能力和语言的敏感性

二十四节气蕴含着丰富的文化价值，有着诸多的谚语儿歌、童谣古诗等，其中优美的文字与意境，对学生来说是一种艺术享受。因此开展二十四节气童谣童唱，能让学生感受到意境美、语言美、情感美，能提高学生对自然美、社会美的敏感性。二十四节气校本课程借助"节气"，打通语文与生活、艺术与自然的天然通道，看影像学成语、认事物，把词语的学习放入自然的源泉中去；读经典识节气，用文字帮助学生丰富感受、积淀语言。这种"学习生活化"的构想，在实践中受到了孩子们的欢迎。特别值得一提的是，二十四节气校本课程构建了一个相对完整的写作力训练系统。针对目前小语教材习作安排缺乏系列、教师指导相对缺失的现状，学校从小学生身心特点出发，一步步培养孩子产生作文内容的能力和表达作文内容的能力，把习作故事力、意志力和敏感力的训练融合在二十四个古老而鲜活的节气里，不仅贴近学生生活，而且操作性极强。跟着二十四节气校本课程，看看，听听，玩玩，孩子就慢慢地穿越了中国的节气，也渐渐悟得了语文的秘密。

3. 激发兴趣，培养爱国情怀

激发学生对中国传统文化的兴趣，增强学生的民族自豪感和归属感，培养学生热爱祖国的情怀，继承和发扬中国优秀的传统文化。不同的地域流传着不同的二十四节气文化，结合本土的节气习俗，开展立春吃春卷、惊蛰放风筝、春分看桃花、清明古镇行、夏至下水饺、冬至吃羊肉等特色活动，引导学生学会学习，学会感恩，喜欢探究，发展学生的动手操作能力，促使其主动积极性得以发挥，使其具有优质生存能力，具备健康果敢、自主自信、乐学善思、合作创造等优良品格。

4. 打通了学科之间的联系

学习了解一个节气，学生要关注自然的物象，增进生命个体与自然的联系，从文学、生活、技能、科学、自然等多学科、多角度地感知与了解。借助语言文字等多种形式展现自己在学习过程中的认知，可以促进学生感觉、知觉、观察、思维能力的发展，还能够对学生进行审美教育、陶冶情操。

三、课程评价

评价方式：生生评价、小组互评、师生评价、班班互评。

评价亮点：小组积分制。在小组活动中，孩子们根据自己的喜好与特长，选择自己比较擅长的内容与方面参与学习活动。在参与活动的过程中，根据每个学生的表现，进行积分管理，再结合学校的"黄河娃"积分制度进行积分兑换。

四、课程故事

忆春分

兰州市水车园小学五年级（二）班　郭书君

二十四个节气，二十四种样子，唯有春分触我心弦。

春分之时，天气乍暖还寒，感受春风穿过发丝再穿过手臂那种丝丝暖意，着实令人着迷。黄河边的柳树，在春风的吹拂下开始发芽了，嫩嫩的芽尖儿，被老树枝衬托得可爱极了。几朵木兰花在寒风中绽放着，好像一位坚强勇敢的战士，守护着黄河两岸。角落里的报春、迎春火热地竞相开放。滔滔的黄河水，伴着两岸花朵织成的彩霞，滚动着流向了远方。一群可爱的燕子，从南方飞来了，它们那白白的肚皮，配上一件黑色的丝绸大衣，加上一条尖尖的剪刀尾巴，不得不说，它们真是这春分之际的小精灵呀！！

我爱春分，爱她的和蔼可亲，爱她的勃勃生气，爱她的柔情蜜意。

春分时节，星辰细雪、柔情淡雨，淅淅沥沥，仿佛不食人间烟火的天使坠入凡间，把那丝丝缕缕的柔情与伤感浇在人的心弦上……

那年春，我刚好八岁，与爸爸妈妈一同去山边赏雪。一抬头，遍山的白梨花，涂着一层暖暖的斜阳，带着淡淡的忧伤，织成了一片晚霞，恰似《红楼梦》中娇羞的林妹妹。

细看这漫山的白，竟有几朵粉海棠映入眼帘，让人产生无限的期待和想象，期待那白梨花深处的万花斗艳。三月的雪，遍山的白梨花，当时的我，也许未能体会这层淡淡的忧伤的美，只觉得这场景好美！好美！不知不觉我竟在这漫天星星点点的雪花中，舞了起来。我追着雪花，伸手去接跌落的梨花花瓣，不知不觉中，竟与这雪、山、花的世界融为了一体。

雪花一点点地盖住那一朵白梨花，花瓣一抖，跌入树丛，不见了那白白的身影……我呆呆地站在了那里。

春分，很美。

美醉了三月，也美醉了这个世界……

（指导老师：魏 蓉）

中国传统文化之十二生肖

水车园教育集团水车园小学　火文燕

一、课程概况

1. 课程概况

十二生肖是中国传统文化的重要组成部分，课程开发立足于学校实际，进行了适合小学中年段的十二生肖文化校本课程的实践和研究。通过整合资源，创建了适合中年段学生使用的生肖课程；多学科整合，使学生多角度、全方位地感受生肖文化的魅力；创新作业形式，形成了独具特色的生肖特色作业；开发十二生肖笑脸券，对学生进行系统评价，浸润"生肖文化"。一系列举措的实施，传承了传统文化，提升了学生的核心素养。

2. 课程目标

（1）通过让学生在活动中了解十二生肖的由来、排列次序、含义、特点等，了解人们对十二生肖的态度与情感倾向、价值观倾向。

（2）熟练掌握与十二生肖相关的成语、歇后语、典故、诗词及其运用，丰富学生的知识面，让学生充分感受中华优秀传统文化的魅力，继而学习探讨、组织策划与十二生肖相关联的形式多样的体验活动。

（3）通过具体的活动实践，有效训练学生的自主探究能力，培养学生合作交流的意识以及查阅课外学习资料的自主学习能力，增强求知欲。

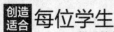

二、课程实施

（一）实施过程

1. 整合多方资源，创建生肖课程

（1）充分利用学校教师团队资源

经过前期对师生生肖文化的了解度初步调查后，学校召集骨干教师成立了学校生肖文化课程团队，召开主题式研讨会，发挥核心教师的特长优势，在充分交流中碰撞出思维的火花，并根据学生的年龄特点，确定了生肖文化课程学习对象为本校三年级全体学生，力争开发出一套适合该年段学生使用的生肖文化校本课程，依托课程创新性地开展丰富多彩的活动，力求让价值引领有趣、有味，潜移默化地对学生进行传统文化教育。

（2）跨学科整合课程资源

我们以学生喜欢的十二生肖为载体，通过收集不同的语言资料、文化素材等内容，系统整理，形成具有学校特色的校本课程。三年级的生肖课程，我们立足于丰富学生的语言积累，与中国经典的成语、谚语、俗语、诗文学习相融合，开发出了《我眼中的传统文化之十二生肖》校本教材，引导学生分类收集资料，筛选整理信息，积累、背诵，开阔视野，提高学生的人文素养和文化积淀，进而以此为契机，引领学生感受中华文化的博大精深，增强学生的民族自豪感和自信心。

（3）有效利用家长资源

在开放办学的新形势下，家校共育尤为重要。在开展活动前，通过问卷调查，向家长征询意见，积极调动家长的积极性，了解并充分利用家长的特长，举行十二生肖主题的"特长家长进校园"活动，由家长给学生讲述十二生肖的故事，以及进行生肖剪贴画、生肖简笔画、生肖绘画、生肖手工折纸等各种制作指导，激发学生的学习兴趣。

（4）合理利用社会资源

通过与生肖相关联的提问来引导学生有目的地积累相关知识，如你在自己所住小区或其他小区里（或者公共场合）遇见过十二生肖的哪些动物？你能说出有关十二生肖的俗语、成语或者歇后语吗？你能说说有关这些动物的小故事吗？通过这些形式让学生学以致用。春节期间利用外出拜年的机会观察各家对联，引导学生养成不断收集和积累生活信息的习惯。元宵节时引导学生复习与十二生肖相关的古诗词等。还可以利用电视媒体、网络等学习十二生肖相关歌谣，不断丰富学生的直观印象。

2. 多元结合，践行"十二生肖"

目前，十二生肖校本课程的内容主要有：十二生肖的排列次序和来历的故事传说；描写十二生肖的古诗词集锦；十二生肖的剪贴纸、简笔画、绘画、手工折纸、手工制作等相关作品；十二生肖的歇后语、成语、俗语以及对联等。对于网络、书刊上出现的现有与生肖文化课程有关的教育资源，只要内容健康，学生感兴趣，都可以创造性地进行借鉴利用，如：有关十二生肖的歌曲、舞蹈、动画、电影等。

每学期一次的生肖文化周，丰富多彩的活动设计深受学生喜欢——生肖成语我来讲、生肖图画我来绘、生肖故事我来演，学生全员参与、兴奋不已。在语文课上，语文老师带领学生学习生肖的知识内容，进行诵读积累，提升语文素养；阅读课上，语文老师带领学生阅读十二生肖相关绘本；美术课上，美术老师带领学生运用彩泥、陶泥、剪纸等丰富多彩的形式呈现十二生肖；社团课上，社团老师带领学生运用泥塑等方式完成相应作品；音乐课上，演唱与生肖文化有关的歌曲。多元结合，使学生多角度、全方位地感受生肖文化的魅力，培养了学生的审美能力和艺术欣赏能力，增强了学生的爱国情感。

（二）实施成效

十二生肖校本课程的成果展示形式多样，主要包括：十二生肖故事创编、十二生肖故事绘本展示、十二生肖情景剧、十二生肖古诗词竞赛、十二生肖成语、歇后语擂台赛、十二生肖现场对联展示、十二生肖歌舞表演、十二生肖剪贴纸、绘画、四格漫画、手工作品展览，等等，读写绘演，丰富多彩。生肖文化研究，收获满满，学生通过诵读不同的生肖内容，感受了语言之美，丰富了语言积累，了解了中华传统文化，树立了正确的人生观、价值观，提升了核心素养。

三、课程评价

1. 评价方式

在各类生肖文化活动中，对学生个人设计创作作品、书面作业以及小组参

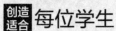

与配合度、活动效果等进行分数和等级评价。

2. 评价亮点

为了让生肖文化深入学生内心，我们还将生肖文化教育渗透于学校评价体系。我们运用剪纸文化设计了十二生肖笑脸券，由十二张生肖贴画组成，与学校"黄河娃"奖励体系配合运用，用于加强学生的过程性评价，切实发挥评价的引导作用。各学科科任教师根据孩子们平时的表现和学科评价，奖励不同笑脸的笑脸券，最终根据笑脸券的数量评选活动之星，兑换"黄河娃"奖品。在笑脸券的激励下，学生们表现优异。同时，我们还利用笑脸券引导学生学习十二生肖的优点，培养学生善良正直、聪明勤劳、幽默睿智的品质，从而促进学生形成健全的人格，树立高尚的品格。团结券——鼠；勤奋券——牛；勇敢券——虎；机智券——兔；强壮券——龙；温柔券——蛇；坚强券——马；孝顺券——羊；聪明券——猴；守纪券——鸡；诚实券——狗；和谐券——猪；学校完善的十二生肖笑脸券和"黄河娃"评价体系，激发了学生们"向上""向美"的激情，成为促进教育发展的"魔法棒"。

第二章

惟日孜孜，无敢逸豫
——教师队伍建设

　　一所学校的气质，来自学生和教师的气质。教师的气质美和形象美往往决定着学校和学生的气质、内涵之美，而水小教师的形象便是"永远执着的美丽"。

　　"学校是以专业水平论英雄的地方"，让自己的课堂变得张弛有度、动静相宜，这就是专业之美。学校的十余位老师参加了全国课堂教学大赛，我们目睹了他们挥洒汗水化茧成蝶的磨砺过程，深受感染和激励。老师们给了我启示：有专业追求的教师，才能具有"兰生幽谷，无人自香"之美。

　　树木有年轮，自然有痕迹。然而，不管时光如何变化，教师都应当显现出与众不同的温润与深厚。衣着得体、精神灿烂，笑容与谈吐中透着师者的气质。立好意，说好话，做好事，就是最好的师德修养。教师读书会、教师学习共同体，水小的每一位老师都带有书籍折射出来的深刻和睿智。

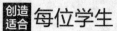

进阶式课程，关注每一位教师的发展

——教师发展"四三"行动计划

水车园教育集团水车园小学　金　艳　余　洮　王仁江

要办一所优质学校，培育优秀教师是一项重要的工程。而教师的专业发展除了教师自身的努力以外，还需要外部的支持，设置合理的教师发展课程就是实现这种支持的有效途径。学校紧紧围绕教育改革与发展的任务，以教师成长和发展为导向，以师德师风教育为根本，以教育教学实践能力的核心提升为基础，为教师持续发展提供普惠、多元、高品质的课程，为教师的成长创设优质的土壤和环境。

依据美国学者伯利纳的教师发展"五段论"，即"新手阶段—高级新手阶段—胜任阶段—熟练阶段—专家阶段"，结合学校教师队伍实际情况，我们将教师发展分为四个阶段，分别为新任教师、胜任教师、骨干教师、名优教师，每个阶段以三年为一个培养周期，修完全部课程并达到相应积分后，学校依据教育教学业绩和教学水平评估，晋级到下一阶段，这就是教师发展"四三"行动计划，具体内容如下。

一、教师发展"四三"行动计划

1. 新任教师（入职三年以内教师——适应型课程）

课程目标：学习一般的教学原理、教材内容和教学方法等，以熟悉课堂教学的步骤和各类教学情境，获得初步的教学经验。

课程内容（一）：必修课（6门）

（1）阅读类课程：①《中国著名特级教师教学思想录》，吴正宪，窦桂梅等著；②《给教师的建议》，苏霍姆林斯基著/杜殿坤译；③《致青年教师》，吴非著；④《做一个学生喜欢的老师——我的为师之道》，于永正著。

（2）口语表达类课程：①普通话达标训练；②专业教学语言训练。

（3）操作类课程：①多媒体设备使用；②教师"三字一画"；③办公软件使用。

（4）写作类课程：①如何撰写教案；②如何撰写教学反思；③如何撰写说课稿；④如何撰写演讲稿。

（5）管理类课程：①课堂教学组织能力的培养；②班级常规管理能力的培养。

（6）研究类课程：①课程标准解读；②学科教材分析；③专家优质课观摩；④教研研讨课展示。

课程内容（二）：选修课程（9门）

①阅读三至六本教育教学专著；②学科教师专业技能培养；③教师"优雅声音"培训；④如何进行影评；⑤教师礼仪培训；⑥教师健康体魄训练。

实施策略：聘请专家或本校骨干教师进行基本功指导，参与学校系列培训拓宽视野；定期开展命题、课堂教学与专项教学活动竞赛，帮助青年教师迅速适应教学工作。

2. 胜任教师（入职四至六年教师——助推型课程）

课程目标：能把过去所学的知识与现在所遇到的情境与问题相联系，按个人想法自由处理事件，依据自己的计划有能力对所选择的信息做出反应，并能够对所做的事情承担更多的职责。

课程内容：必修课（6门）

（1）阅读类课程：①《第56号教室的奇迹》，［美］雷夫·艾斯奎斯著/卞娜娜译；②《教学勇气——漫步教师心灵》，［美］帕克·帕尔默著/吴国珍等译；③《陶行知教育名篇选》，陶行知著/董宝良主编；④《儿童心理学》，［瑞士］J. 皮亚杰，B. 英海尔德著/吴福元译；⑤《教育的目的》，［英］怀特海著/庄莲平，王立中译；⑥《从优秀教师到卓越教师》，［美］安奈特·布鲁肖，托德·威特克尔著/范杰译。

（2）口语表达类课程：①沟通能力的培养；②评价能力的培养。

（3）操作类课程：①如何制作微课；②如何使用新媒体参与教学。

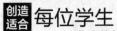

（4）写作类课程：①如何撰写教学论文；②如何撰写教育教学叙事。

（5）管理类课程：①课堂教学能力的培养；②班级管理能力的培养；③项目式学习管理能力的培养。

（6）研究类课程：①个人小课题研究；②市级规划课题研究。

实施策略：聘请专家及市区级各类名师进行听评课指导；开展有助于学校发展、课改前沿类技能的交流活动；联络各大媒体为教师成果推广搭建平台。

3. 骨干教师（入职七至九年教师——提升型课程）

课程目标：对教学情境产生敏锐的直觉感受，能从积累的大量丰富经验中，综合识别出情境的相似性，从截然不同的事件中考虑事物的相互联系，并能够更准确地预测事件。

课程内容：必修课（6门）

（1）阅读类课程：①《儿童的人格教育》［奥］阿尔弗雷德·阿德勒著/彭正梅，彭莉莉译；②《静悄悄的革命》，［日］佐藤学著/李季湄译；③《教师人文读本》增订本（上、中、下），张民生，于漪主编；④《教育哲学》，石中英著；⑤《多元智能新视野》，［美］霍华德·加德纳著/沈致隆译；⑥《课堂观察：走向专业的听评课》，沈毅，崔允漷主编。

（2）口语表达类课程：演讲的艺术。

（3）操作类课程：熟练使用自媒体。

（4）写作类课程：①撰写教育教学论文；②撰写课题研究报告。

（5）管理类课程：①项目式学习管理能力培养；②如何有效进行团队管理。

（6）研究类课程：①省级规划课题研究；②申报科研成果。

实施策略：定期开展示范课；提升教师课程意识及课程研发能力，开展精品课程研讨交流；提升教师学术引领能力，开展学科课题（专题）工作坊活动，组织引领其他教师开展项目式学习研究活动。

4. 名优教师（入职十至十二年教师——引领型课程）

课程目标：对教学情境有直觉的把握，能以非分析性、非随意性的方式，理智地做出合适的反应，他们的行为表现流畅、灵活，不需要刻意地加工。名优型教师知道在什么时间和什么地方该做什么，与前几个阶段的教师相比，他们采用的方法更加多种多样。

课程内容：自我修炼，反馈研发的自我成长课程。

实施策略：个性化学习与研究，并开设培训青年教师相关课程，引领、指导水车园小学教育集团青年教师专业成长。

二、课程评价

加强对教师自我评价机制的研究，提高教师自我评价的意识和能力，能够有力促进教师专业素质的提高，促进教师自身评价能力的提高，促进教师专业化的发展。因此，教师的专业化发展需要有效的、多角度的客观评价。

1. 自我评价

学校为每一位教师建立了"积分制评价档案"，根据积分反馈情况，使教师进一步认识自我、分析自我，从而实现自我提高。学校也成立教师专业发展评审小组，通过"积分回单"，积极帮助教师分析存在的问题，并对解决问题的方法、措施提出建设性意见，使教师自评真正起到促进教师素质提高的作用。

2. 相互评价

教师不仅可以通过"积分制评价档案"看清自己，也可以看到同伴的成长及发展轨迹，并从他人的规划、成果中发现自己的不足。这样有利于教师之间的相互学习、相互交流，从而提高教师的专业化水平。教师不仅仅是一个教书匠，更是一个有个性、有品位的生命个体。教师的发展不仅是一个专业发展的过程，同时也是一个自主充分发展的过程。学校设计的"四三"循环螺旋提升机制，激发了教师多元、个性的发展需求，使我们的教师在职业生涯中触摸到教育的幸福。

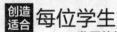
"学本课堂"教学模式的实践与思考

水车园教育集团水车园小学　金　艳　王仁江

"以学生为主体，以学习为本位，体现学科特色"，这是校长金艳对"学本课堂"高度凝练的注解。"学本课堂"的内涵与学校"润物无声、适性扬长"的教育理念高度吻合，是学校课堂教学改革的点睛之笔。

一、"学本课堂"五步教学模式

"学本课堂"必须以构建大容量快节奏的教学模式为核心。经过近年来的实践，我们把"学本课堂"教学操作的步骤总结为五步：深度预习—导学定标—互动展示—点拨提升—当堂训练。

（1）深度预习。预习是学生日常学习过程中常见且非常重要的一环，是一种学习的心理准备过程。我校"学本课堂"提出的自主学习是有目的、有方法的学习准备，区别于简单的课前预习，它不是单一的知识预习，而是立体、系统、带有发现性特点的自主学习。从时空角度讲，它不仅限于课前，还可以在课中，这是学生学会学习的基础，对培养学生的自学能力，提高学生的学习效果和质量有着重要的作用。自主学习要求学生深入系统地把学习内容读熟（流利地复述或背诵）、读厚（充分利用工具书搜集整理相关信息）、写满（用不同颜色的笔做好批注），这是最大限度地为教育重点而实行的先学过程，是学生自主建构知识的过程。

（2）导学定标。也就是师生先学（教师备课、学生完成"前置性学习单"），生成问题后进入"导"的系统。教师根据前置性学习特点、教学目标、重点、难点、教材内容的结构以及学生在深度预习阶段生成的问题设计学习目标，让学生明晰学习目标，并围绕目标以前置性学习生成的问题为抓手，进行自主合作探究学习。

（3）互动展示。学生围绕"前置性学习单"，先在本小组内进行合作学习，然后互动展示，每组将学习成果向全班同学展示，并提出自己组内不懂的问题，由其他组的学生帮助答疑解惑。通过"生生互动、组组互动、师生互动"的方式，深入理解所学内容，让思维能力、表达能力等综合能力得到提升，鼓励学生质疑问难，同时培养学生的批判性思维。这些都促使学生从"无问题学习"转向"有问题学习"。

（4）点拨提升。学生在展示讨论过程中的不懂之处、理解不深之处，以及在学习过程中生成的新问题，教师相机点拨、提升，进行提炼，从而使学生实现由感性思维、形象思维到理性思维、抽象思维的上升。

（5）当堂训练。教师设置巩固性练习题，由学生独立并尽量当堂完成，努力做到堂堂清。

【案例一】

五年级上册《用字母表示数》教学设计

1. 根据学情设计前置性作业：生活中什么地方用字母来表示数？举例说一说这些字母表示哪些数。

（设计意图：让学生了解字母可以表示数）学生可举的例子有扑克牌上的字母，文章中的序号a、b、c等。

2. 根据教学内容设计学习目标，即导学定标：含有字母的式子可以表示什么？字母表示数有什么优点？经过自学，你有什么疑问？给出目标和限定时间（这个时间可长可短，根据本班的学情而定），让学生自学并提出问题。

3. 互动展示：一般情况下，请班上每个小组的1名代表进行汇报，到黑板前边展示边板书，并提出自己不懂的问题。通常情况下，学生不会提出问题，这是我们在教学中总结出来的。没有关系，后面的检测会测出问题，如果测不出问题，说明这节课的自学很成功。

4. 点拨提升：如在相同的式子中，不同的字母表示不同的数，如"a+b"这个式子，a和b表示的数不一样。再如，数字和字母、字母和字母中间的乘号为什么要省略？还有2a和a^2在意义上有什么不同等问题，都离不开老师的点

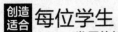
拨。通过教师组织的讨论和交流，学生的学习质量可以得到提升。但这里不是教师去讲授，而是组织讨论、交流，并进行必要的小结。

5. 出示检测题：可以是书上的，也可以是教师或学生自行设计好的。检测后全班交流反馈，对出现的问题再次进行点拨和更正，确保大部分学生有正确的理解和认识。我们不否认，这时仍有部分学生是不会的，需要教师的课后辅导。

我们提倡"学本课堂"，是以学生为主体，同时重视教师的导学作用，师生相得益彰，极大地提高了课堂教学的效率，培养了学生的学习能力；教师也更新了观念，提升了教育智慧和教书育人的能力。

二、"学本课堂"教学实践的若干思考

1. 关注学科特点，提升学生综合素养

"学本课堂"必须以学生综合素养的提升为目的。提高课堂教学的效率，或者说促进学生的有效学习，其核心是培养学生的学科素养。对语文学科来说，就是工具性和人文性并重，也就是致力于学生语言和文学素养的提高。对数学来说，就是培养和提高学生的数学思维方法。而对英语来说，就是教给学生学习语言的方法，提高学生运用语言的能力。

【案例二】

推进整本书阅读，提升学生语文素养

学校坚持以整本书的教学实践为突破口，将课外阅读"挤"进课堂，使学生"学会阅读"，继而获得"透过阅读学习"的能力。学校根据孩子的认知特点，有梯度地为学生选择了36本精读书目，六年内读完，每学期在老师指导下精读3本。学校每周安排一节课外阅读课，分别上导读推荐课、推进课、交流分享课，同时，学校还根据年级特征精选推荐了一定的选读书目。每天保证一定量的阅读时间，并由老师定期组织孩子们进行读书交流活动。为推进整本书阅读课程建设，学校还邀请梅子涵、周益民、刘颖等名师参与学校论坛，与老师们交流研讨，有力地促进了课外阅读课程化的进程。

通过整本书阅读的推荐课、推进课、交流课等不同形式的阅读教学，在教给孩子阅读方法的同时，在很大程度上还提高了孩子的自主阅读能力，培养了孩子自主阅读和学习的习惯，这成为提高语文课堂教学高效性的一种新途径和

新方法。在校园文化建设进程中，我们在教学楼、细语亭等位置设置了不同主题的书吧，确保孩子随时随地都可以阅读。如今，整本书阅读不仅成了一门课程，而且形成了一种校园文化。

【案例三】

运用思维导图，提升英语教学有效性

形象地说，思维导图就是围绕一个中心主题，从中央主干向四周放射关联的分支，并用关键词或图形对分支进行标识，再充分利用色彩和字体的变化将思维的过程和结果可视化。学校在英语教学中运用思维导图，旨在提高学生学习英语的效率。在篇幅适中、生词少、文章结构和层次清晰的英语阅读教学中，学习的过程主要以学生独立阅读并制作思维导图为主。在这个过程中，教师只是起点拨、帮助的作用。目前，思维导图的教学主要应用于高年级的教学，一是用思维导图帮助学生梳理词汇，加强记忆；二是用思维导图帮助学生发散思维，强化句式联系。例如，学习主题为动物，可引导学生发散出动物的外形特征、习性特征等，在学习过程中通过学生的动手画和不断说，拓展教学深度，提高学习效率；三是用思维导图梳理短文结构，帮助学生记忆全文。通过这些途径，可以提高学生的理解能力，概括、分析和整理能力，以及记忆和复述能力，在发展学生思维的同时也切实提高了课堂实效。

【案例四】

开发校本课程，促进学生学习能力提升

学校校本课程中开设了博文读写、儿童剧团、脱口秀等社团，把活动的主动权交给学生，由学生自编自导课本剧，由学生根据兴趣爱好进行文学创作，进行语言表达和写作能力的训练，提高了语文教学的有效性。思维训练、英语社团，成为数学和英语课堂的第二平台，让学有所长的学生进行高层次的学习，进而改变英语和数学课堂的学习风气，提高英语和数学教学的有效性。

2. 调整课堂结构，发挥学生主体地位

"学本课堂"强调学生在教师指导下逐步学会学习，充分发挥自我潜能，通过自主建构学习、合作建构学习等过程，共同实现学习目标。所以，"学本课堂"是在问题引领下师生共同开展自主合作探究，在单位时间内解决问题、

完成学习任务、实现学习目标。基于这一核心，学校"学本课堂"教学模式的第一个环节就是以导学单的方式布置前置性作业，尽可能在课前先发挥学生主体地位，调动学生学习的积极性和主动性。

（1）学生自主学习。旨在培养学生预习能力，增强高质量预习意识，掌握多种预习方法，彻底改变学生以往的简单预习、被动预习、低质量预习的习惯，努力培养学生主动预习、科学预习、高质量预习的习惯。在执行过程中，教师会首先研读教材，根据教学设计"前置性学习单"，学生依据此学习单进行自主学习，为互动达标打好基础。关于"前置性学习单"的设计，我们也进行了多次改进。起初，我们要求语数双科必须每课都有前置性作业，但试验一段时间后，我们就发现了问题：老师们设计的前置性作业大部分是针对知识技能的简单提问，这样的前置性学习等同于简单预习，没能从根本上解决提高学生学习能力的问题，反而加大了学生的作业量，加重了学生的学习负担。因此，我们及时进行了改进：一是对每课的前置性作业不做强制性要求；二是前置性作业可在课前完成，也可在课堂上完成；三是前置性作业鼓励学生质疑；四是前置性作业注重培养学生的合作、调查、分析等学习能力。

【案例五】

教学六年级数学下册《比例的意义》，老师们设计了这样的前置性作业：请你查阅资料，了解不同场合悬挂的国旗的规格（尺寸），并自己画一面国旗，但要保证所画国旗的形状不能发生变化。虽然只有这样一个问题，但要求学生查阅资料、分析资料，并思考其中蕴含的数学思想，这能使学生的自主学习能力在实践中得到极大提高。

【案例六】

教学四年级语文上册《长城》，老师提出这样一个前置性问题：雄伟的长城建造在崇山峻岭之上，在没有大型机械设备的古代，人们是怎样把巨大的石料运上山的？学生在查阅资料、调查研究的基础上，找到答案，初步感知古代劳动人民的勤劳和智慧。

学生通过完成学习单，在课前自学中正确运用工具书、多媒体和已学知识，解决课程目标中的问题，完成自学笔记，并提出自己的问题。这种前置性学习可以培养学生自主学习的习惯，改变学生过去"依赖教师教"和课前不看书、课中当听众、课后都遗忘的不良学习习惯。

（2）学生互动达标。学校坚持让学生依据既定的自学提纲或"前置性学习单"展示自己的学习成果，把黑板、多媒体设备交给学生，让学生来分析讲解，也可以在小组内互相展示，还可以小组为单位在全班进行交流汇报。在这个过程中，教师充当了主持人的角色，只在学生存在严重分歧和困惑的时候，适当点拨，解决出现的问题。

【案例七】

在《圆的认识》一课的教学互动达标环节，老师让学生上台讲。"关于圆，你想给大家介绍什么知识？"学生在小组与小组之间的"答辩"和"质疑"中"去伪存真""去虚求实"，有助于提高他们分析问题、解决问题的能力，也有益于思维训练，锻炼语言表达能力。

（3）学习成果检验。检验成果形式有老师出题检测学生、学生出题检测学生等。这些检测题同时也可以作为前置性作业的一种类型。一般情况下的检测题数量为3—5道，由老师来出，当堂完成。单元检测题由学生自行设计，教师补充完善。在学生自己出检测题的过程中，无形中就对单元知识进行了整理与复习。

"学本课堂"的最终目的是实现师生共同发展的双赢局面。从教师层面讲，通过对教育教学理念的研习、专家引领、同伴互助、教学竞赛活动、教育协作论坛、名师工作室引领等多种形式的教学研讨活动，教师专业素养不断提升，课堂教学水平不断进步，教师综合素质得到较大提高。从学生层面讲，通过前置性学习的长期训练，学生查阅资料、分析资料，独立思考的能力得到很大提高。通过互动达标，学生的自主学习能力、交流表达能力、协作互助能力得到很大提高。在小组活动、当小主持人、小老师等环节的训练中，学生的自我管理意识不断提升，自我管理能力也进一步提高。

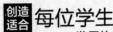

让每个人都出彩
——月度"最美教师"评选

水车园教育集团水车园小学　金　艳

以弘扬"执着勤勉献创新"的教风为主要内容，以评选、表彰"最美教师"为载体，学校通过发动全校广大师生积极参与"最美教师"的推荐评选活动，大力宣传和表彰一批师德高尚、业务精湛、社会认可、学生爱戴的先进典型，树立"博爱精进智慧"的教师队伍形象，用典型力量激励和带动全校教职工学榜样、扬正气、促和谐，推进学校教育工作持续健康发展。

一、评选标准

"最美教师"评选设置三个奖项，一是"执着美丽奖"，二是"木铎金声奖"，三是"突出贡献奖"。具体评选标准如下。

1. 师德高尚，堪称楷模。工作踏实，作风正派，模范履行"最美教师"职责，无私奉献。

2. 爱岗敬业，乐于奉献。热爱教育事业，热爱本职工作，把教书育人作为自己一生的追求。兢兢业业，淡泊名利，乐于奉献，无怨无悔。

3. 教风严谨，工作踏实。注重培养学生的学习兴趣，激励学生主动学习，引导和培养学生的创新性思维。关心学生，尊重学生，爱护学生。从严律己，以身作则，注重自身学习，不断提高教学能力和业务水平。

4. 业务精湛，成绩显著。具有先进的教育理念和教学方法，积极参加课程改革、课题研究，勇于承担学校的教研任务，教育教学成绩突出。积极参加各级各类教学竞赛，成绩优异。

5. 敢于创新，业绩显著。积极主动承担学校工作任务，勤于动脑、勇于创新，能出色完成教育教学工作及其他任务，在自己的岗位上取得优异成绩。

在符合以上条件的前提下，教师个人选项报名、教研组推荐、学校评审小组审核。

执着美丽奖（符合评审条件1和2）。

木铎金声奖（符合评审条件3和4）。

突出贡献奖（符合评审条件1和5）。

二、评选步骤及办法

推荐评选程序：

1. 宣传发动阶段（每年3月）。制定和下发"水车园小学最美教师"评选活动方案，通过校园宣传渠道发布信息，公布推荐评选办法，启动评选活动，大力宣传开展"最美教师"评选活动的目的、意义，广泛发动全校广大教职工积极参与，营造良好氛围。

2. 提名推荐阶段（每月末）。各教研组积极组织组内教师参与"最美教师"评选活动，参照评选标准从本组范围内提名数名教师作为"最美教师"候选人，将名单上报给评审小组。

3. 组织评选阶段（每月末）。评审小组对候选人评选资格进行审查，依据评选条件评选出本月3名"最美教师"个人及1个集体。

4. 宣传表彰阶段（每月初）。利用教学楼内的"最美教师"宣传栏对评选出的3名"最美教师"和1个集体进行宣传表彰。

三、工作要求

1. 高度重视，周密部署。"最美教师"评选工作是一项严肃的工作，具有重要的社会意义。各教研组一定要高度重视，围绕办人民满意教育的总体要求，精心组织，认真实施，把真正优秀的人才选拔出来。

2. 注重宣传，扩大影响。各教研组要把评选活动与学习典型结合起来，大力宣传评选活动的目的意义、评选标准、活动步骤，广泛开展"最美教师"主题宣传教育活动，积极营造"树典型、学先进"的浓厚氛围，不断增强评选活动的影响力和感召力。

3.坚持标准，确保实效。各教研组要组织组内教师认真学习评选工作的有关文件，按标准推荐。推荐过程要注重道德品质，突出工作业绩和先进典型的引领示范辐射作用，要广泛听取学生意见，推荐最优秀的教师参加评选活动。

四、部分"最美教师"展示

突出贡献奖——黄铭华

个人简介：多年来在平凡的教学中耐心细致地引导学生，从生活上关心爱护学生，不放弃每个学生，是学生们的良师益友；教学中积极参与各种活动，不断提升教学能力，始终坚守着做教师的本分。

颁奖辞：三尺讲台展示人生风采，一块黑板记载过往数载。用爱心润泽心灵，用慈爱启迪智慧，用微笑和耐心感化学生，信奉"亲其师，重其道"。坚守教师岗位30载，依旧孜孜不倦，初心不改。

突出贡献奖——孙其莲

个人简介：多年来，愿意在教育的天地里默默守望，演绎人生价值；在付出和给予中感受生命的价值和意义，再苦再累，无怨无悔；在奉献和关爱中享受教育的快乐和幸福！愿意在辛苦中呵护幼芽；在劳累中把握生命的风帆；用微笑带给学生自信，温暖一颗颗幼小的心灵，用关爱使学生重新树立起学习的信心。

颁奖辞：坚韧与刚强是心中不变的信念，勤奋与毅力是行动永恒的准则。她工作态度细致认真，乐于帮助同事，热爱关心学生，课堂教学扎实，工作勤勤恳恳，从不虚度光阴。用自己的行动诠释"永远执着的美丽"。她工作着，辛苦着，但幸福着！

最佳团队奖——教导处

简介：我们分属不同的岗位，但我们深知有共同的责任。在其位，有所为。我们愿做学校活动的组织者，教育教学的示范者，全心全意的服务者，教师心声的倾听者，学校发展的担当者。心怀赤诚，团结互助，是我们的底色。执着勤勉，奉献创新，是我们的诺言。

颁奖词：他们是水小教学的排头兵，是水小和谐乐章的最强音；他们有深度的觉醒，内敛的智慧。他们用深刻的思想引领学生健康成长，他们用管理的艺术引领同伴阔步前行。他们在看似周而复始的教育教学管理工作中，努力寻找并创造教育的诗意，他们无愧于"最美团队"这一光荣的赞誉。

积分制量化评价激活教师个人成长

水车园教育集团水车园小学　金　艳　余　洮

　　为建设可操作、可落地、可追踪、可反馈的教师绩效考评机制，充分体现教师专业素质，学校通过外在约束与内在激励，全面激发教师的内在驱动力，提升教师谋求自我发展、自我提升、立德树人的热情和积极性，激发教师的教学热情，提升教学效率，创新教学手段，进而促进教师专业化发展，提高教育教学质量，推进学校绿色可持续发展。

一、遵循的几个基本原则

　　1. 全面性原则。既重视教师业务水平的发展，也重视教师的职业道德修养和提高；既评估教师的工作业绩，又重视教师的工作过程；既体现教师的群体协作，共性发展，又尊重教师的工作环境和个体差异。

　　2. 发展性原则。关注教师发展的要求，将教师的参与、变化和发展过程作为评价的重要组成部分，使评价过程成为全体教师主动、终身发展的过程。

　　3. 可行性原则。既体现评价目标的导向性，又具有可操作的量化指标，公开、公正、公平地评价每一位教师的专业化发展过程。

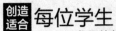

二、专业成长积分设置

（一）积分设置

表2-1　系列一

序号	类别	国家级（分）	省级（分）	市级（分）	区级（分）	学区级（分）	校级（分）
1	公开教学	5	4	3	2	1.5	1/0.5
2	论文发表	4	3	2	–	–	0.5
3	荣誉称号	6	5	4	3	2	1
4	讲座报告	5	4	3	2	1.5	0.5
5	课题研究	–	4	3/2	2	–	–

表2-2　系列二

序号	类别	级别	一等奖（分）	二等奖（分）	三等奖（分）	优秀/参与奖（分）
1	比赛课	全国	6	5	4	3/2
		省级	5	4	3	2/1
		市级	4	3	2	1/0.5
		区级	3	2	1	–
2	论文获奖	全国	3	2	1	
		省级	2	1	0.5	
		市级	2	1	0.5	
		区级	1	0.5	0.2	
3	项目成果	全国	6	5	4	3/2
		省级	5	4	3	2/1
		市级	4	3	2	1/0.5
		区级	3	2	1	–

表2-3　系列三

序号	类别	合格（分）	基本合格（分）	不合格（分）	加分项
1	必修课程	10	8	–1	每次1分
2	选修课程	10	8	–1	每次1分

（二）积分认定具体内容解析

1. 关于公开课和比赛课

公开课和比赛课的认定以国家、省、市、区、学区下发获奖文件或证书为依据（如在本次比赛中未设等次奖，则视优秀奖为一等奖）。凡在学校的教学比赛中获得一、二、三等奖的，计入"比赛课"中，获得校级相应积分。同一节课只认定一次，校级以上公开课可以累计积分，教研组公开课每学期最高限计两次。省区名师工作室活动公开课算作市级公开课，市区名师工作室活动公开课算作区级公开课，区名师工作室活动公开课算作校级公开课。

2. 关于论文发表和论文获奖

论文一般应为教育教学专题论文或与岗位工作相关的专题论文。区级及以上刊物上必须要有刊号。没有刊号的刊物则属于校级，学校的校刊上发表的论文属于校级，同一篇论文在不同层面发表，或同一内容的论文发表与论文获奖，不重复计分，只记最高级别。在非教育行政部门所主办的论文比赛中获奖的论文相应降低等级。

3. 关于荣誉称号

荣誉称号需政府行政部门、教育部门颁发方可认定。

4. 关于讲座报告

讲座报告内容应为报告人本人撰写的教育、教学、管理的学术论文或经验总结，并在相应层面获得良好的评价。讲座报告的级别参照荣誉称号的定级原则。

主题发言应为在校级以上层面的各类交流研讨会的既定发言，发言内容为教育、教学、管理的工作经验、体会等。在学校举办的课题（含校级以上课题）开题、中期汇报、结题鉴定会议上的研究方案、研究过程、研究小结交流及说课等均属于校级主题发言。

5. 关于课题研究

区级以上项目必须是由教育行政部门所批准立项的项目，如为中央电教馆、教育技术协会、德育协会等民间学术组织的课题或子课题，均相应下降至区级项目。课题负责人可获相应版块的全额积分，如是集体项目中的项目组内成员，由课题负责人视其参与研究情况及成果考量，给予全额积分基础的20%—80%的积分，如在项目研究过程中无实质性成果，也可不予其积分。

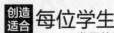

6. 关于项目成果

（1）项目成果所设积分，项目负责人可获相应版块的全额积分，如是集体项目中的项目组内成员，由项目负责人视其参与研究情况及成果考量，给予全额积分基础的20%—80%的积分，如在项目研究过程中无实质性成果，也可不予其积分。

（2）项目获奖的论文，不能计入论文获奖类再进行认定。

7. 关于必修课程和选修课程

（1）全勤、按要求完成任务即为合格。

（2）全勤、未按要求完成任务1次即为基本合格。

（3）缺勤1次或未按要求完成任务2次即为不合格。

（4）承担培训任务（主讲），每次加1分。

8. 积分的使用

（1）学校教师专业成长积分每学期申报积算一次，一年核算一次总分。

（2）教师年度专业成长积分亦作为教师岗位设置、职称评定、年度考核以及各类推优评选的依据。

（3）用当年积分兑换第二年外出参加培训、教学比赛等资格。

三、专业成长积分认定程序

（1）学科教师填写《水车园小学专业成长积分认定申报表》，同时申报人需提交各种获奖证书以及反映本人申报项目与分值的相关材料（已有随堂听课鉴定意见和论文鉴定意见的一并附上）。

（2）积分认定工作小组审核教师申报材料，并初步确定申报教师应得的分值。

（3）积分领导小组审核确定申报教师应得的分值。

（4）召开全体教工会议，通过积分领导小组确定的申报数据确定教师应得的分值。

（5）公布教师专业成长积分认定结果。

四、积分认定工作监督机制

为监督和保证教师专业成长积分认定工作的规范性，学校成立教师专业成长积分认定工作纪律监督委员会。委员会由3～5人组成，成员由教代会代表推荐产生，包括书记、教育工会代表和其他教师代表，一般任期为一年。

1. 纪律监督委员会主要职责

（1）监督、检查积分认定领导小组、工作小组成员行为的规范性。

（2）发现有违反公开、公平、公正原则，违反认定标准的现象，有权要求及时纠正并严格按照有关原则、程序执行。

2. 纪律监督委员会工作程序

（1）申报教师或其他人员发现有违反公开、公平、公正原则，违反认定标准的现象，可向纪律监督委员会提出申诉或检举。

（2）纪律监督委员会在接到申诉或检举材料后的两个工作日内，告知申诉人或检举人是否受理的意见。

（3）受理后，纪律监督委员会应即刻进行调查。自受理日起，在5个工作日内给予申诉人或检举人处理结果。

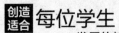
遇见心理学　遇见更好的自己
——我的成长历程

水车园教育集团水车园小学　曾爱莉

因为热爱，所以坚守。任教以来，我始终坚持在教学一线。我的理想是像于漪老师那样，学而不厌，勇于实践，胸中有书，目中有人，一辈子做老师，一辈子学做老师。

教师是需要用一辈子来学习的职业。回顾自己的专业成长历程，我庆幸自己没有虚度光阴，选择了一条少有人走的执着进取之路。我是勤勉的：多少个夜晚，我放弃娱乐，选择了读书；多少个双休日，我放弃休闲，选择了"充电"。我是幸福的：我在自己热爱的事业中找到了价值，为孩子们的成长贡献了力量。我也是幸运的：在我成长的路上不断有榜样激励我，有朋友帮助我。

一、追求卓越，终身学习

心理学家阿德勒认为：自卑感，是个人和人类趋向优越的原动力。我的专业成长历程首先是不断超越自卑的过程。1993年，踏上教坛之初，作为非师范毕业的中专生，我曾经很迷茫，找不到自己的位置和方向，我不知道该怎样讲好课，甚至怀疑自己是否入错了行，我有一种强烈的自卑感。然而，不甘落后的我开始勤奋学习，实现了从中专到大专、大专到本科，再从本科到硕士的飞跃和成长，开阔了视野，提升了教育教学理论水平。

罗曼·罗兰曾说："没有人是为了读书而读书，而是在书中读自己，在书中发现自己，或检查自己。"通过持续不断地"充电"和读书，我对自己的优势和不足有了清晰的认识，也获得了全面的成长，不仅专业能力得到了学生、家长、同事和组织的认可，而且还曾先后担任大队辅导员、政教主任等，成为兰州市中小学心理教师中的引领者，并开始在甘肃省内有一定的影响力。

在教学过程中，我发现有的孩子不够自信，有的孩子注意力不集中、学习困难，有的孩子不善于和同伴相处。于是，我就想学习心理学知识，用心理辅导的方法来帮助他们，但苦于找不到学习的途径。2005年的一天，我偶然从报纸上看到了一则开办心理咨询师培训班的广告，眼前仿佛闪过了一束光，于是我立即报了名。我利用寒暑假和双休日认真、投入地学习，并以优异的成绩通过了国家三级和二级心理咨询师考试。

近年来，我持续学习团体辅导、沙盘游戏、绘画心理技术，接受心理专家的定期督导，不断提升专业能力，成为中国心理学会注册心理师。

二、主动探索，有效辅导

在学习了一定的心理辅导理念和技术后，我主动向校长请缨，额外承担了学校的心理健康教育工作。我开始给孩子们上心理健康课，开展心理健康教育活动，同时开展个体辅导工作。我也开始真正理解孩子，走近孩子们的内心，成为孩子们最喜爱的老师之一。当我看到孩子们变得更自信、更阳光的时候，我感受到了作为教师的价值感和幸福感。

为了上好心理课，我利用一切可利用的资源进行学习。除了请教老教师、学习名师教学实录，我还录下自己的常态课，反复听录音挑毛病。为了让自己的课堂语言精准、生动，我将上课要讲的每一句话都写下来，然后加以修改，把不合适的字、词、句，不符合逻辑之处删除、改动，用规范的语言代替不规范的口头语言。功夫不负有心人，在这样有意识的专注修炼中，我的教学能力有了显著的进步，并逐渐形成了自己的教学风格。2013年，我代表甘肃省参加中国教育学会学校心理分会举办的全国首届心理课堂观摩活动，获得一等奖。2014年，我在全省中小学技能大赛中获得一等奖。2015年和2018年两次在"一师一优课"大赛中获得省级优课一等奖。

2014年，我听从自己内心的声音，放弃政教主任的岗位，调入水车园小学做专职心理教师，并在这个优秀的团队中获得了新的成长。在校领导的支持下，我开发了"情商训练营"心理健康校本课程，开展了沙盘游戏辅导特色社团，有效地进行个体辅导工作。由于工作扎实有效，学校2016年被评为甘肃省中小学心理健康教育特色校，2017年被评为全国中小学心理健康教育特色校，2019年，学校成为西北师范大学心理学院实习基地。

三、实践反思，行动研究

我深知要成为真正的名师，除了具备超强的学习力、教学能力，还必须成为一位研究者。为了解决教学和心理辅导中的困惑，我开始做实践研究，在行动中反思和提升。

2009年，正在读教育硕士的我在导师周爱保教授的指导下开始尝试做自己的第一项研究——家庭教养方式对小学低年级学生学习适应性影响的调查研究。课题立项后，我开始着手收集研究工具，可是却怎么也找不到学习适应性量表。我试着从网上搜索量表开发者华东师范大学周步成教授的信息，并找到了一个电话。多次拨打电话都无人接听，有一天终于打通了，接听者正是周教授。周教授告诉我买一套量表软件需要三千元。我坦诚地说明自己是一线老师，这是我的第一个研究，学校没有经费支持。周教授被我的执着打动，免费给我邮寄了一套纸质量表和评分办法，保证了此次研究的顺利进行。这次经历告诉我"只要肯去做，办法总比困难多"。

十余年来，我主持和参与过的五项省级规划课题均顺利通过鉴定。2010年，我参与编写兰州市教科所主编、甘肃教育出版社出版的《成长教育素质读本》，撰写了6万字。2012—2013年，我参与编写甘肃省《心理健康教育》教材十二册及《心理辅导与实践》十二册，担任执行主编，撰写字数超过10万字。此外，我还在教学过程中不断总结经验，积极撰写论文和教育随笔，有10余篇论文发表于《甘肃教育》等省级刊物。

四、送培送教，引领辐射

在我成长的过程中，许多人曾给予我帮助，我始终心怀感恩。当我成长为金城名师、陇原名师和心理特级教师时，我感受到了沉甸甸的责任和使命。我努力践行"点亮自己，照亮他人"的理念，潜心培养，以帮助更多的青年教师成长。几年来，工作室中多名成员被评为市、区级教学新秀和骨干教师，并多次在省、市、区优质课比赛中获奖。

2010年，舟曲特大泥石流灾害后，我被省教育厅派往舟曲县城关一小开展心理援助和支教。我临时接任了五年级（2）班的数学课，当得知五（2）班的数学老师谈老师因泥石流遇难，孩子们特别怀念她时，我带领孩子们追思谈老师，做哀伤辅导，用心陪伴。在心与心的交流中，孩子们渐渐接纳了我，脸上也开始有了笑容。在陪伴失去家园和亲人的舟曲县城关一小师生的过程中，我领悟到在心理辅导中建立信任的关系、有质量的陪伴比任何技术都更重要。在舟曲的工作经历对我来说是一次洗礼，也更加坚定了我要做一位能抚触学生心灵的教师的信念。

近年来我多次在省、市、区教研活动中执教观摩课，送教下乡，承担教师培训讲座，担任国培计划教师培训主讲教师、西北师范大学实践导师等，积极发挥引领示范作用。

遇见心理学，我遇到了更好的自己。遇见心理学，我也从最初的迷茫、彷徨走向了坚定的执着和热爱。这些成绩的取得超出了我的想象，印证了"只问耕耘，不问收获"的朴素道理。正如新教育发起人朱永新教授所说："行动就有收获，坚持才有奇迹。"成长永无止境，我将继续点亮自己，照亮他人。

做一位心中有光的教师

水车园教育集团水车园小学　俞婧雯

大学毕业后，怀揣着对教育的憧憬与热情，我有幸就职于水车园教育集团水车园小学这个充满智慧的乐园。毕业时，华东师范大学陈群校长曾寄语："踏实地工作，浪漫地生活""愿你历尽千帆，归来仍是少年"。怀着对教师这份职业的忠诚，我开始了自己的教育成长之路。

学校用一个诚挚而博大的胸怀迎接了我：每一位前辈都悉心指导我，用最大的诚意回答我的问题和解决我的困惑，小到如何调课换课，大到应该怎样对自己的职业有一份规划。我想，这是初入职场的我收获的第一份礼物。

学校务实的教研活动是最有力的专业指导平台。虽然曾多次模拟上课，但是如何真正将小学数学作为一门课程落实到每一次的课堂中，却成了我面临的最大难题。教研活动通过"骨干引领＋典型课例"的模式进行，每一次活动，都会对整个单元的内容进行分析，对典型的课例进行研讨。整个教研过程中，我能听到有经验的教师对学生学情的预测，骨干教师对教学的建议，这些都是从书本上无法找到的内容，对我的帮助无疑是非常大的。华东师范大学叶澜教授曾说："一个教师写一辈子教案不一定会成为好教师，如果一个教师写三年反思则可能成为合格教师。"反思是青年教师成长的必备常态。在教研活动中，我们结合教学实际进行反思和探讨，这让我对教育思想和理念的认识，从肤浅到深刻；让我对教学方法的运用，从稚嫩到熟练；自身的专业素养，也有了一个从薄弱到丰厚的过程。经过学校教研活动的培训和指导，2020年12月，我所录制的"数学广角（推理）"说课荣获了"全国反馈教学研究会反馈教学创新联盟"举办的2020年"云·创新杯"教学艺术大赛二等奖。

在教育快速发展的今天，我深深地理解了"一个人可以走得更快，一个团队才能走得更远"。团队合作成为一个集体前进的重要力量，也是促进个人发展的动力之一。学校和谐温馨的氛围促成了团队合作的良好势头，作为新教师的我受益匪浅。从第一次"亮相课"到每一次公开"教研课"，同一年级教研组率先形成合力，对一节课进行深入分析和挖掘。从试课到磨课，从说课到上课，有思想的碰撞，更有智慧的交融。一节课短短四十分钟，每一分钟都有精心的设计；一堂数学课富含逻辑，每一个环节都是教师团队的共同智慧。团队的力量让我的成长道路踏实且向上，同事之间不求回报的帮助让我对这片热土充满感恩和激情。2020年7月，在学校团队的助力下，我学习教育理论、研究教学内容、掌握教育技术，经过校级、学区、区教育局的评比，最后参与了由兰州市教育局举办的"第十五届教学新秀"评选活动，荣获了"兰州市教学新秀"荣誉称号。

著名教育家肖川有一个成长公式：成长＝经验+反思+专业引领。专业引领不仅要学习别人的课堂，更要读书，成为终身学习的人。学校成立读书会，所有教师同读一本书，并整理成读书笔记进行分享。我阅读了《教育的艺术》《怎样教好数学——小学数学名家访谈录》《做一个优秀的小学数学老师》等书籍。《非暴力沟通》是我入校与教师共读的第一本书，同事之间的互相督促让好久不曾捧起书本的我坚持读书，而这本书也教会我体会和表达感受，与学生相处时用恰当的语言，提高了我读书的乐趣与信心。学校的读书氛围浓厚，除了参与教师共读，我也曾参与学生共读。2020年3月，我所带的二年级（1）班的小朋友正利用每一个大课间读《窗边的小豆豆》，在班主任老师的鼓舞下，我也参与了这一场持久的读书计划。每每读到有趣的地方，我与孩子们一起哈哈大笑，这样的氛围让我的读书过程轻松而有趣。这本书让我正视每一个孩子的童真，让我有一双新的眼睛去发现每个孩子身上的品质。一本本书的滋养，让我对工作充满了热情和希望，我能感受到自己内心深处对新事物的好奇，对未知的期待，读书让我的工作浪漫起来。我与孩子们一同赏析电影《小鞋子》，在交流环节，我和孩子们一起为主人公的遭遇伤心地流泪，又为主人公坚强的意志感动得落泪。读书与学习成了工作的一部分，也成了我生活的一部分，我珍惜在忙碌的生活中停下脚步去读书、听书的时光。2020年7月，我利用假期时间阅读了《阿甘正传》，之后有感而发所写的读后感《纯粹让生命更有意义》荣获第三届"全国中小学教师读写公益活动"兰州赛区征文活动一等奖；荣获"第三届全国中小学教师读写比赛"全国二等奖。

学校不仅提供学习的资源，还提供了研究的平台。2019年，我参与了由学校资深教师主持的"小学'数与代数'领域中课堂教学有效互动的典型案例研究"省级课题，初入课题组时，我只会做一些简单的文本工作。经过培训，我开始阅读一些关于"数与代数"领域教学示例的书籍，吴正宪老师的系列书籍让我汲取了很多能量和灵感。而后，根据课题研究方向，我针对所教年级选定了一节数学计算课"三位数加三位数"做研究，课题组成员为本节课提供了很多建议，修改后我进行了实践。如果说读书是输入，思考是消化，那么写作就是升华。写作能帮助我们梳理思绪，帮助我们深化认识。我将自己参与的整个研究过程进行整理，将自己在这个过程中所想所得进行整合，写出了一些自己的收获。在课题研究的过程中，我虽然对整个课题研究的作用微乎其微，但是在课题组其他成员的影响下，我的思路被他们的研究方法打通了。作为新手教师，我需要将所学的理论实践于自己的课堂中，而后以研究的态度输出自己的成果，寻找自己的成长之路。

三年多来，我接受着教师这份工作带给我的惊喜，感受着学生带给我的感动，这些让我的生活浪漫而丰富，给我的生活带来了很多的积极影响。我很庆幸，我选择了这份让人心中有光的职业；我很感激，我能在这一方心中有志的沃土上不断成长。

第三章

林木非培植，根株弗成

——学校课程建设

　　丰富的学校课程拓展了学生知识与能力的维度，从内向外塑造了学生的气质。学校根据学生成长的需求，完善了思维训练、吟诵、管乐团、民乐团等100余个社团，让学生在各自喜爱的兴趣活动中实践，汲取知识养分，实现成人、成才的理想。开设的8个主题月活动，让学生在一个讲座、一部电影、一次实践活动、一份手抄报、一次演讲、一个小制作等丰富的学习活动中，经历自主策划、查找资料、制作幻灯片、办手抄报、组织展示的学习过程，在全方位的实践中获得知识，锻炼能力，丰富才干。开展的篮球、黄河娃合唱团、青少年科学调查体验活动、湿地探秘、情商训练营、国际交流与游学等特色活动，有效落实了全面发展的办学目标，最终，能让孩子刚健有为、自强不息、人格健全、崇尚劳动、体魄健美。

　　我们拓宽体育教育、劳动教育、德育、美育的课程通道，用立体化的美育课程来培养人，在每一个细节里，激发美感、挖掘潜能、彰显智慧，让黄河少年闪光。

基于"润泽教育"理念的学校课程设置

——水车园小学课程体系解读

水车园教育集团水车园小学 金 艳 胡永红 朱衍秀

　　课程是达到教育目的的中介，学校的教育目标、教育价值主要是通过课程来体现的。高远的办学目标和明确的办学方向，是学校活动的行动指南。基于学校办学理念的课程设置是学校培养学生的方式，同时，以学校办学理念为风向标的课程设置也是落实学校培养目标的途径。

　　水车园小学根据"尊重个性，挖掘潜力，快乐发展"的办学理念，以"有特色、求品质、谋发展，为每一位学生的发展奠基"为课程建设目标，并以"国家课程校本化，校本课程精品化，学校课程生态化，课程评价多元化"为课程建设指导，对学校课程进行全面规划。经过多年的实践与改革，学校的课程体系已初步形成。

　　学校结合"培养身心健康、优秀德行、人文底蕴、科学精神、国际视野的公民"的育人目标，全面规划了学校课程，将综合实践活动、校本课程及学校的特色活动进行了整合，构建了培养学生六大核心素养，即人文底蕴、科学精神、学会学习、健康生活、责任担当、实践创新的"6S课程"。

　　"6S课程"划分为六大系列课程：仪式典礼课程、特长发展课程、实践体验课程、传统文化课程、国际文化课程、科学素养课程。六大系列课程也有必修课程和选修课程两部分，必修课程有文化日活动、阳光体育、劳动教育、整本书阅读、经典诵读、主题月活动等，这些活动会融入学校常规教育教学活动中开展；选修课程以社团活动为课程模式，我们成立了50多个社团，采取走班模式，让学生选择自己喜欢的社团参与活动。

一、必修课程传承学校文化

文化日活动、劳动教育、阳光体育、经典诵读、整本书阅读、主题月活动是学校的特色课程，我们将其纳入必修课程，进行统筹管理和运作。

1. "文化日活动"课程，以"学、思、行"为模式，利用各种文化日开展有针对性的活动，丰富学生体验。内容包括：传统节日课程、主题节日课程、仪式典礼课程。

2. "劳动教育"课程，以打扫卫生、生产劳动等为实践载体，通过教师的指导、训练，学校的检查、反馈，使学生逐渐学会劳动、热爱劳动。内容包括：卫生值日、家政课堂、家务劳动、种植活动、公益劳动等。

3. "阳光体育"课程，以"精品小课堂、精彩大课间"为目标，在上好体育课的同时，打造有品质的大课间活动；在全校普及跳绳和篮球，促进"体育、艺术2+1项目"中两项体育活动的落实；每年召开两次运动会，春季运动会以田径竞赛为主，秋季运动会以球类竞赛为主。努力形成有特色的学校阳光体育活动，确保学生每天活动1小时。

4. "经典诵读"课程，以"读圣贤书、立君子品、做有德人"为目标，通过诵读引领学生走进博大精深的中华文化。学校自2011年起自编并使用了《水车园小学经典诵读读本》，每年级2册，共计12册。其内容包括《三字经》《百家姓》《千字文》《大学》《中庸》《道德经》《庄子》《论语》《管子》《诗经》、唐诗、宋词、元曲，以及经典古文片段。要求学生一周背诵一首或一段，学期末以年级为单位交换检查，达到人人熟练背诵的程度。不仅如此，学校每年春季的艺术节开展全校性"公演"活动，以年级为单位进行经典诵读展示，并开展全校千人诵读《少年中国说》活动。通过每日诵读经典课程营造"与经典同行，与圣贤为友"的氛围，使学生获得文化的熏陶、智能的锻炼和人格的培养，为学生的发展奠定文化基础。

5. "整本书阅读"课程，是将课外阅读"挤"进课堂，引导学生去阅读整本的书，从而扩大阅读空间，掌握阅读方法，养成阅读习惯。学校根据孩子的认知特点，有梯度地为学生选择了36本精读书目，每学期在老师指导下精读3本，6年内读完。学校每周安排一节课外阅读课，分别上导读课、阅读推进课、交流分享课。阅读整本的书能够使学生理解更深刻、精神更强健，心灵和语言得到双重滋养。为推进整本书阅读课程建设，学校还邀请徐冬梅、周益民、刘颖等名师，曹文轩、梅子涵、郁雨君等儿童文学作家参与学校论坛，与老师们交流研讨，有力地促进了课外阅读课程化的进程。

学校为每个班的学生都配备了共读和选读图书，共读图书每个年级6种，每种65本，同年级各班循环交流阅读。选读图书各班按照学校的书目配备了100多本，都是经过精挑细选的优秀儿童读物，放在教室图书角，供学生随时阅读。学校图书室向学生开放，让学生可以看更多的书。经过系列的整本书阅读活动，在小学6年的时间里，学校学生的阅读量至少达到400本以上。

各班通过开展读书交流会，推动读书活动的深入开展。仅2017年，全校37个班的孩子们利用寒暑假、节假日共读图书5200余册，完成书评2000余篇，各班分组举办"书友会"累计180余次，各班家长参与"书友会"交流分享活动累计3000多人次。

6."主题月活动"课程是学校必修课程的一项创新，我们将综合实践活动课程中的信息技术教育、研究性学习、社区服务与社会实践以及劳动与技术教育等内容整合在了主题月活动中。学校每学年开展8个主题的活动，即安全教育月、体育艺术月、湿地保护月、读书交流月、文明礼仪月、科技创新月、快乐运动月、世界博览月。每个主题月根据年级的不同又有不同的内容。

每个主题月由一名老师策划安排，在每周星期三下午开展活动。学校的主题月活动采用"三个一"的活动模式，即：根据活动主题的需要从一个讲座、一部电影、一次实践活动、一份手抄报、一次演讲、一个小制作等形式中选择3项，每周开展一项活动，通过3种不同形式的活动，让学生能够对活动主题有较全面和深入的了解。

二、选修课程培养学生情趣

一个行业的成熟度取决于它的选择性，教育的发展目标也应该是为学生提供多元的学习选择。多元的课程可以使教师人尽其才，可以使学生有更多的机会参与和选择适合自己发展的课程。因此，学校在校本课程的选修课方面努力为学生提供丰富的可供选择的学习内容，开发了50多个社团课程，实现了全员参与、自由选课的目标。课程的设置采取动态的管理，学生不喜欢的、效果差的社团会被取消，然后根据教育的发展和学生的需求不断开发新的社团课程。

形式上，学校的选修课程分为校级和年级两类，校级社团是对特长突出的孩子整体推进的课程，年级社团是按学生程度分层推进的课程。学生根据自己的兴趣爱好自愿选择社团，采取走班的形式，打破原有班级模式，学生选择进入自己喜欢的社团。社团活动时间为每周星期二下午3：30—5：00。社团的指导教师由学校聘请有专长的教师担任，努力为学生提供更为专业的活动指导，其中一部分为外聘教师。社团活动内容由学校课程编审委员会审定，在学校确定的框架内，由指导教师编写课程内容，并采取生动有趣的方式开展活动，努力为学生提供丰富的活动内容，调动学生参与活动的积极性。

内容上，学校的选修课程也体现着全面育人的育人准则，包括体育类、艺术类、科技类、传统类等。乒乓球、篮球、排球、足球等社团，培养学生的健康体魄、协作精神、竞技精神。书法、工笔画、漫画、陶艺、摄影、管乐、合唱、古筝等社团，培养学生高雅的审美情趣，提高学生的艺术修养和审美能力。编程、机器人、科技创新等社团，发展学生创新意识，感受科学技术的发展。吟诵、国学、课本剧等社团的活动，引导学生感受语言文字之美，培养学生对中华传统文化的热爱，为孩子的品德修养架起桥梁。

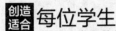

"体育艺术"主题月

水车园教育集团水车园小学　柴　玲

一、课程概况

艺术呈现人的美好。美育是中华文明重要的精神内涵，是创造高品质的幸福生活、实现中华民族伟大复兴的重要基础。艺术教育不仅能为学生提供独特的视觉境界，增进美的感受，而且具有传达、维系与开拓精神领域的功能。

学校将4月确定为"体育艺术主题"月，通过聆听一次艺术讲座、观看一部艺术影片、进行一次艺术体验实践活动的"三个一"模式，面向全校学生开展。

在主题月活动中充分发挥学校艺术教育的育人功能，通过丰富多彩的艺术活动，夯实美育工作，引导学生在艺术活动中树立正确的审美观念，培养良好的艺术修养，使艺术教育走向通识，确保每一个孩子都有机会学习、享受和直接参与艺术活动，并以本次活动为契机，加强校园文化艺术环境建设，营造良好的文化艺术教育氛围，推进学校艺术教育的改革和发展。

二、典型案例

（一）活动主题
放声高歌精彩绽放。

（二）活动目标
（1）歌唱是全民普会的艺术活动，在唱歌中做到演唱准确、音质优美、富有变化、准确地表达歌曲情绪。

（2）推进"班班有歌声"活动，让艺术属于每一个孩子。

（3）在齐唱的基础上，开展班级合唱，完整表现作品，营造较强的艺术氛围。

（4）用手中的画笔描绘心中的校园，学生运用整体构图，多彩图像，表达情感。

（三）活动过程

"音乐之声"看听说：

1. 一次讲座活动：探访空间经典自荐

音乐是世间最灵敏的艺术，它的美妙并不只在于它的音调与节律，更在于它在我们心中的回响与感悟！为了提高学生的艺术底蕴，使其积极主动地参与到艺术活动中，我们分年段开展艺术欣赏，让学生扮演主讲人、介绍人和点评人等不同角色进行音乐赏析活动。具体安排如下：

一年级：圣桑的《动物狂欢节》

代表性推荐：曲一《狮子》、曲四《乌龟》、曲五《大象》、曲六《袋鼠》、曲七《水族馆》、曲十三《天鹅》等。从《动物狂欢节》组曲中选择学生喜欢的主题，分角色进行赏析。

二年级：《口哨与小狗》

分角色进行赏析。

三、四年级：交响童话《彼得与狼》

《彼得与狼》是一部故事性的交响童话，七段音乐主题分别代表了不同的角色，由七种乐器演奏。安排3名学生聆听乐曲开头"在草地上"、乐曲中间"灰狼来了"和乐曲结尾"英勇抗击"三段，并分角色进行赏析。

五、六年级：艺术推荐（音乐、美术均可）

美术方面可从中外著名画家、画风入手向大家介绍学生心中的最美画作。音乐方面可以介绍学生学过的中外著名音乐家莫扎特、贝多芬、海顿、聂耳、冼星海等，或者向大家推荐学生最喜欢的一首歌曲，然后分角色进行赏析。

2. 一次观影活动：学生在音乐电影中寻找艺术的魅力

（1）影片看一看

影片分低、中、高三个年级段选材，学生通过观看高品质的影片，进行交流与分享。具体内容有：

低年级（一、二年级）：《了不起的狐狸爸爸》《欢乐好声音》《精灵旅社》《疯狂动物城》等。

中年级（三、四年级）：《音乐之声》《了不起的菲利亚》《寻梦环游记》《圣诞颂歌》《极地特快》等。

高年级（五、六年级）：《音乐之声》《贝蒂和爷爷》《摔跤吧！爸爸》《神秘巨星》《放牛班的春天》《阿凡达》等。

（2）观影听一听

交流分享：看完电影，你最喜欢的片中曲是什么？理由是什么？

艺术体验活动：

推进"班班有歌声"活动，组织学生学唱更多内容健康、积极向上、体现学生精神风貌的学堂乐歌和经典歌曲。四至六年级落实"班班有合唱"的要求，加强合唱的艺术鉴赏与指导，结合学校音乐教学开展班级合唱。

1. 课歌演唱

内容：本年度音乐课本歌唱教学内容。

对象：小学一至六年级以班级为单位参加。

方式：每班准备两首曲目，通过演唱或乐器演奏（小乐器进课堂的年级必须有一首吹奏曲）的方式呈现。

2. 艺术拓展

法国雕塑家罗丹说："生活中并不缺乏美，而是缺少发现美的眼睛。"我们都知道美的事物总是让人愉快的，如果你有一双善于发现美的眼睛，那么，你就能收获更多的快乐！

活动内容和形式：

一至三年级：学习《春晓》《悯农》《赋得古原草送别》《唐诗》等学堂乐歌，吟诵几首古诗歌曲，跟随音乐学唱。

四至六年级：播放童声合唱《你鼓舞了我》《大鱼》《青花瓷》，西北民族大学合唱《茉莉花》，影视名曲《芈月传》插曲《西风》、《甄嬛传》插曲《菩萨蛮》，认真观看聆听合唱乐曲视频。

"艺术赏析"画画看：

1. 画一画

以水车、梨花为元素绘画"水小印象"，画风不限，纸张8K。将你的绘画作品和小伙伴分享吧！

2. 说一说

这幅作品的创作思路和表达意境是什么？

活动成果：

（1）每年一届的合唱展演，全校师生共同参加，低年级表演唱形式，中高年级以合唱形式表现，校园里处处洋溢着歌声和欢快的笑声。

（2）学生绘画作品装点校园或参加城关区学生绘画比赛。

（3）艺术团体代表学校参加城关区五月学生艺术展演获金奖。

"读书交流"主题月

水车园教育集团水车园小学　苏　楠

一、课程概况

为了进一步丰富校园文化生活，引领学生走进中国诗词文化，营造浓郁的读书氛围，激发学生的读书热情，培养学生良好的读书习惯，同时，为学生展示读书成果、交流读书收获搭建平台，树立读书榜样，继续推进学校书香校园建设，学校在每年5月开展"读书交流"主题月活动。

以"了解中西方优秀文化、开阔视野、丰富体验、培养学生综合能力"为目标的主题月活动，让学生从一个讲座、一部电影、一次实践活动、一份手抄报、一次演讲、一个小制作中选择3项，自主策划、查找资料、制作幻灯片、办手抄报、组织展示，每周开展一项活动，让学生在全方位的实践过程中，获得知识，锻炼能力，丰富才干。

二、典型案例

"读书交流"主题月活动方案

为了进一步丰富校园文化生活，引领学生走进中国诗词文化，营造浓郁的读书氛围，激发学生的读书热情，培养学生良好的读书习惯，同时，为学生展示读书成果、交流读书收获搭建平台，树立读书榜样，继续推进学校书香工程建设，学校将在"读书交流"主题月中开展"诗词大会""成语大赛"系列活动。本次主题月的活动安排如下：

一、活动主题

诵中华诗词，养浩然正气。

二、活动口号

与经典同行，绘人生底色；与博览同行，拓广阔视野。

三、活动内容

1. 一年级开展"诗与画"主题活动。

2. 二年级开展"诗歌与游戏"主题活动。

3. 三年级开展"成语大赛"主题活动。

4. 四至五年级开展"诗词大会"主题活动。

5. 六年级开展习作竞赛活动。

6. 观看"诗词大会"总决赛片段。

7. 评选校园"黄河娃"读书之星。

8. 图书捐赠活动。

四、活动实施

1. 观看"诗词大会"片段。

观看"诗词大会"总决赛精彩片段，用时一节课。

2. 一年级开展"诗与画"主题活动。

一年级学生从语文书、经典诵读、日有所诵中选择一首自己喜爱的古诗进行书画创作。

作品要求：

（1）图文结合、布局合理，图画中的内容能体现古诗的情境。

（2）作品尺寸：A4纸大小。

（3）一年级各班评选出3幅作品参加校级评选，经过评委组认真评选，最终评出一、二、三等奖若干名。

3. 二年级开展"诗歌与游戏"主题活动。

二年级学生从语文书、经典诵读、日有所诵中选择一首自己喜爱的古诗完成创作。

作品要求：

（1）图文结合、布局合理，可以使用彩泥模拟大自然中的物品（如植物、树叶、小昆虫等），有立体感，作品内容能体现古诗的情境。

（2）作品尺寸：A3纸大小。

（3）一年级各班评选出3幅作品参加校级评选，经过评委组认真评选，最终评出一、二、三等奖若干名。

4.三年级开展"成语大赛"主题活动。

活动年级：三年级学生。

活动方式：各班以班级为单位，开展成语听写大赛海选，最终各班选出2位优胜者参加年级总决赛。

5.四至五年级开展"诗词大会"主题活动。

活动年级：四、五年级学生。

活动方式：各班以班级为单位，开展判断正误题（人数不限）海选，最终各班选出2位优胜者参加年级总决赛。

决赛流程：

第一关：诵读经典。

作品要求：诵读作品自行准备，时间限定在一分钟之内。

第二关：古诗词问答。

第三关：我要挑战。

6.六年级开展习作竞赛活动。

竞赛要求：

（1）习作限时40分钟。

（2）习作不少于400字。

7.评选校园"黄河娃"读书之星。

三至五年级开展"水小讲坛——读书分享"活动。活动将通过初赛和决赛评出"黄河娃"读书之星，登上"水小讲坛"为全校同学演讲。

（1）班级初赛：

活动要求：各班自行组织开展"好书伴我成长"演讲，将优秀作品以PPT、视频的形式在班级门口显示屏上进行展播，每班评选出一名选手参加校级"黄河娃读书之星"评选。

（2）校级决赛：

活动要求：班级的"黄河娃"读书之星将登上"水小讲坛"面向全体师生进行演讲，最终评选出10位校级"黄河娃读书之星"。

8.图书捐赠活动。

活动时间：学校在"读书交流"主题月中开展图书捐赠活动。

活动要求：

（1）六年级毕业生为学弟学妹捐赠图书，每人捐赠一本。

（2）每年每班图书角增加年级书目70本。

（3）捐赠图书全部放置于1—4层校园内书吧，用于学生随时翻看。

三、我的阅读故事

我的读书故事

水车园小学六年级（6）班　边家贤

读书，是一种享受，更是一种快乐。捧起它，它是圣洁的；翻开它，它是万能的；阅读它，它是美妙的。

——题记

我的妈妈是一名教师，每天和书本打交道，看着她见多识广的样子，我很崇拜。后来爷爷告诉我，读了书，就能"秀才不出门，尽知天下事"，这让我自然而然地对读书产生了极大的兴趣，书在我面前打开了一扇神奇的窗户。我也与书结下了不解之缘，在书中我结识了很多可爱的小生灵：有美丽善良的美人鱼、有天真可爱的小红帽、有好吃懒做的大狗熊……我用稚气的眼睛去看，用天真的童心去品，从《狼来了》的故事中懂得了诚实，从《卖火柴的小女孩》童话中学会了同情，从《凿壁借光》的成语典故中知道了勤奋。

随着年龄不断增长，我和书的关系也越来越密切。书桌上、床柜里、椅子上到处都摆满了书。小学六年的时间里，我根据老师和父母的推荐阅读了大量的书籍，包括《二十四史》《中国历史》《世界历史》，中国古典四大名著中的《水浒传》《三国演义》和《西游记》，除名著以外，我还喜欢看儿童小说、神话故事、科普科幻故事、文学史、寓言故事等。在书中品读李白的潇洒，领略苏轼的豪放，思索鲁迅的冷峻深邃，感悟冰心的意切情长。《史记》让我明白了以史为鉴，继往开来；《封神演义》让我知道了得道多助，失道寡助；《诗说中国》使我领略帝王雄才；《三体》使我对神奇的科幻世界充满了好奇；《大国战疫》让我懂得了责任与担当……在书本中我汲取到了刻苦钻研

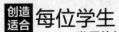

的学习精神和良好的思想品质。读书培养了我丰富的兴趣爱好，激发了我强烈的求知欲。正如古人云："读书足以怡情，足以博彩，足以长才。"读书使人开茅塞，除鄙见，得新知，养性灵。读书带给我们最隽永的乐趣，最恒久的动力。

读书，陶冶了我的情操，开阔了我的视野，丰富了我的情感。"半亩方塘一鉴开，天光云影共徘徊。问渠那得清如许，为有源头活水来。"同学们，让我们畅饮这"源头活水"，攀登这人类进步的阶梯，成为知识的富翁，精神的巨人，并为成为祖国高素质的建设者时刻准备着！

"湿地保护"主题月

水车园教育集团水车园小学　王红妮

一、课程概况

湿地被誉为"地球之肾"，它以其独特的地理结构与气候环境孕育了种类繁多的动植物资源，还具有强大的生态净化作用。然而，随着社会的进步和人口的增加，人们对于湿地的开发利用严重干扰和破坏了湿地环境，由此产生的环境问题已经逐渐影响到湿地周围甚至更大区域的人类生存。在这一背景下，培养人们保护湿地的观念与意识，协调人类与湿地环境之间的矛盾，更好地利用和保护湿地，越来越有必要。

从1998年起，学校就开始参与湿地国际—中国办事处举办的一些交流活动。2006年7月我校又承担了主题为"保护湿地，关爱母亲河"的第五届亚洲湿地周庆祝活动，并被命名为"湿地实验学校"。2015年学校被中国野生动物保护协会评选为"全国未成年人生态道德教育示范学校"。2018年被湿地国际—中国办事处授予"湿地学校"称号。

依托兰州本地的黄河湿地资源与湿地国际—中国办事处的平台资源，学校开设了"湿地保护"特色校本课程，并将每年6月设为"湿地保护"主题月。"湿地保护"主题月活动是学校每年一次的全面深入地开展湿地保护教育的主要形式，活动围绕某一主题，以"一次讲座、一部电影、一项实践活动"组成的"三个一"活动模式，面向全校学生展开。

二、典型案例

（一）活动主题

绿色环保我先行，创意盆栽大变身。

（二）活动目标

（1）通过聆听讲座，了解绿色植物常见的不同种植方式，并能够在家长的帮助下，以种子或根茎移植的方式种植植物。

（2）能够利用身边的废旧材料，发挥想象，设计适合所选植物的创意盆栽种植花盆，培养学生的环保意识与创新意识。

（3）能够在家长的帮助下，制作创意盆栽种植花盆，并种植植物，培养学生的问题解决意识与动手操作能力。

（4）研究植物的生长习性，能够用科学的方法进行养护，保持植物的成活和健康，培养学生对生命的责任感。

（三）活动内容

1. 一次讲座：观看微课，了解创意盆栽的制作思路

在6月第一个主题月活动周进行"一次讲座"活动。为了促进学生对创意盆栽环保理念的了解，激发学生参与活动的浓厚兴趣，活动策划王红妮老师精心制作了时长4分钟的微课供全校学生观看。微课直观地呈现了创意盆栽从构思到制作的全过程，为孩子们制作创意盆栽提供了具体方法的指导。

2. 一部电影：观看自然纪录片《从太空看地球》

在6月第二个主题月活动周进行"一部电影"活动。本次选择的《从太空看地球》纪录片首播于2019年4月17日，导演是巴尼·雷维尔。从太空俯瞰地球，我们的地球之美令人心旷神怡。与此同时，我们生活的时代，地球表面正在发生着前所未有的迅速变化，我们目睹着人类行为给地球带来积极或消极的影响。我们希望学生试着换一个角度，借助架设在地面、空中、太空中的拍摄设备，用更辽阔的视角俯瞰前所未见的地球家园。每一位看完影片的同学都感慨万千，在惊叹于自然力量塑造地球表面的同时，也感受到人类将决定未来家园的形貌和生态的责任。

3. 一次实践活动：创意盆栽制作活动

此次创意盆栽制作活动共分为三个阶段，分别是创意盆栽我来种、绿色盆栽我养护、创意盆栽我推介。

（1）创意盆栽我来种

各班学生在"一次讲座"活动结束后，在家长的帮助下，选用生活中易种、易活的绿色盆栽的种子、枝条、分株等，为盆栽种植做准备。同时利用生活中的废旧材料进行简单的整理加工，制作创意花盆，并选用合适的土壤进行栽种。

（2）绿色盆栽我养护

把精心栽种的盆栽用科学的方法进行养护，保持成活和健康生长。研究盆栽的品种、生长习性等特点，了解相关信息。

（3）创意盆栽我推介

学生手工制作创意盆栽推介卡，以"绘画+文字"的形式简单介绍盆栽植物的基本特征。各班学生利用6月第三周的主题月活动时间举行"创意盆栽种植养护"分享会，以作品推介的形式向大家展示自己的创意盆栽，并进行班级评选与校级评选和展示。

（四）活动效果

为了制作一个创意十足的环保盆栽，孩子们与家长一起行动，对家里的废旧物品进行整理和重新审视，剪刀、胶枪、小铲子这些学生平时鲜少接触的工具在父母的指导下也灵活使用起来，剪裁、搭配、固定，一个个创意小花盆诞生了！接下来，修根、配土、种植、浇水、制作作品推介卡……在与父母的分工协作中，孩子们忙得不亦乐乎。班级网络群中的作品展示，更是给了孩子们互相学习和激发灵感的机会，也成了他们不断改进、完善创意盆栽的持续动力。

各班推选出兼具创意与美观的优秀盆栽于校园内水车长廊的花架上进行集中展示与评比，也迎来了孩子们的围观。一时间，各班前来欣赏、投票的同学络绎不绝，经过他们慎重的比较分析之后，选出自己"最喜爱的创意盆栽"，并为之投出珍贵的一票。最终，经过老师和孩子们的认真评选，共有10个作品被评选为学校"绿色畅想创意盆栽"环保创意盆栽制作活动的"创意盆栽奖"，16个作品被评选为"精致盆栽奖"。

这次的活动结束之后，有一个理念在孩子们心里扎了根：精美的盆栽并不需要用金钱去购买，善于发现并利用身边的小物品，用心和智慧就能够赋予它们新价值；突破生活的"舒适区"，告别长期以来养成的生活习惯，环保意识就能在我们的生活细节中一一落实。

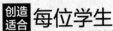
"文明礼仪"主题月

水车园教育集团水车园小学　苏　蕾

一、课程概况

文明礼仪是人类为维系社会正常生活而要求人们共同遵守的最起码的道德规范，它是人们在长期共同生活和相互交往中逐渐形成的，并且以风俗、习惯和传统等方式固定下来。对一个人来说，文明礼仪是一个人的思想道德水平、文化修养、交际能力的外在表现，是做人的基本准则。对一个社会来说，文明礼仪是一个国家社会文明程度、道德风尚和生活习惯的反映，更是一个民族、一个国家文化修养和道德修养的外在表现。所以重视、开展文明礼仪教育已成为道德实践的一个重要内容。

学校将每年的9月确定为文明礼仪主题月，以"养成文明礼仪好习惯，争做新时代好少年"为主题，以"说文明话、做文明事、当文明人"为活动宗旨，以校园内显性礼仪（坐、立、行、走、言及水小三张名片）为突破口，结合学校实际，通过开展多种形式的教育活动，发挥教师示范引领作用，培养学生良好的文明礼仪习惯，全面提升学生的思想道德素质和文明礼仪素养，营造积极向上、文明和谐的校园文化环境。

二、典型案例

（一）活动主题

养成文明礼仪好习惯，争做新时代好少年。

（二）活动目标

1. 通过礼仪教育，学习礼仪知识，训练规范的举止言行，培养学生良好的行为习惯，使其懂得自尊自爱、尊重他人，与他人友好相处，为学生的全面发展奠定基础。

2. 认知明理，掌握文明礼仪知识；营造环境，形成文明礼仪氛围；开展活动，促进礼仪行为养成；检查评比，激励学生自我完善。

3. 弘扬中华民族优秀文化，继承优良传统美德，使每一个学生都养成彬彬有礼的习惯，养成儒雅文明的气质。

礼仪教育是学校德育教育的一项重要内容，是提高学生全面素质的重要教育手段。

（三）活动过程及内容

1. 坚持文明礼仪教育与学生日常学习生活相结合

学校认真抓好学生及教师文明礼仪活动的开展，用《中小学教师职业道德规范》《中小学生守则》《小学生日常行为规范》和《学生一日常规》引导师生的言行，注重在学习、实践中提高文明意识，养成文明行为。做到人人学礼仪、懂礼仪、崇礼仪、用礼仪、传礼仪，营造讲礼仪的文明氛围。

2. 组织师生认真学习并深入把握文明礼仪教育的精神实质

组织师生认真学习并深入把握文明礼仪教育的精神实质，并将之渗透到日常生活的举手投足中去；注重对学生日常交往、衣着、言行的督查、指导和教育，将文明礼仪教育活动落实到课堂学习活动与学生的日常生活当中，发现身边的不文明行为，并讨论改变的方法。

3. 开展"四文明"教育

（1）文明教室：保持卫生清洁，用品摆放整齐，无乱贴乱挂、吵闹奔跑现象，"班级文化"格调高雅。

（2）文明课堂：按时上课，不迟到，不早退，尊重师长，认真听讲，保持卫生，创建浓厚的学习氛围。

（3）文明校园：爱校如家，自觉维护校园环境，提倡文明风尚，不做有损学校声誉的事。

（4）文明学生：坚持爱国主义、集体主义；爱护校园，文明修身，杜绝不文明、不道德行为，无作弊、违纪行为；热爱劳动，关爱他人，勤奋学习，积

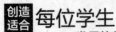

极锻炼身体，讲究文明礼仪。

4.促进学风建设，争创文明班级，珍惜集体荣誉

（1）采取树典型、严肃纪律等措施，对学生严格管理、科学管理、精细管理，使学生养成想学习、爱学习、会学习的优良作风，不断加强和改善学校的学风和班风建设。

（2）以集体荣誉为重，无违纪，无不文明行为，有正确的竞争意识，同学间友爱互处、互助互学，共建文明班级。

5.利用多种形式开展宣传活动

利用校园广播站、宣传标语、国旗下讲话、班会等多种形式，搞好宣传活动，使全校师生了解活动安排，统一思想认识，从而推动活动顺利的全面开展。

（四）活动成果

学校围绕"养成文明礼仪好习惯，争做新时代好少年"这一主题展开活动。

一年级学习校园礼仪，二年级学习言谈礼仪，三年级学习用餐礼仪，四年级学习做客礼仪，五年级学习交往礼仪，六年级学习民俗礼仪。孔子曾说"不学礼，无以立"，一个人要有所成就，就必须从学习文明礼仪开始。通过一次讲座活动，同学们在全面而系统的知识学习中，感受到了中华民族"礼仪之邦"的悠久历史，并在新时代的感召下，与时俱进，创造传承，相信在不久的将来，文明礼仪新风尚定会蔚然成风！水车园小学的三张名片是"微笑、鞠躬、点赞"，进入校园，你能亲身感受到所有的孩子都是这么做的，文明礼仪的氛围十分浓厚，这就是非常礼貌的"体态语"。相信在这种校园文化的浸润下，体态文明一定会根植于同学们的内心。

以下是"黄河娃"们的小收获、小感触：

从小妈妈就教我，要对帮助我的人说"谢谢"，李老师说我很有礼貌，还为我点赞了，我今天真开心！

——一年级 刘博

特殊时期，卫生礼仪的学习是我今天最大的收获，由于戴口罩，感冒的同学减少了，所以等特殊时期结束的那一天，我也会一直持续这种礼仪，健康生活。

——三年级 陆一星

每当五星红旗升起的时候，注视着那抹鲜红，我内心总是升腾着敬重与感动。我会一直带着这份敬仰，在每一次国旗升起的时候，用目光和歌声，表达我对祖国的爱！

————五年级　张悦恒

此次讲座，使我明白了文明礼仪的内涵，以后我会在遵循"美观、整洁、卫生、得体"的基础上，不断提高个人的文化、艺术素养和思想、道德水准，培养出高雅的气质和美好的心灵。这才是真正的"美"。

————六年级　李一帆

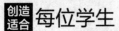

"快乐运动"主题月

水车园教育集团水车园小学　冯郁亮

一、课程概况

我校是国家级篮球项目特色学校，为了进一步推进素质教育，努力强化"阳光体育运动"，发展学校篮球特色，响应中国篮协"小篮球，大梦想"的号召，营造学校篮球氛围，为学生提供展示个性的舞台，从小培养学生对体育运动的兴趣，我校根据学校工作安排，并结合学校秋季运动会，决定将10月设为"挑战地心引力，引爆篮球魅力"的"快乐运动"主题月。

本次主题月共分为三部分，分别是："一次讲座""一部电影""一次实践活动"，其中"一次实践活动"设置14个集体比赛项目、48个集体奖项和1个最有价值球员奖项。

比赛项目分别为：

一年级为迎面接力赛、一分钟计数跳绳比赛；

二年级为迎面障碍接力赛、一分钟计数跳绳比赛；

三年级为直线运球接力赛、一分钟计数跳绳比赛；

四年级为运球绕杆接力赛、一分钟计数跳绳比赛；

五年级为男子三人制篮球赛、女子三人制篮球赛、男女混合排球赛、一分钟计数跳绳比赛；

六年级为男子五人制篮球赛、女子五人制篮球赛、男女混合排球赛、一分钟计数跳绳比赛。

二、活动主题

挑战地心引力，引爆篮球魅力。

三、活动目标

1. 学生能够了解与篮球相关的基本知识，感受参与运动带来的乐趣。

2. 初步形成良好的运动规则意识和习惯，知道各项运动锻炼身体的意义并能积极主动地参加各项运动。

3. 在活动中，培养学生的合作意识、规则意识和集体主义精神，发展学生抗挫折的能力与竞争意识，为终身体育运动打下基础。

四、活动过程

（一）一次讲座

1. 主题讲座：特殊时期小学生如何科学锻炼身体

特殊时期，我们更加深刻地认识到作为一线体育教师，应该培养学生科学锻炼的意识，学会为自己制订相应的锻炼计划，提升学生参加体育锻炼的兴趣，全面提升学生体质。

2. 篮球规则专题讲座（五、六年级参赛队员）

我校作为国家级篮球项目特色学校，在平时教学和训练中发现学生虽然掌握了一定的篮球基本功，但对篮球比赛规则的掌握相对欠缺。近年来在中国篮协大力推广"小篮球，大梦想"的契机下，我校在主题月活动过程中着力培养学生的规则意识，使学生在掌握基本功的同时能够合理地应用规则进行比赛。

（二）一部电影

1. 运动之美

在主题月的观影日，分年级放映优秀体育运动类题材的电影，让学生在荧幕前感受运动之美。

一年级：《飞狗巴迪》

二年级：《空中大灌篮》

三年级：《摔跤吧！爸爸》

四年级：《篮球之心》

五年级：《雷霆万钧》

六年级：《卡特教练》

2. 写一写、说一说

看完影片之后，学生一定有感受最深的地方，1—3年级学生请在班主任老师的指导下说一说感受最深的地方，并在本班进行交流；4—6年级每班推荐学生写的3份优秀观影感受上交至体育组。

（三）一次实践活动

在"快乐运动"主题月"一次实践活动"中，我校依据实际并结合校园特色，决定分年段开展以"篮球+跳绳"为依托的实践活动比赛。在活动开展之初，针对各年段不同比赛项目设定相关竞赛规程，体育教师利用部分课堂教学时间将竞赛项目的规则和内容教授给学生，进一步提升学生参赛的热情和比赛的质量。

迎面接力和一分钟计数跳绳作为一、二年级的比赛项目，目的在于发展学生的奔跑能力、身体的协调性和感受参与运动的乐趣；三、四年级运球接力赛和一分钟计数跳绳比赛，在学生掌握一定篮球基本技术的基础上，通过竞赛的方式感受篮球的魅力；五、六年级依据学生掌握篮球技术的熟练度，分别开展男女组三人制比赛和五人制比赛，在一分钟计数跳绳项目的基础上，新增男女混合排球比赛项目，丰富学生参赛的选择并为训练队队员选材提供渠道。

我校作为国家级篮球项目特色校园，五、六年级篮球比赛无疑是整个主题月的重头戏，120余场篮球比赛突出学生的主体地位，由学生组建班级啦啦队、设计班级队徽、成立班级篮球训练队，体育教师或有篮球特长的家长利用课余时间辅导学生训练，让学生充分感受篮球的文化和魅力。在六年级男子篮球总决赛时，体育教师组织五、六年级学生全员观赛，邀请市篮协领导和学校领导现场观赛，为比赛队员现场加油助威，并邀请篮协国家一级裁判执法比赛，确保比赛的公平公正。总决赛中有啦啦队员现场的精彩表演、有球员通道开启的荣耀时刻、有国家一级裁判员的公正判罚、有队员奋力拼搏的可爱身影、有熠熠生辉的最有价值球员奖杯等。这些都在进一步烘托校园篮球氛围，让学生更深切地感受到篮球魅力和运动之美并为之付诸实践。

五、活动成果

快乐运动主题月历时两个月，成功举办14项集体竞赛，参赛人数达2300余人，达到了全员参赛的目的，进一步推动了我校篮球特色项目的发展，全面提升了学生体质。在整个主题月活动期间，学生能够积极主动地参与到运动中去，在赛场上表现出顽强拼搏、永不言败的进取精神，以及团结友爱、通力协作的团队精神，学会享受运动带来的乐趣，并最终养成终身锻炼的习惯！

"科技创新"主题月

水车园教育集团水车园小学　刘炳辰

一、课程概况

科技教育是我校教育教学工作的重要组成部分。为了全面实施素质教育，培养学生的科学素养，为了把学生培养成为具有创新意识和创新能力的新世纪合格人才，我校将每年的11月设立为"科技创新主题月"，以"一次讲座""一部电影""一次实践活动"的"三个一"模式作为主题月活动的主要形式。

二、典型案例

（一）活动主题

科技在我身边。

（二）活动目标

（1）通过多种形式的科技教育活动，增强学生学科学的兴趣，提高学生用科学的能力。

（2）激发学生创新思维的潜能，让学生在科技实践中提高动手能力，在竞赛中提高团队协作能力和问题解决能力。

（3）形成热爱科学、乐于探究的氛围，让学生学会用科学的方法解决日常生活中遇到的问题。

（4）培养学生的社会责任感、创新精神和科学实践能力，提升师生的科技文化素养。

（三）活动内容

1. 启动仪式

为激发广大学生爱科学、讲科学、用科学的热情，营造浓厚的科技活动氛围，学校隆重举行了以"创新强国，科技逐梦"为主题的"爱科学月"活动。

全校师生共同观看了《科技中国》的宣传片，通过视频感受在这个伟大的时代，我们的祖国正一步一步地走向辉煌，科技创新也越来越发达。在观看的过程中，有不少孩子发出惊叹的声音，科技不仅改变了我们的生活，而且也给我们带来了无限的乐趣，让我们在学习中快乐地成长。

科技创新不仅仅是炫酷的高科技，而且也存在我们的日常生活中。寒假我校五、六年级的学生，在居家学习期间就进行了科学研究，最终完成了100多项科技创新作品，学校借此机会对优秀作品进行了表彰奖励。

获奖学生代表白鹭和曹霖心向全校师生介绍了自己获奖作品的制作原理和制作过程，并发表了自己的获奖感言。

最后校领导向获奖学生表达了祝贺，同时也表达了对全校学生的殷切希望，号召同学们行动起来，成为一个个小发明家。学校还为此专门设立了一个科技创新的学校奖，名字叫"奇思妙想校长奖"，鼓励学生踊跃参与。

2. 科普讲座

全校师生利用主题月活动时间，观看科技创新讲座视频《创新的本源》。

此次讲座回顾了新中国成立以来科技发展的艰辛之路，从新中国建立时的一穷二白，众多爱国科学家义无反顾地回国，从零做起，到现在众多领域达到世界领先水平，学生们体会到了我国科技发展的不易，也激发了学生的爱国主义情怀，达到了较好的教育效果。

3. 一次实践活动

学校开展了以"生活中的科学"为主题的科普知识竞赛活动，以"你来出题我来答"的形式保证学生的深度参与。

（1）每位学生自主设计命题卡。

（2）在班级采取互动形式开展，一人上台展示命题卡，其余学生抢答。

此次活动让每一个学生都参与到了科技竞赛活动中。学生们的题卡制作精美，既丰富了科学知识，又锻炼了动手能力，个别班级的出题学生还准备了精美的小礼物，用于奖励答对的同学。活动结束后，每班上交了5份出题卡，学校

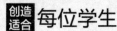

装订留存。

4. 趣味科技竞赛

学区及5所集团校齐聚一堂，举行了趣味科技竞赛，实现校级师生的互相学习与激励。

竞赛项目有推纸杯、纸飞机留空计时赛、纸火箭发射、纸中钻人、无敌风火轮。经过一周的训练准备，学生们在学区竞赛中取得了较好的成绩，也得到了很好的锻炼。

此次爱科学月活动，促使全校师生主动投身于学校的各项科技活动中，让我们更好地科学学习、科学生活、科学决策，科学地去做每一件事。总之，让学生接触实践、接触生活、接触社会，参加各种形式的科技活动，大大提升了学生的科学素质，也进一步营造了学校尊重科学、崇尚科学、相信科学的良好氛围。

"世界博览"主题月

水车园教育集团水车园小学　何　敏

一、课程概况

为多途径、多方式地拓展学生的国际视野，逐步培养具有国际眼光和思想的学生，让学生在自主探究、合作学习、实践体验中增强学习能力，我校将每年的12月确定为"世界博览"主题月。

"世界博览"主题月活动在实现中国梦、"一带一路"等政策和世界文化大发展的大背景下，结合中华文明、各民族风情、各国多元文化于一体，以多变的风格、丰富的形式、形象的描述，演绎了文化的继承与发展、交流与融合的多彩故事。

多年来，"世界博览"主题月已作为水车园小学一年一度的文化盛事，一直秉承多元、平等、包容的理念，为同学们搭建展示与交流的平台，是以世界文化交流共享为目的的校园品牌文化活动，它已经成了孩子们放眼看世界的第二课堂。

二、典型案例

（一）活动背景

"一带一路"贯穿古今，充满着传奇色彩。出使西域的张骞与班超，七下西洋的郑和，他们开拓了古老绵长的陆上与海上贸易之路，如今"一带一路"倡议，在世界各国人民心中落地生根，一幅横贯东西、共谋发展的宏伟蓝图正在铺展开来。"一花独放不是春，百花齐放春满园"，我们的校园也搭乘"一

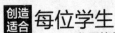

带一路"这艘巨轮扬帆起航，让我们的孩子们懂得用心观世界，爱祖国，有梦想、有追求。为了实现这个目标，我们让学生观看了《远方的家》大型优秀纪录片，亲自动手绘制了"一带一路"线路图，开展了铸梦手抄报，做丝绸之路文化小小历史英文讲解员、课本剧展演等一系列活动，让孩子们更深层次地培养家国情怀、拓展国际视野，让孩子们明白，我们的祖国正高举和平发展的旗帜，积极发展与世界各国的合作伙伴关系，共同打造政治互信、经济融合、文化包容的利益共同体、命运共同体和责任共同体。

（二）活动主题

一带一路助发展，一班一国看世界。

（三）活动目的

1. 通过了解古代的丝绸之路路线，感受中华历史文化的魅力；用英语介绍新丝绸之路国家文化特色与美食，激发学生的英语学习兴趣。

2. 能知晓"一带一路"所经区域路线及沿线国家；了解"一带一路"重点区域主要资源及文化传承；对不同地域文化习俗能初步理解与认同。

3. 能初步树立自己的梦想，并能朝着梦想不断努力，将自己的梦想与祖国的繁荣、民族的富强联系起来。

（四）活动内容

1. 一次讲座

活动对象：1—6年级全体学生。

具体活动内容：通过观看视频了解"一带一路"沿线国家及城市。通过观看纪录片，学生们了解了丝绸之路从哪里出发，到达哪里，连通哪些国家，这条路连接的区域发生了什么样的故事，什么是"新丝绸之路"，为何中国要大力推动"一带一路"倡议。

2. 一次比赛

活动对象：水车园小学五、六年级复赛入围的选手。

具体活动内容：为了调动学生英语学习积极性，提高小学生英语口语交际能力，有效衔接英语中考人机对话的改革，丰富学生的业余生活，与兰州市艾特英语培训学校联合举办NSDA"SDcamps"英语演讲比赛。

3. 一部纪录片

活动对象：1—6年级全体学生。

具体活动内容：各班通过观看纪录片《远方的家》，了解了"一带一路"沿线对应国家或城市的相关特色、文化习俗等。

4. 一次实践活动

"一带一路助发展，一班一国看世界"世界博览主题月活动细则：

活动对象：1—6年级全体学生。

具体活动内容：以年级为单位，开展丰富多样的涵盖英语元素的活动，包括主题演讲（需配有PPT）、海外风情歌舞、英语小游戏、围绕本班主题制作班报等，使每个学生在活动的过程中获得体验和成长。

各班小代表从各国的风土人情、民俗文化、娱乐活动、与中国友好往来等方面，声情并茂地自主介绍收集的成果。学生们采取"一班"对接"一国"的方式，深入了解本班对应的国家或城市，让学生在主题实践活动中感知家国情怀、开阔国际视野。

每班认领的"一带一路"沿线国家与城市（表3-1）。

表3-1

年级	线路	沿线国家与城市
一年级	中国	兰州、西安、福州、广州、海口、乌鲁木齐、泉州
二年级	南亚（8国）	印度、巴基斯坦、孟加拉国、斯里兰卡、阿富汗、尼泊尔、马尔代夫、不丹
三年级	中亚、独联体及其他	俄罗斯、蒙古、乌克兰、乌兹别克斯坦、哈萨克斯坦、土库曼斯坦、塔吉克斯坦
四年级	东南亚（11国）	印度尼西亚、泰国、马来西亚、越南、新加坡、菲律宾、缅甸、老挝、文莱、柬埔寨、东帝汶
五年级	西亚、北非（16国）	沙特阿拉伯、阿联酋、阿曼、伊朗、土耳其、以色列、埃及、巴勒斯坦
六年级	中东欧（16国）	匈牙利、克罗地亚、阿尔巴尼亚、拉脱维亚、爱沙尼亚、立陶宛、波兰、捷克斯洛伐克、斯洛文尼亚、罗马尼亚、保加利亚、塞尔维亚、黑山、马其顿、波黑

各班选定一个国家并围绕与这个国家相关的影视作品，cosplay开展了以

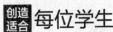

下活动。

活动一：绘出别样风采——海报

活动当天走进教学楼，学生们用自己绘制的手抄报、制作的模型装扮教室。使人仿佛穿越回了1877年，听驼铃声声、马蹄阵阵，进入梵音袅袅的西域，穿越一道道关口，再留宿于一座座驿站。就在一关一驿、一出一入之间，东西方文明碰撞交流，守护与接纳，并行不悖。

活动二：小小讲解员——PPT

小小讲解员围绕本班主题图文并茂地介绍相关的文化、建筑、饮食、节日、风土人情等内容。本次活动加深了学生对本民族文化的认同，而且让他们更加了解其他国家、民族、地区的文化精神及风俗习惯。在活动中，学生成了一个个小外交家、小地理学家、小历史学家，他们在教室里眺望世界，在方寸间培养自信与能力，让每一个孩子都拥有国际视野。

活动三：歌唱比赛——*I'ma fantastic singer*！

精彩的歌曲与舞蹈诉说着古丝绸之路的兴起与繁荣。

活动四：演技大比拼——全民动员嗨翻天

roleplay or cosplay，演技大比拼。精彩的课本剧将张骞、马可·波罗等历史人物邀请到嘉年华的现场再现历史；深情的诗朗诵表达了祖国包容与开放的胸怀。现场人人都是*丝绸之路文化*的见证者，同时又是新*丝绸之路*未来的建设者。

活动五：英语游园活动——斗智斗勇谁最棒

为了更好地传播国内外优秀文化，英语教师在教学楼走廊增设活动展台，丰富有趣的游戏和琳琅满目的奖品吸引了孩子们的目光，调动了孩子们的学习积极性。

古丝绸之路绵亘万里，延续千年，积淀的丝路精神是人类文明的宝贵遗产。小学生参与"一带一路助发展，一班一国看世界"活动，不仅可以拉近他们与国家战略之间的距离，而且也将孩子们的发展和国家命运联系在一起。在校长金艳看来，在小学开展这样的活动，无疑是在学生心中种下了一颗爱国的种子。培育和践行社会主义核心价值观是一项长期的任务，通过这样具体的活动，孩子们将带着"和平合作、开放包容、互学互鉴、互利共赢"的丝路精神，成为既有中国情怀，又有世界眼光的祖国建设者。

"安全教育"主题月

水车园教育集团水车园小学　柴宗虎

一、课程概况

　　教育是主导今天政治民主、经济发展、社会繁荣的力量，而学校是育人的园地。有安全的校园，老师和学生们才能安全和放心地教学与学习。学校安全工作是社会安全工作的一个重要组成部分，它直接关系到学生能否安全、健康地成长，关系到千千万万个家庭的幸福安康以及社会的稳定。因此，校园安全问题已经成为全社会广泛关注的焦点问题，于是我校将3月确定为安全教育主题月。在构建良好校风、学风、班风的背景下，提高师生安全保护意识，营造和谐、健康、积极向上的良好校园氛围，排除校园中的安全隐患，就显得尤为重要。

二、典型案例

1. 活动主题

学消防、促平安、建和谐。

2. 活动目标

　　（1）加强学校学生公共安全教育，培养学生公共安全意识，提高学生面临突发事件时的自救自护能力。加强安全防卫意识教育，培养正确的安全防卫心理，最大限度地预防安全事故的发生。减少安全事件对学生造成的伤害。

　　（2）了解生活中和在校期间可能会出现的安全隐患。

　　（3）掌握紧急情况下的逃生策略。认识安全的必要性，树立安全意识，增

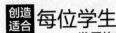

强安全责任感。

3. 活动内容

本次安全教育主题月的主题为"学消防、促平安、建和谐"。围绕这一主题，学校将开展"一次讲座、一次演练、一次观影、一幅作品""四个一"活动。

（1）一次讲座

为了普及消防安全知识，增强师生安全意识，有效地预防和减少火灾事故的发生，提高全体师生的安全隐患自查能力，我校致力于帮助师生掌握消防基本知识和技能，切实做好学校消防安全工作。

学校多次邀请兰州市消防支队专业警官，开办消防安全知识讲座，2400多名师生在分会场（教室）聆听了讲座。讲座过程中，消防支队教官通过播放图片和讲解火灾实例等形式，生动形象地向全体师生展现了外出驾车、家庭、校园、公共场所等不同环境下引发的火灾现场的惨痛画面，并深入剖析火灾发生的原因及危害；讲解和示范了室内消火栓、灭火器的操作和使用方法，以及扑灭电着火、油锅着火、液化石油气罐着火的正确方法。

同时，消防支队教官结合多年工作经验和相关知识，向师生讲解了火灾现场如何保全生命、自救逃生。如在日常生活中室内着火如何报警，如何避险和逃生。在校园内，注意实验室、图书室、微机房等场所的电源、电线、易燃易爆物品的规范使用及操作，避免火灾事故的发生。

如何有效预防火灾事故的发生？一定要增强消防安全意识，时刻留意身边的火患，控制一切火源；把预防火灾放在首位，时刻保持高度警惕；主动学习消防知识，掌握防范措施，预防火灾事故的发生。

（2）一次演练

为提高师生的应急处置能力和师生避险逃生的技能，最大限度地减少伤亡和财产损失，我校在前期演练的基础上不断完善应急预案，适时组织师生在确保安全的前提下开展各类安全应急预案演练活动。

学校多次邀请甘肃省蓝天救援团队进校援培，并签订长期校园安全培训协议，为广大师生定期进行各类安全防护自救培训。

（3）一次电影

为营造安全主题月的学习氛围，不断提高学生的安全意识，学校利用周三班会时间，积极组织师生观看安全类电影，通过影片让学生身临其境，感受生命的宝贵！让学生懂得面对突如其来的自然灾害和安全事件时，如何更好地应急避险，自我保护。

（4）一幅作品

让学生手绘《家庭应急逃生图》，不断提高学生安全自护自救的实践能力。

通过校园安全主题月系列活动的开展，广大师生都能积极地参与到活动中来，不管是安全知识讲座中孩子们的互动发言，还是不同视角下的安全影片心得体会，还是形式多样的安全类手抄报，都能看到学生安全自护自救能力的提升和安全意识的增强。

安全工作是学校工作的重中之重，校园安全工作没有终点，需要我们每天的坚守和夯实推进。

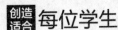

"绘本"课程

水车园教育集团水车园小学　白亚珺

一、课程概述

语文课程标准指出，小学低年段要引导学生"喜欢阅读，感受阅读的乐趣""阅读浅近的童话、寓言、故事，向往美好的情境，关心自然和生命，对感兴趣的人物和事件有自己的感受和想法，并乐于与人交流。"

绘本作为一种独特的儿童文学形式，是"儿童文化的呈现"，是儿童自身世界的重要组成部分。国际公认："绘本是最适合幼儿阅读的图书。"优秀的绘本契合了儿童的天性，充盈着儿童的想象、夸张和泛灵心理，渗透着儿童自由、率真的情感。为使学生养成良好的阅读习惯，感受阅读的乐趣，在贴近自身生活经验和呈现自身内心世界的图画书中获得情感的满足，释放负面情绪，突破心理障碍，我校决定在一、二年级开设绘本课程。

本课程旨在结合小学低年段学生的认知特点，借助绘本中简练的语句、生动的图画，有步骤地引导学生进行阅读，使学生在这图文合奏的艺术中学到知识，开阔视野，丰富体验，得到美的享受，培养丰富的想象力，提高对周围世界的认知能力，学习初步的逻辑思维以及语言沟通能力，为学生今后的阅读和身心健康成长奠定良好的基础。

二、课程实施

1. 课程目标

（1）根据小学低年段学生的认知特点，通过创设丰富的教育环境，激发学生的阅读兴趣，帮助学生认识语言符号和图画符号的对应转换关系，掌握绘本的阅读方法。

（2）教会学生懂得用图文结合、合理想象、大胆猜想等方法阅读绘本，提高学生的绘本阅读能力，让学生在享受阅读的快乐中积极向纯文字阅读过渡。

（3）以绘本为载体开展系列活动，激发学生的阅读兴趣，培养学生自主阅读的意识，让学生感受阅读的乐趣。

（4）以图画启迪智慧，以文字浸润心灵，提高学生语言、思维、观察、想象、质疑等综合能力，激活学生思维，丰富学生情感，健全学生人格，培养学生正确的世界观和价值观。

2.课时安排

（1）每周二下午的社团课为开展绘本课程的固定时间。师生共同阅读一本绘本，确定师生本月阅读主题。

（2）绘本阅读活动采用图书漂流的形式，漂流图书是对学生进步的一种奖励，全班可以进行漂流阅读。

3.课程实施

授课教师按照既定的年级目标，从孩子发展的角度设计不同课型的绘本课程。从日常生活、行为习惯、情绪管理、意志品质，到智力开发、认知创造、科普知识等，每学期选择4个主题，引导学生开展阅读活动。

（1）绘本阅读课。本课程在一年级设置，因为一年级的孩子识字量少，缺乏阅读经验。授课教师要帮助学生学会观察图画，引导学生合理想象、大胆猜想，发现故事情节、图画、色彩的各种变化，再通过角色扮演、联系生活等方式让学生融入故事，感受阅读带来的快乐。

（2）绘本讲述课。本课程主要在二年级设置，重在引导学生的语言发展，让学生能够完整讲述故事。具体步骤：先整体阅读后，关注文本的节奏、语言、图画的变化，然后引导学生理清故事思路，抓住关键点进行充分的讨论交流，可以适当加入个人体会与感受，最后完整讲述，以期达到对作品更深层次的理解。

（3）绘本写作课。本课程主要在三至六年级设置，侧重对学生进行写作指导与练习。具体步骤：链接生活，提出话题，多元理解，创意表达，提取有价值的话题或细节描绘等，在趣味的推动下，引导学生通过观察、思考、想象等方式进行补白，丰富写作语言，提高写话能力，表达自己对话题的理解和感受。

4. 课程实施建议

绘本阅读各年级的课型不是一成不变的，授课教师可按照实施建议分段进行，也可根据学生实际需要，交叉开展绘本阅读课、绘本讲述课、绘本写作课三种课型，课时也可以根据需要适当增加或删减。

5. 实施成效

（1）活跃思维发展。这些精心选择的中外优秀绘本，以图画和文字相结合的形式述说故事，为孩子们提供了独特的养分，让孩子们接收了丰富的信息。绘本课程在互动和引领中，使孩子们学习倾听、朗读、猜测、交流、表演、绘画、讲述等，让孩子们在无拘无束的自主阅读中，不断探索，不断扩大想象和创造的空间，不断提升判断推理的思维能力。

（2）提升语文素养。绘本课程成功地给孩子一个语文学习的"支点"，首先，绘本儿童化的语言符合低年段孩子的特征，极易被接受，其独特的语言范式，帮助孩子在阅读中丰富语言，学习语言表达。其次，阅读时引导学生大声朗读，对故事的空白点进行补白，借助图画或依照故事发展的顺序，组织孩子们展开丰富的想象，表达自己的思维。课后把阅读主题延伸到家庭，孩子们和家长进行各种互动活动，这些都有助于帮助孩子们学习语言，体会语言之美，培养学生听、说、读、写的母语基本能力，从而提升他们的语文素养。

（3）获得生命滋养。我们的绘本都是挑选国内外经典之作，孩子们穿越时空与大师对话，和智者交流。绘本中的图画部分，也都是世界上知名插画家的作品，孩子们在阅读故事的过程中，享受文学，也感知美学。绘本中精妙的构图、层层递进的画面、流畅的线条、会说话的色彩……都是非常具有感染力的艺术语言，可以让孩子们在阅读时获得视觉上的愉悦，得到美的享受。每一本绘本都有其鲜明的主旨，或团结互助，或关爱他人；或勇敢顽强，或坚持不懈；或正视自己，或肯定别人……在聆听和阅读的过程中，孩子们的情感受到陶冶，意志得到锻炼，精神得以引领，人格得以健全，并在潜移默化中获得生命的成长和滋养。

三、课程评价

1. 评价方式

绘本课程更强调学生的体验，因而评价也以反思和反馈为主，以多种方式鼓励学生展示学习成果，进行相互点评和交流。

（1）开展各种读书活动。比如，绘本故事会、绘本小剧院、好书推荐、图书漂流等，通过各种活动，人人参与阅读，感受阅读的魅力。

（2）建立班级微信读书群。在班级读书交流群里，每月交流读书情况，可以是视频朗读、读书打卡等，以展示阅读成果，让教师、家长、孩子互相点赞，形成教师与家长、教师与孩子、孩子与孩子之间的交流，促进相互学习。

（3）绘本作品展示。每学期在读完故事后，布置孩子以画、写结合的方式续编故事，并把最为感动的或印象最深的一幅画画下来，并在画上写几句话。通过展示评价阅读成果，孩子们可以感受成功的乐趣。

2. 评价亮点

（1）读书群的建立，把阅读从学校延伸到家庭，孩子们和家长进行各种阅读的互动活动，促进书香家庭、书香班级的诞生。

（2）绘本阅读是一个开放式的、不受时间、地点、形式约束的阅读方式。对孩子实施多元评价，既重视教师的评价，也关注同伴的评价；既重视家长的评价，又关注孩子自己的评价。这样的评价全面、科学、客观，能更有效地促进学生开展绘本阅读。

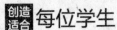
"经典诵读"课程

水车园教育集团水车园小学　魏孔鹏

经典诵读（又称"读经""中西文化导读"或"古诗文诵读"）是积极从事传统文化教学实践的台中师范大学王财贵教授于1994年在台湾发起的教育运动，旨在倡导利用13岁以前的人生记忆的黄金时期，诵读中国文化乃至世界一切文化的经典，以夯实文化修养基础，健全儿童的人格、道德和智慧，为中华文化之发扬光大，建构"人文和科技交汇的未来世界"做出贡献。南怀瑾先生也曾引用宋儒张横渠的四句话作为儿童读经的目的："为天地立心，为生民立命，为往圣继绝学，为万世开太平。"

一、课程开发

水车园小学自2011年开发了12册"经典诵读"读本，每册采撷经典古诗文20余篇。12册教材供一至六年级所有年段的孩子使用，每学期读一册。"经典诵读"将《三字经》《百家姓》《千字文》、唐诗、宋词、元曲、《论语》《诗经》《大学》《中庸》《道德经》等中华经典有选择地、有梯度地安排在12册教材中，这些"经典"是中华智识之精华、文化之瑰宝。孩子们通过含义丰富的"经典"之作，把精深的智慧灌注到心灵之中，有利于酝酿文学素养，陶育人格智能。

二、课程开展

学校安排学生每天利用早读时间在老师的带领下开展诵读，每周诵读一篇，要求学生和老师做到熟读成诵，熟记于心。每天早上，当你来到水小校园，你就会听到每间教室里传出的诵读声，来得较早的孩子已经在老师的带领下大声诵读了，其他同学也匆匆走进教室，几乎是一边快步走向座位，一边已经开始了诵读，教室里一片琅琅书声。除每周诵读一篇之外，寒暑假也要诵读数篇。海量的背诵，提高了孩子们的记忆能力和理解能力，开发了大脑潜能，提高了专注力和注意力，打好了语言文字功底，培养了良好的阅读习惯和读书兴趣，提高了学习力；还培养了良好的思想品德，铸就了高尚的人格，奠定了成功的人生根基。学生能流利背诵古典诗词、《诗经》《礼记》等经典诗文，超额完成语文课程标准中的诗词背诵量，学生的课外阅读也达到了要求，部分学生远远超过规定量。

三、课程评测

在每学期结束和下学期开始的时候，学校统一组织跨年级测评活动，对孩子们的背诵情况进行互测，并让他们填写经典诵读测评卡。测评的时候，学校里像过节一样，学校会安排年级交叉、班级互测，高年级孩子做考官来测中低年级的弟弟妹妹，查看学弟学妹们的背诵情况，中年级的小同学也一本正经地做起考官，来测评高年级学哥学姐的背诵情况。这样的测评既是学业的监测，也是水小精神的传承。

四、大型活动

每年艺术节开展全校性"公演"活动，以年级为单位进行经典诵读展示，并开展千人诵读《少年中国说》活动，孩子们在诵读经典的过程中，接受传统文化的熏陶启蒙，开阔视野，培养了良好的道德情操和审美情趣。在2017年的"阅读·兰州"活动、2018年"读者的热爱"在兰州音乐厅、甘肃大剧院隆重开幕，金艳校长带领水小的孩子们为这座城市开启那年的阅读盛宴、诵读盛宴。"天地玄黄，宇宙洪荒，日月盈昃，辰宿列张……"稚嫩的童音里流淌着经典的力量。

"经典诵读"让孩子与经典同行，与圣贤为友，自幼就开始接受优秀文化的熏陶，涵养性情，增长智慧，提升眼界，塑造性格，受益一生。

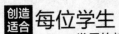

我与古诗文

水车园小学2020届毕业生　王一喆

中华文化几千年长流，宛如春光下的百花，争奇斗艳无有尽意。而我对古诗文的浓烈兴趣，源于学校编撰的"经典诵读"读本。回忆过去六年的小学生活，在晨曦初露的校园中，我们徜徉在那些旖旎而厚重的文字中，从一知半解的背诵到津津有味的咀嚼，让那些从指缝中溜走的时光变得气象万千。

近三百篇的经典诗文，琅琅上口。先有《诗经》，开一曲风雅。后有楚辞，留一纸兰香。又有汉赋，绘一文壮阔。还有《论语》，悟一家之理。从古风乐府到唐诗宋词，吐芳弄艳、宛转悠扬。

因为结缘而喜爱，因为喜爱而深究。我又去品读了《纵游沧海一浮生——李白诗传》，在"弹剑作歌奏苦声，曳裾王门不称情""长风破浪会有时，直挂云帆济沧海"的歌声中，我走进了李白仗剑天涯、洒脱不羁的一生。去品读《天风海雨词中龙——辛弃疾传》，在"了却君王天下事，赢得生前身后名""醉里挑灯看剑，梦回吹角连营"的长啸中，我认识了那个平叛杀寇、安定一方，"壮岁旌旗拥万夫"的"词中飞将军"。去品读《苏东坡传》，在"竹杖芒鞋轻胜马，一蓑烟雨任平生""会挽雕弓如满月，西北望，射天狼"的咏叹中，我领略了一代文豪的快意人生。品读《一种相思两处闲愁——李清照词传》，在"庭院深深深几许，云窗雾阁春迟""寒日萧萧上琐窗，梧桐应恨夜来霜"的低吟中，我走进了多愁善感的婉约女词人的情感世界。

因为积累而丰富，因为丰富而从容。我在文章《逝者》中就引用了大量的古诗文："滚滚长江东逝水，浪花淘尽英雄。"随江水一去不返的，是中华民族历史上，那个英雄辈出的时代。子在川上曰："逝者如斯夫，不舍昼夜。"随江水顺流而去的，是孔圣人的思想黄金时代，那江水承载着中华文化，源远流长。"小舟从此逝，江海寄余生"，随江水消失在海天交接处的，是失意才子对世界的最后一抹希望……时光易逝，本是众人力争，但是也有人，用易逝的生命唱了千古绝唱！"风萧萧兮易水寒，壮士一去兮不复还。""人生自古谁无死？留取丹心照汗青！""粉骨碎身浑不怕，要留清白在人间！"这些以死明志、舍生取义的逝者，令我们感动，是我们的民族精神领袖。敬畏生命，缅怀逝者，多培养自己的品格吧！

　　大量的古诗文引用为我的文章增色不少，这正得益于小学时候的积累。而今天，我翻开七年级下册的语文课本，更是感到一丝欣喜和轻松，因为那些现在需要背诵的古诗文名篇，在我的小学时代，就已经深深地烙入了我的记忆。我与古诗文结缘在过去，喜爱在当下，而它和我学习思考的过程，必定持久地相得益彰。

　　正所谓：腹中贮书一万卷，不肯低头在草莽。

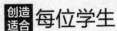
"整本书阅读"课程

水车园教育集团水车园小学 金 艳 苏 楠

一、课程概况

"整本书阅读"课程的实施为学生提供了较为完整的语言学习的情境，避免母语学习碎片化倾向，从而为学生构筑起适宜的语言学习环境；课程的实施让学生跨越时间和空间界线，与经典作品相遇，培养儿童想象力、思维力和创造力，同时引导学生走向真、善、美的世界。

通过班级阅读课的形式，引领学生进入整本书的阅读，让学生在小学阶段阅读总量不少于500万字。引导学生阅读不同风格的儿童文学作品，了解选书的标准，学习读书的方法，分享聊书的快乐，并在其中获得情感的润泽和精神的滋养。

一、二年级课程目标：阅读童话、儿童故事等儿童文学整本书不少于50万字；能初步了解故事的大致内容，对故事中的人物、情节等有自己的判断和评价；在阅读中不断感受阅读的乐趣，初步养成热爱阅读的好习惯。

三、四年级课程目标：阅读童话、儿童小说（故事）、动物故事等儿童文学整本书不少于200万字；能初步把握故事的主要内容，大致了解作品的主题内涵，关注故事展开的线索和人物的命运；乐于与他人分享阅读的感受，有持续的阅读热情。

五、六年级课程目标：阅读儿童小说、动物小说、幻想小说等儿童文学整本书不少于250万字；能把握作品的主要内容和主题内涵，能通过对作品细节的深层次阅读，获得丰富的情感体验和语言积累，并在此过程中初步了解作品的文学形式，学习文学阅读的方法；敢于发表自己独特的阅读见解，学会接纳和理解别人的不同观点，与同伴合作，对相关主题进行研究性学习，丰富自己的阅读体验。

二、课程实施

1. 有书可读，有时间保障

（1）精读书籍，促阅读深入。学校课程中心从儿童心理需要和精神成长的各个层面出发，根据不同年段、不同年龄层次有梯度地选择了36本中外优秀文学作品进行精读，用6年时间完成。每学期读3本，每月4节（每周一节）课。课外阅读课安排：第一节定为导读推荐课；第二节为推进课；第三、四节定为交流分享课。因此，阅读过程既尊重孩子的自主安排，又推动孩子按时完成阅读任务，确保月底阅读交流的质量，实现阅读共享，让读书更加深入。

以下是我们为各年级制作的书目一览表。

表3–2　各年级书目一览表

一年级	上学期	《小猪唏哩呼噜》	《君伟上小学一年级》	《小熊温尼·菩》
	下学期	《了不起的狐狸爸爸》	《笨狼的故事》	《木偶奇遇记》
二年级	上学期	《绿野仙踪》	《戴小桥和他的哥们儿》	《狐狸列那的故事》
	下学期	《鼹鼠的月亮河》	《吹小号的天鹅》	《爱丽丝漫游奇境记》
三年级	上学期	《小狐狸阿权》	《查理和巧克力工厂》	《时代广场的蟋蟀》
	下学期	《长袜子皮皮》	《亲爱的汉修先生》	《窗边的小豆豆》
四年级	上学期	《雪地寻踪》	《夏洛的网》	《我要做好孩子》
	下学期	《淘气包埃米尔》	《小鹿班比》	《鲁滨孙漂流记》
五年级	上学期	《草房子》	《王子与贫儿》	《天蓝色的彼岸》
	下学期	《疯羊血顶儿》	《苦儿流浪记》	《柳林风声》
六年级	上学期	《女生贾梅全传》	《草原上的小木屋》	《男生贾里全传》
	下学期	《城南旧事》	《小王子》	《希利尔讲世界史》

（2）选读图书，让阅读丰富。每班设立了图书角，每班图书角最少有68本书，涉及科学、数学、动物、哲学等多方面，每个孩子至少读400本，用6年读完；学校各楼层还设置了"书吧"，一楼为"毛虫书吧"，二楼为"时光书吧"，三楼为"树人书吧"，四楼为"水车READ书吧"，五楼为"音乐书吧"，每个书吧都放置了适合本年段学生阅读的书籍。学校利用轮流做操的大课间、午读等时间专门设置了读书时间，每天保证在校阅读时间30分钟以上，放学在家要求每天读书不少于30分钟。

2. 有阅读指导，有丰硕的收获

阅读我校精读书目时，老师先给孩子们上导读推荐课，把书介绍给孩子们，引出孩子们读书的"小馋虫"；接着，在读的过程中老师与孩子们一起聊聊读书的进展，说说书中的收获，谈谈自己的疑问与看法，这是阅读推进课的任务；最后，一本书读完之后，师生还会共同享用"阅读交流"这个精神大餐，在阅读交流中，学生最感兴趣的是"书友会"活动，在老师组织下，学生以读书小组为单位在课余和假期积极开展活动。学生或围绕一定主题对整本书进行交流，彼此分享不同的观点，提升对文本的理解；或将同主题或相关主题的文本材料进行比较阅读，将主题引向深入。一书三读、一书多读让孩子们汲取更多的养分。

为了提升教师指导学生阅读的能力，学校还开展了年级组长带头的整本书阅读指导课的观摩研讨活动，推动整本书阅读的深入。活动中展示了绘本阅读课、读书交流课、读书汇报课几种形式，开启了"整本书阅读"的教学研究之旅。自2011年至今，我校每学期都对整本书阅读教学开展教学研讨活动。

3.实施建议

（1）教师有计划地安排学生阅读整本书和该作家的其他作品，并定期召开读书交流会。

（2）经典书目推荐的作品可供学生课外阅读。

（3）课程要以学生的阅读活动为主，不要过多讲解。

（4）要充分尊重学生的兴趣和需要，给足时间让学生充分阅读，让学生产生浓厚的兴趣。老师还要关注学生的学习感受、乐趣，让学生学有所得、学中有乐。

（5）要充分尊重学生的个体差异，对不同的学生提出不同的要求，在检查阅读情况的时候以表扬、激励为主。

（6）实施过程中，要结合实际选择恰当的方法，有计划地进行。

三、课程评价

1.坚持评价内容的多维化

（1）课程的评价。在实施过程中分析课程目标、内容、方法的科学性和合理性，以便及时调整。

（2）学生的评价。不仅关注学生读书信息的获取，而且重视学生多方面潜能的发展；不仅关注结果，而且重视学生的学习过程和学习态度。对学生的读书卡片、读书笔记等要及时评价。

（3）教师的评价。学校校本课程开发领导小组成员要经常听课，对教师实施的情况及时评价、反思。

2. 坚持评价主体的多元化

（1）主要采用教师的评价、学生的自我评价、学生之间的互评相结合的方式。加强学生间的自我评价和互评，更让家长参与课程评价活动。

（2）评价的内容应侧重态度与能力，减少量化，多进行分析性的评价。要在学生活动的情境中评价学生，根据学生的不同实际进行个性化评价。同时要帮助学生学会自我评价，评价的形式以成长记录为主，要体现过程。

3. 坚持评价方式的多样化

把结果评价与过程评价、定性评价与定量评价结合起来，搜集能反映学生在该课程实施过程中的资料。例如，关于学生读书表现、读书兴趣的记录，学生自我学习的反思、读书卡片、读书笔记、读后感，教师的评价和家长的信息反馈。做到定性与定量评价相结合。在重视定性评价的同时，教师要对学生的读书情况与能力进行分析，客观地描述学生读书的进步与不足，并提出建议。对学生的行为表现以鼓励、表扬等积极性评价为主，采用激励性的评价语言，做到正面引导，让学生爱上读书。

"阅读名校"课程

水车园教育集团水车园小学　徐文涛

梦想的种子播下的时候，没人知道它将来会长成什么样子；梦想的种子发芽的时候，你想不想靠近它，看看它成长的模样？

有人说"名校不能确保人生的上限，却能设定人生的下限"，这句话表达了人们对上名校的肯定；阅读世界的脚步已经迈出，我们水小的孩子也决不会停下"阅读名校"的脚步，用眼睛发现世界，用脚步丈量人生。

一、课程概况

"阅读名校"课程是紧密依托"阅读世界"课程而衍生出来的一个重要课程，每一次的游学活动中我们都将"阅读名校"作为其中的重要环节。我们去过的世界名校有哈佛大学、西点军校、南洋理工大学、普林斯顿大学、麻省理工学院等全球排名领先的顶尖高校，也有像霍顿公学、维也纳沃尔夫冈学校那样在当地有一定影响力的初等教育学校。另外，学校也积极与一些校外机构合作，组织学生通过夏令营的方式到北大、清华这样的国内高校开展研学活动。

二、课程目标

通过"阅读名校"课程的开展，学习文化知识、增长见识；感受名校氛围，领悟大学的科学与人文精神；让孩子们建立自己的名校梦，明确学习目标，增强学习动力。

三、课程实施

在科学的课程目标指引下，我们的水小学子以多种形式参与到每一次活动中。在美国研学期间，我们主要邀请在当地高校就读的中国学生给同学们做向导，在游历校园的同时给同学们介绍学校历史、学校特色、校训、优秀学生代表等。在新加坡南洋理工大学研学时，我们还有幸进入他们的课堂，并在老师的指导下进行熔岩灯的实验、探索DNA双螺旋结构。

在国内研学方面，我校主要与"读者"开展合作。"读者"夏令营，由联手文化、教育、旅游等各领域的知名专业机构，开展针对不同年龄段学生的夏令营。在清华科技实验基地和中国科技馆，一个个有趣的科技实验将为孩子们打开一扇神奇的大门！在北大遇见写作大咖，他们为孩子们带来活泼有趣的阅读写作分享课，教孩子们理解阅读的意义，学会写作的技巧。还有北大、清华的高考状元来夏令营，为孩子们分享自己的成长故事和心路历程，告诉孩子们怎样形成良好的学习习惯，有哪些高效的学习方法。

除此之外，还开展"小读者杯"辩论赛、励志成长主题讲座、"花样年华"快乐晚会、专业教练带领下的各类拓展活动等，通过这些活动让孩子们在新的集体中学会合作、分享、承担、共进，打造大放异彩的自己！

四、课程评价

在不断地努力和探索中，我们水车园小学一直在课程的优化设计之路上努力着、调整着。在我们看来，名校之旅不应该只是游览，更应该是参与，让学生们真正去领悟每所大学的知名之处，激发他们向上的勇气和决心。

一路走来，学生们在这一课程中受益匪浅。将"阅读名校"作为"阅读世界"的重要环节，使研学之旅更有厚度；每到一处，我们都认真筛选高校，让孩子们站得更高；通过研学前、研学中、研学后三大环节的有效设计及反思，引发学生们的深入思考，让每一次的高校之旅更有启发性、更有质量。

接下来，我们还会继续拓宽阅读的渠道，极力打造U—S合作（加强与各高校的合作），特别是加强与区域内（如兰州大学等全国知名学府、兰州大学名专业等）顶尖专业院系的合作，使我们的学生不用走出国门、省门就能受到名校、名专业的熏陶。

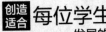

五、课程故事

南洋印象

张欣瑜

要是有人问我在新加坡游学时感受最深的是什么，那我一定会毫不犹豫地告诉他，是去参观南洋理工大学。在去的路上老师告诉我们南洋理工大学是世界顶尖大学，也是世界上最美的大学之一，当时我真恨不得立马就出现在它的面前。

果不其然，那形状奇特的图书馆、那漂亮的校园让我想变成一只小鸟，在校园中高歌。下午我们还在这所大学进行了一次有趣的实验，记得接待我们的教授穿着很奇特的五彩的实验服装，一下子就吸引了我们的注意力。经过他的诙谐介绍，我们知道了他是麦西教授。在他的指导下，我们做了一项熔岩灯的实验：把白醋加入烧杯，然后滴上自己喜欢的颜色，接着又往里面倒了食用油。最后在上面撒一些小苏打，液体就开始沸腾，跳跃起舞，美妙极了！我们惊讶地发现这些物体之间是互相排斥的，因此形成了截然不同的两种颜色。麦西教授又让我们用手机灯在各自的杯子底部照明。两种液体瞬间亮了，颜色不但有层次感还非常绚丽。我们抑制不住地赞叹科学的力量太神奇了，纷纷表示很喜欢这项实验。

这不就是我们理想中的大学课堂吗？轻松活泼，让我们在亲身参与体验中深刻理解科学知识和基本原理，也是新加坡学生成功的秘籍和魅力之处吧！为了将来能到这样的顶级学府深造，我一定会努力的！

"阅读兰州"课程

水车园教育集团水车园小学　李丹红

阅读一本书，阅读一门课，阅读一座城，阅读兰州！
用眼睛阅读，用脚步丈量，阅读兰州，阅读一座城的历史！

一、课程概况

研学旅行是学与思、知与行的统一，可以将学习和旅行实践相结合，将学校教育和校外教育相衔接，是学生在集体旅行中和老师同学一起将校内学习移步至校外的研究性学习活动。这是学校教育和校外教育的创新形式，学习与旅行的结合更是综合教育实践育人的有效途径。"阅读兰州"依托的是兰州的城市发展资源、文化遗产资源、自然资源及综合性实践基地等，不同的研学环境为学生提供不一样的研学内容。社会现状与学科问题、技术应用与文化熏陶，这些学生脑海中的抽象概念变成了可以观摩体验、深度感知、动手参与、探究思考的研学内容，实践让认知过程更有意义。

依据研学内容我们确立了以下"阅读兰州"课程目标：

1. 全面了解家乡的过去、现在和未来，在各类场馆中了解家乡的发展历史、建设成就和未来规划。

2. 在研学活动中学习和探究科学技术在生活、生产实践和科学实践领域的应用，在实践中探究科学知识。

3. 加强文化熏陶，在研学中感受中华文明的悠久与辉煌，感受中华民族的光辉历史和传统美德，培养对祖国、人民的热爱之情。

二、课程实施

"阅读兰州"课程按照不同的年级安排不同的活动，一、二年级参观兰州市城市规划展览馆，全体同学在操场列队，在队旗和班旗的指引下走进兰州市城市规划馆，按照过去、现在、未来的时间轴参观兰州市城市建设八大主题展示空间。规划馆的数字沙盘和4D影院等现代化科技，让学生全面又深入地了解兰州市的城市历史、风貌变迁、城市规划建设的发展变革以及未来发展的宏伟蓝图。还通过一个个生动的互动小游戏，让学生形象地感知未来城市、智慧社区、绿色建筑、未来交通及数字地球等未来科技生活。气势磅礴的数字沙盘和大河之境让学生全方位地了解兰州市的城市规划概况和发展成就，孩子们在这里开启了一场不同凡响的历史与人文之旅。

三、四年级学生参观甘肃省博物馆，"甘肃丝绸之路文明""甘肃彩陶""甘肃古生物化石"三大展厅浓缩了甘肃这块神奇土地的历史，汇集了甘肃从远古时期到近现代的大量文化珍宝。这里成为学生了解甘肃历史文化和自然地理的窗口，通俗易懂的展馆讲解让大家徜徉在历史文化的长河中；古代文明的辉煌留下了400多件丝绸之路上的精美文物，带孩子们穿越了驼铃阵阵、羌笛悠悠、商旅纵横的古丝绸之路。甘肃作为中国彩陶的发源地，素有"彩陶之乡"的美誉，彩陶展厅中大地湾文化、仰韶文化、马家窑文化及青铜时代各种彩陶交相辉映，学生可以在这里了解到类型丰富、器型众多、制作精致、图案绚丽、艺术价值极高的甘肃彩陶文化，了解先民们在远古刀耕火种的艰苦历史生活。

五、六年级学生参观甘肃省地质博物馆，从丰富的展品中，了解前辈们所创造的丰厚地质文化遗产。在这里可以看到展厅中陈列的3万余件省内外地质矿产、古生物、矿物和岩石标本。不论是锈迹斑斑的矿石，还是雪白晶莹的宝石；无论是黄河巨龙的场景，还是造型奇绝的晶体，都饱含着一段段动人的历史故事，蕴含着人们对地球科学的追求和幻想。

"阅读兰州"课程，使学生的激情与梦想在盛夏的骄阳下燃烧，水小400余名师生还开展了"书本是怎样炼成的"主题研学活动，孩子们一了解《读者》辉煌历程，见证书本炼成过程；一同走进敦煌神秘石窟，近距离参观敦煌研究院，感受莫高窟艺术的魅力，在《读者》文化展厅了解我省的第一文化品牌，了解《读者》这一承载着光荣与梦想的杂志，读它的过去、现在与未来。在印刷厂了解制版、晒版、模切、印刷、装订的工艺。

此外，不同年级的学生还因地制宜地开展兰州市各类展馆的研学活动，如：在甘肃农大认知馆了解大学历史，认知农业生产地貌，欣赏世界各地的昆虫化石，惊叹农业科技的发达，感叹自然界的神奇美妙。在世界环境日参观兰州环境能源交易中心，实地了解兰州市的环境保护状况及节能减排、资源有效利用的情况，孩子们的环保意识在寓教于乐中潜移默化地增长，环保的种子在孩子们的心灵生根发芽，茁壮成长。在八路军驻兰州办事处纪念馆追寻革命先烈的红色足迹，感受他们为国家抛头颅、洒热血的精神，感受革命先烈在艰苦的生活条件下无私奉献的情怀。传承红色基因的活动使孩子们受到了一次很好的革命传统教育，有孩子表示要珍惜现在的美好生活，努力学习，为祖国的强大而努力。在科学公众日参观中国科学院近代物理研究所，听科学报告，看重离子加速器，近距离接触大科学装置，感受科技的力量，埋下科技强国的种子。

展馆是历史的浓缩，是城市的名片，走进展馆就是穿越历史时空，贯通过去与现在。"阅读兰州"研学活动是孩子们了解兰州、了解甘肃的重要窗口，孩子们用自己的足迹踏遍了分布在城市各个地域街道的充满历史意义的展馆，这里为孩子们点亮了一盏照亮悠久古老的中华历史文明的灯。

在这些展品中，孩子们逐渐认识人类的文明史、艺术史，知道那些珍贵的展品在重要的历史时期发挥的重要作用，了解自然世界的历史和自然界在演变过程中发生的大事，也学习人类的科学、技术进步等。在博物馆里接触很多与艺术相关的展品，在参观过程中知道什么是美，如何审美，进而分析美的构成，品味风格的演进，提高自己的审美水平。

研学活动的宗旨是让学生在实践中获得真理并检验真理，让教育回归自然，在探索中学习，在学习中思考，在思考中进步。

三、课程评价

在研学活动中孩子们和老师全身心地投入，用心体会各类展馆中蕴藏着的历史、文化、科技、精神。心灵的触动是最珍贵的感悟，研学过程中的观看、认识、欣赏、思考是为成长蕴藏力量。研学的旅程会有一个阶段的结束，但思考与认知的脚步才刚刚迈上征程。研学归来，孩子们在体验与探究中输出作品，进行主题探究项目成果输出，总结汇报研学收获，有研学活动记录单、研学感悟等。

四、课程故事

参观甘肃省地质博物馆

我们走进博物馆中，首先参观古动物陈列室。一进门，只见大厅正中，摆着一具巨大的古动物骨骼模型。它很古怪，小而扁的头骨，细长的颈骨，足有八九米，庞大的躯体，有腰那么粗的大腿，它爪子伸得长长的，瞪着眼睛，好像要展开猛烈的攻势。我们都惊呆了，情不自禁地说："这是什么动物啊？"这时，讲解员走过来告诉我们这是动物王国的巨人——河川马门溪恐龙的骨骼模型，科学家从它考证出中生代恐龙生活情况。然后我们参观了许多古动物。我们走到了动物第一室，我边走边看，瞧，那三角脑袋、红脖颈、短尾巴的，叫响尾蛇。那椭圆脑袋、身上有一道道白环的，叫银环蛇。那条翘嘴的蛇，叫五步蛇……它们张开嘴，舌头伸得长长的，吓得我汗毛都竖起来了。最后参观了许多海洋生物等。我们走到了动物第二室，兽类中有长着大犄角的牦牛，有的大熊猫黑眼圈，好像戴了太阳镜，有的大熊猫黑耳朵，好像戴了黑手套，有顽皮的猴子。鸟类中有美丽的孔雀，有善于学别人说话的八哥。

这次参观，我学到了许多知识，也更热爱大自然了。

"阅读世界"课程

水车园教育集团水车园小学　徐文涛

　　兰州，中国陆域版图的中心，是一座拥有两千多年历史的文化名城。作为"一带一路"的重要节点城市，汉唐以来它都是丝绸之路上重要的交通要道和商埠重镇，曾在中西经济文化交流中发挥过重要作用。

　　如今，生活在兰州这座远离海洋的内陆城市的人们仍然意气风发地憧憬着未来的美好生活。水车园小学一直以"融合中西方优秀文化，滋养学生生命；创造适合学生发展的教育；着力培养具有优秀德行、人文底蕴、科学素养、健康身心、国际视野的公民"为使命，开展多种国际文化交流活动，促进学生走向世界、开阔视野、全面发展。

一、走出去与放眼看——课程背景及概况

　　2016年，教育部等11部门联合印发了《关于推进中小学生研学旅行的意见》，要求中小学应将研学旅行纳入教学计划，促进研学旅行和学校课程有机融合。我校自2016年以来先后开展了6个中外人文交流活动项目，共计200多名师生参与其中。出访国家涉及美国、德国、奥地利、意大利、罗马尼亚、新加坡、澳大利亚等。交流主题涉及研学游学、文化交流、科学知识探索、环境生态保护、历史文化交流等方面。

　　除了走出国门以外，学校还立足破除"走不出去"的桎梏，让学生在学校就能"放眼看"，让一方小小的教室成为学生们走出去的窗口。为此，学校精心打造了一个专属"主题月"，那就是将每年的12月定为"世界博览月"，引导学生有序地、完整地认识和了解国际多元文化，培养学生开阔的国际视野和

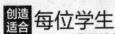

开放的国际意识。

通过"阅读世界"课程的开展，学生们在集体旅行、集中食宿中开展研究性学习和旅行体验，在活动中学会动手动脑，学会生存生活，学会做人做事，促进身心健康，培育社会责任感、创新精神和实践能力。在主题月方案的优化设计下，在丰富多样的活动中，学生们自主探究的能力大大提高，主动参与的热情得到激发，对某一国家风土人情、文化内涵等多方面的理解得以加深。

"阅读世界"这一课程的开展是学校教育和校外教育衔接的创新形式，是教育教学的重要内容，是综合实践育人的有效途径。

二、搭建触摸大千世界的桥梁——课程设置的目标

"阅读世界"课程遵循了教育规律，把学习与旅行实践相结合，把学校教育和校外教育有效衔接，强调"学""思"结合，突出知行统一。在课程设置之初，我们不仅充分考虑了学生的年龄及生理特点，使课程的有效性得以保障，而且还充分地关照学生的家国情怀、终身学习、自身能力的发展等需要，力求让每一个学生都能在浩瀚广阔的世界中汲取成长的精华。

坚定文化自信、增强爱国意识。我国是一个拥有深厚历史文化的国度，通过体验不同的文化环境与风土人情，学生的文化自信得到增强，爱国意识也大为增强。同时，走出去的孩子既是学习海外文化的主力军，也扮演着文化交流小使者的角色，将中华优秀传统文化传播到世界的各个角落。

拓宽视野，丰富知识。通过研学探究多学科问题，包括物理、化学、生物、地理、数学、语文、英语、政治、历史、通用技术、信息技术、体育、音乐、美术以及学科交叉知识，发现一些值得研究的新问题。

提高自身素养。让学生在研学旅行中学会动手动脑，学会生存技能，学会做人做事，促进身心健康，有助于培养学生的社会责任感、创新精神和实践能力，是落实立德树人根本任务、提高教育质量的重要途径。

这还是孩子们有组织的集体性、探究性、实践性、综合性活动，是对学生进行集体主义教育、生活教育、行为习惯养成教育的有效载体，可以帮助学生学会生存技能，学会做人做事，促进中小学生形成正确的世界观、人生观、价值观。

三、精彩纷呈、深度参与——课程开展的方式

为了使每一次课程的开展都能获得成功，学校充分考虑了每次活动的核心、学生的特点，精心设计每一个活动，课程开展的方式主要包括游览、寄宿学习、演出交流、训练研学及参与式体验。

游览是认识过渡的一个"起点"，游览著名景点可以获得包括这个国家国情、风土人情、主要文化特点等方面的知识，可以大大拉近学生与异国的距离。例如，去美国，我们必去的地方有联合国所在地，白宫、哈佛大学观赏自由女神像、等。去新加坡，我们一定会和鱼尾狮留影，听听老师关于这个国度的介绍。

寄宿，更广泛的说法为Host Family，中文称为"寄宿家庭"，顾名思义，就是住在自己家以外的地方，如美国本土家庭。在寄宿家庭中住宿、生活，能更好地了解外国文化，提高英语口语水平，更为重要的是可以学会和寄宿家庭融洽相处，这是研学期间入住寄宿家庭的同学需要做的一门功课。学生可以把寄宿家庭当作自己的家，尊重住家的生活习惯，并积极参加寄宿家庭组织的各项活动或家庭劳动。

演出交流是一种以演出为主要方式而开展的研学活动，2017年1月和2018年7月，我校的"黄河娃艺术团"和"黄河娃合唱团"都是受到演出邀请而走出国门的。在这两次活动中，水小黄河娃们与世界优秀团队共同切磋，在比赛间隙与当地艺术团和专业院校共同交流，在艺术素养方面得到了极大的提升。

训练研学，顾名思义，是以训练为主，研学为辅。2017年12月30日，百名"黄河娃"走出国门，来到了克利夫兰，加入了骑士队的青训班，开始了为期一周的专业篮球训练。孩子们还在骑士主场速贷球场献上安塞腰鼓的表演，助力骑士获得胜利。青训班的训练结束后，水小孩子们还去了美国的著名景点及个别高校，进行了游览和学习。

赴美国太空训练营以及新加坡参观是参与式体验。在美国太空训练营的活动中，学生们住在模拟的太空舱，了解国际空间站的构造，体验在其中的生活，模拟体验各种太空任务，开展各种实验，体验各种训练项目，还共同完成水管拼接任务、火箭制作等。在新加坡STEAM教育@Science课程体验之旅中，学生共同参与完成熔岩灯实验及探究DNA螺旋结构的实验。

古人把"读万卷书，行万里路"作为一种追求，因为这二者都能开阔眼

界，增长知识和能力。从东欧到美洲，从亚洲强国到澳洲彼岸，踏出的每一个脚步定能获得最美的收获。

参与课程的水小学子可以很自豪地说"我曾经跨过山和大海"。学生们参观了诸如自由女神像、林肯纪念堂、莱佛士登岸、独立宫、自由钟、联合国等著名景点。学生在聆听历史中感受历史变迁，了解每一个历史事件背后的故事，珍惜今天来之不易的和平。

孩子们还能骄傲地说"世界之大，尽在脚下"。美国总统的官邸和办公室——白宫、新加坡地标鱼尾狮、华尔街、时代广场，这些曾经只在书本和视频中见过的地方，如今也留下了学生们的足迹。听着前人的故事、走着前人走过的路，有种"I'm a big big girl, in a big big world"的感觉，不由得惊叹时空交织是个多美的梦啊！

美国航空航天博物馆、NASA、新加坡海堤坝展览馆，学生们来到科技的前沿，他们在思考，也许掀起下一块神秘面纱的就是我；速贷球场、悉尼歌剧院、克利夫兰大剧院、肯尼迪艺术中心、维也纳金色大厅、美国国家美术馆、克利夫兰艺术博物馆……置身其中，学生们仿佛回到2016年的夏天，共同见证詹姆斯带领骑士夺得NBA总冠军时的热血场面，也仿佛在维也纳金色大厅中听到了那来自《茉莉花》的淡淡清香……

过去，书本是孩子们的世界；现在，世界是孩子们的书本。邦迪海滩、纽约中央公园、时代广场、洛克菲勒中心、奥特莱斯购物小镇，当踏着这一块块地砖游走之际，就是与世界共融的时刻，原来"同一个世界、同一个梦想"并不遥远，而且每一步的游走都是在树立水小的全球视野和格局。

2017年10月和2018年的两次以寄宿体验为主的研学之旅也都为同学们开启了别样的世界。学生们去各个家庭后充分融入美国人的生活，他们与寄宿家庭中的爷爷奶奶、爸爸妈妈、兄弟姐妹们共同购物、共同学习、共同参加活动，一切都是那么的新鲜，让人迫不及待地……赵锐淳同学在日记中写道："下午两三点时奶奶带我们去了当地的农场。首先映入眼帘的是羊驼、奶牛、小猪。在它们的背面就是农场中最重要的东西了，那就是玉米和南瓜地。他们的玉米不像我们那里一亩地一亩地地种，他们是在一大片玉米种好了后，在里面开辟几条路，从而变成了较复杂的迷宫。我在里面走着走着，踩到了许多稀泥，虽然有点脏，但是我学到了很多。走完了玉米迷宫，我们就在南瓜地里摘南瓜。

我和我的伙伴一块儿摘了四个大南瓜呢！

"回到家里，我才知道了这几个南瓜的用途，它们并不是用来吃的，而是把它的心掏空，然后刻上鬼脸，在万圣节的时候用。"

朴实的文字中有孩子的惊奇、快乐，更有征服未知世界的勇气，这不正是一种成长的动力吗！而且这种纯英文的环境，更能让孩子们真实地感受异国文化，孩子们的语言应用能力也大有长进呢！

通过每一次的"走出去"，孩子们不仅领略了异国文化、增长了见识、开阔了眼界，而且还充当了中外文化交流的小使者。他们送给外国友人的中国的传统文化剪纸、黄河母亲微型雕塑、黄河水车、书法、面塑、荷包、十字绣、变脸娃娃、京剧脸谱等富有地域特色的礼物，每次都能受到外国友人的喜欢，它们都表达了中国孩子们心中的美好期盼，大大提升了孩子们的文化自信。

我校一直秉承"融合中西方优秀文化，滋养学生生命，创造适合学生发展的教育，着力培养具有健康身心、优秀德行、人文底蕴、科学素养、国际视野的公民"的教育使命。近年来，学校多次派师生赴国外参加国际交流活动，学生在参与国际交流的活动中，自理能力得到了锻炼，沟通、合作能力也得到了提高；他们游走在传统文化和现代文明之间，不仅开阔了视野，践行了文明，而且也唤起了进一步开展文化探索和文明思考的志趣。学会接纳、尊重不同国家的文化形态，进而提升对本民族传统文化的理解力和民族自豪感，最终成为一个有责任担当、有远见卓识的现代世界公民！

感谢奥中文化教育交流给了孩子一次展示自我才华的机会，这次活动对于每个参与演出的孩子来说都是一个锻炼自我管理能力、培养独立自主能力和学习与同伴相处的良好机会。从学校的集中训练到演出成功回国，我见证了孩子从最初的犹豫、焦虑和渴望成功，到现在的成熟、淡定和自信满满的过程。一次短暂的集体生活让孩子学会了自己照顾自己，学会了与同学沟通，协商配合解决遇到的问题。这次经历后，孩子告诉我，他了解到了东西方文化的差异，发现了一定要学好英语来武装自己，明白了我们的祖国很强大，做一个中国人很骄傲。这些想法令我非常惊讶，也非常感动，我突然感到孩子长大了。我感谢老师对孩子的鼓励、教育、关怀和认可，我深信这个决定是正确的，如果还有机会我会支持孩子继续参加，放眼辽阔世界，充实渺小自己。

——摘自家长反馈

RT机器人工作室

水车园教育集团水车园小学　高富雷

一、课程概况

　　水车园小学RT（润泽战队）机器人工作室成立于2012年，成员主要来自三至六年级学生，工作室致力于为学生打造一个集科技知识启蒙教育、创新思维拓展训练及创造能力开发培养为一体的创新实践平台，不断培养和提升学生的创新能力、动手能力、团队协作能力及独立分析解决问题的能力。

　　工作室成员利用少年宫、社团课及课余时间学习编程语言、基础搭建及智能机器人制作运行的基本原理，在各类大赛中和全国的机器人爱好者同台竞技，切磋学习。工作室先后多次在竞赛活动中获得国家及省、市大奖。随着科技项目不断增加和竞赛经验的不断丰富，工作室已逐渐形成"传、帮、带"的学习形式和传承机制，高年级学生带动低年级学生进行学习和研究，以"项目式学习研究"作为推动，参与各类实际项目的执行，为工作室的发展奠定坚实的基础。目前学校已将机器人编程课程纳入信息技术课堂中，采取"1+1"的人工智能素养沉淀模式，即每周一堂信息技术课+一堂人工智能课，真正使学生做到既格物又致知。

二、课程实施

　　RT机器人工作室将最前沿信息技术课程和人工智能的学习相结合，借助VEX-EDR、机器人工程挑战赛、创意制作赛等项目，通过方案设计、机械搭建、编程测试、工程记录等方法进行机器人课程学习，旨在激发同学们无穷的想象力和创造力。

日常活动中注重理论学习与实践活动相结合，倡导学生运用主动学习、合作探究、动手实践、反思改进等学习方式。在平时的训练中要求每个孩子撰写工程笔记，教练员撰写训练记录，并通过对工程笔记和训练记录的分析研究，制定科学的针对性强的训练方案。

在工作室中"学习、建模、编程、搭建、记录、探究"这六大名词俨然成了学生成长的主线。通过系统的知识学习后，学生以小组为单位，分组建模。经历结构设计、图纸草稿、软件制图、硬件搭建、场地试跑等环节后，项目参与者会全面记录各项数据，通过画和记来发现问题，项目组成员会结合自己的知识储备及资源搜集整理来分析数据，最终得出优化方案和结论。

这样的活动过程，无疑使得学生综合应用物理知识、工程知识解决相关问题的能力得到提升。同时无数次的挫折，迫使他们的观察能力、分类能力、动手能力、对事情的专注程度得到极大的提高。正所谓"他强由他强，清风拂山岗"，在孩子们心中，经历过机器人工作室的洗礼，每个人都更加坚强了。

工作室先后在兰州市青少年机器人竞赛、甘肃省青少年机器人竞赛、甘肃省创意编程大赛、全国中小学生电脑制作比赛、全国青少年机器人竞赛、WRO世界青少年机器人奥林匹克竞赛、世界机器人大赛等竞赛活动的多个项目中拔得头筹，连获大奖。2012年以来，工作室成员荣获国家级奖励50人次、市省级奖励400余人次。

学生在学习机器人课程之余，也涉猎其他科技类活动及竞赛，2020年机器人工作室42名成员代表学校参加了甘肃省航空航海车辆竞赛，孩子们利用课余时间学习车辆及航模制作、驾驶技能及维护修理知识，赛后获得车辆及航模两个大团体第一、男女子组各项目十二个小团体冠军的佳绩，累计获得百余项大奖。

通过参加不同级别和类型的比赛，以赛促练，不断提升学生的认知和参加科技活动的积极性。各级别的竞赛其实是很好的练兵和学习提高的机会，是对平时训练成果的综合性检验，通过比赛发现问题本身就是间接的提高。乐此不疲地不断探索、不断改进，更好地提升了社团的整体实力和成员的综合素质。

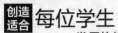

三、课程评价

工作室的老师善于发现学生的新变化，将评价贯穿到日常的教学活动中，而不是孤立于学习活动之外。我们采用表现性评价，给学生提供真实的任务，以全面、真实、深入地再现评价对象发展的特点，使其主动参与评价，而不是消极适应，最终促进每位学生都能在已有知识的基础上获得积极的学习经历和丰富的情感体验。

2017年初，工作室给每位学生建立成长记录袋，并注重记录过程变化，从而进行成长性评价，让学生看到不同时期自己的兴趣爱好和成长变化。成长记录袋可以展示学生校本课程的学习成果，让学生反思自身的变化与成长；可以记录学生所付出的努力，显示令人满意或不满意的学习经验，帮助学生了解自己的学习方式和个性发展。充分发挥评价的激励功能，采用描述性语言呈现成长记录袋的评定结果。

结合节日，进行展示性评价。学生如同多棱的宝石，从不同角度不同侧面都能发出璀璨的光芒。要善于发现并挖掘其优势，给学生创设自我展示的舞台，使其获得自信与成功的体验，激励其不断进步。工作室每逢重大节日，都会进行阶段性展示评价，使每个学生都有参与活动的机会和进行展示的舞台，使活动充满生命力。

2018年秋，工作室建立积分考核制度，将平时训练、日常表现、竞赛成果等纳入个人积分当中。制定严格的奖惩制度，积分靠前者获得相应奖励，积分决定社团成员的进阶及去留问题。这样的方式无形中增强了孩子们的紧迫感，提高了学习实效，同时凸显了荣誉感。

我们也会分阶段考查学员的学习水平，对其进行总结性评价。一门课程学习结束后，要对学生学习情况进行一个全面的考查，了解学生的实际学习水平，进行总结性评价，每门课程的评价结果都将记录进学籍档案并将评价结果向学生、家长公布，接受家长对机器人课程实施的监督。

机器人工作室的全面发展，业已受到家长和社会的一致好评与广泛认可。我们欣喜地看到在与机器人的完美邂逅中，孩子们洋溢着蓬勃的朝气、烈火一般的激情和永不服输的旺盛斗志。RT机器人工作室就是这样一个团队，一个相互学习、相互鼓励的团队，团队成员团结帮助，关爱彼此，有凝聚力，意志顽强。

四、课程故事

与智者同行，与高人为伍

——记RT机器人工作室的美好时光

六年级（3）班　李佩亭

曾几何时，机器人仿佛离我们遥不可及，充满着神奇的色彩，但2020年我却与机器人结下了不解之缘。特殊时期，我和小伙伴在科学老师的帮助下通过反复试验，设计制作了"智能酒精消毒机"及环保卫生的"超级泡泡"，并在甘肃省和兰州市多个中小学科技创新大赛中荣获一、二等奖，就这样我有幸进入了水小RT机器人工作室。童年是梦想开始的地方，当我第一次踏进水小机器人工作室的那一刻，眼前的一切便深深地吸引了我：木架上摆放着整齐的各类模型，战车、无人机、堆积成塔的五颜六色的小方块等。我凝视着这"新奇"的一切，顷刻间觉得脑海中的机器人触手可及。

机器人课程最大的特点是"边做边学"，通过动手，我们更透彻地了解了机器人的结构，熟悉了机器人的习性，训练中我们无数次用乐高零件自主搭建，组装好底盘，根据其功能搭建手臂，将每一个零部件的作用发挥到极致，反复尝试，维修调试车身，注重每个细节，只为更好地提升战车的应战能力。不知不觉中，零件间产生碰撞发出"嗒嗒"的清脆响声，在我心中仿佛早已成了一首悦耳的乐曲。

都说兴趣是最好的老师，但贵在坚持。我们一群怀揣梦想的少年，通过稳扎稳打、争分夺秒地解读规则、设计、程序编写和持续不断地训练，在工作室老师拼尽全力的付出下，不负众望地站在了广东佛山——WRC世界机器人大赛的赛场上并夺得一等奖，那一刻我向心中的"机器人"又勇敢地迈出了一步！

机会总是留给有准备的人的，还记得刚进入工作室时，我在训练中因为忘记规则导致的一次失误而流下眼泪时，李老师对我说："我希望从此以后你的每一滴泪水都是站在最高领奖台上，全力以赴后，因为喜悦、因为自豪而流下的。"

无数次的训练和一次次的参赛经历，让我更加懂得珍惜与感恩，懂得付出终有回报，懂得永不放弃！懂得与智者同行，与高人为伍，懂得团队的力量！感谢水小，让我的"机器人梦"在这里生根发芽。

我愿与你一起徜徉在机器人的梦想王国中，把创新融入生活，用科技放飞梦想，让机器人走近你、我、他！

"Scratch创意编程"课程

水车园教育集团水车园小学　祁红梅

一、课程概况

水车园小学于2019年成立"Scratch创意编程"社团，以社团的形式开展编程教学，社团主要面向3—5年级学生招生。社团的宗旨是促进学生全面发展，培养学生重科学、重技术的优良品质，发展学生的个性特长，培养学生的动手能力、思维能力以及创新能力和实践能力。

"Scratch创意编程"课程目标是：提高学生获取信息、重组信息、表达信息的素养；训练其设计程序和解决问题的能力；养成严密的逻辑思维品质，以科学的态度走向创新与实践。根据三维目标的划分，我们将课程目标细分如下：

1. 知识与技能

认识并熟悉Scratch编程环境，掌握面向对象程序的基本结构，能编写面向对象角色的程序脚本；熟悉"动作""控制""画笔""外观""侦测""数字逻辑"和"变量"等积木指令的运用；理解并运用"变量"和"列表"等常见数据结构类型；理解逻辑运算、条件判断、循环控制和事件触发等程序设计过程中的基本方法。

2. 过程与方法

通过完整地体验设计想象、编辑角色、选择积木指令、组装搭建积木指令、执行调试等创作过程，初步掌握面向对象编程的方法和设计程序的技术。

3. 情感态度与价值观

感受程序设计技术实现功能的独特性，激发学生对信息技术的学习兴趣，

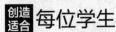
体验创作结合程序功能的交互式多媒体作品的乐趣，有个性地表达内心的创想。

二、课程实施

本课程把Scratch编程学习和创作多媒体作品结合起来，在创作动画作品和编写游戏作品的过程中掌握程序设计的方法，让学生充分体验思考的乐趣、满足创作的欲望并收获成功的喜悦。在课程活动中，有开展模拟编写知名游戏的尝试，有把自己喜欢的小故事制作成一部动画片的体验，有做智能出题的程序，还有编写画板程序等。在这个课堂里，我们为学生创造"边学边玩"的氛围，运用Scratch积木式编程语言环境，开设轻松有趣的创作课堂，并鼓励学生发布程序作品至Scratch网站，与来自不同国家的Scratch作品爱好者进行交流。

社团组织成员参与多项国家级、省级、市级科技比赛，均获佳绩。在刚结束的全国中小学生电脑制作活动和甘肃省第一届创意编程和智能设计大赛中，荣获多个一等奖。

当然，编程内容的学习并不是全部，更多的是通过学习Scratch编程，让同学们感受到探究的快乐、创新的快乐、成功的快乐和分享的快乐！同时，我们也相信"Scratch创意编程"社团是一个不断发展和前进的团体，我们将紧跟时代潮流，在不断的探索和实践中前进，让我们的团体成为学校一道独特的风景线！

三、课程评价

1. 评价方式

课程评价以学生设计制作的综合作品评价为主，参考课堂的"学习能力+态度纪律"。评价以学生自评、生生互评、教师评价三者相结合的方式展开。

2. 评价亮点

作为衔接后续课程的前期课程，Scratch编程的教学能够帮助学生在后续的3D打印、开源硬件等课程中，更好地建立假设、进行验证并得出结论。学生将课程知识与硬件设备相结合，制作多样化的游戏和模型。学生愿意在课后尝试运用Scratch对已学知识进行电子制作并分享。

四、课程故事

我的社团生活

四年级（8）班　张皓程

一直以来我都有一个小小的愿望，因为我很喜欢玩游戏，所以想通过学习编程来制作一款属于自己的小游戏。正巧，学校要开设编程社团，我很高兴，立刻让妈妈给我报了名。就这样，我欢欣雀跃地来到了学校的计算机教室。社团的老师是计算机祁老师，她为我们详细介绍了Scratch软件的模块、变量及应用方式，教我们如何使用这些模块，还让我们通过视频资料学习、掌握了很多小游戏的制作方法。学习了这些以后老师又告诉了我们更多技巧，还做了测试。每节课上我们都会按要求做一两个小练习，课后我回到家就迫不及待地打开电脑给爸爸妈妈演示当天的学习成果，并且再用当天学到的编程知识做两三款自己喜欢的小游戏。我终于通过学习编程完成了自己设计游戏的小梦想。

5天的社团学习很快就结束了，我还意犹未尽，当祁老师告诉我甘肃省要举办第一届青少年创意编程与智能设计大赛时，我想参加，但是又担心自己的编程知识储备还不够，在老师的鼓励下，我鼓起勇气报了名。接下来的日子里，我每天都继续在家里做些练习，并上网查找相关的编程视频资料补充学习。2020年这个特殊时期，给了我初赛作品以设计灵感，我给作品起的名字是《逆行者——病毒大战》。进入决赛后我信心倍增，决赛作品——"绿宝"智能汽车让我获得了此次大赛低年级段的第一名。

学校社团让我拓宽了知识面，学习到课程的知识并从中体会到许多乐趣，我还会继续利用课余时间参加更多的社团活动来充实完善自己！

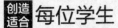

"管乐"课程

水车园教育集团水车园小学 柴 玲

一、课程概况

水车园小学"黄河娃管乐团"成立于2011年，现有A、B两个梯队的学生共115人。乐团学生接受管乐专业教师授课，学习木管、铜管、打击乐各声部乐器，掌握基本演奏技能后就能编入管乐社团，于每周二下午进行合奏训练。课程目标如下：

（1）学生了解管乐，学习长笛、单簧管、双簧管、萨克斯、大管、小号、长号、圆号、大号、次中音其中一种乐器的基础知识，练习吹奏能力，熟练演奏乐器达到四至六级水平。

（2）能合奏中外优秀管乐作品（难度在中级程度），并达到一定数量。

（3）能以饱满的热情进行吹奏，完成学校和上级安排的演出活动。

（4）在合奏教学中调动学生的积极性，培养学生的自我表现意识，建立团队合作精神和集体主义荣誉感。

社团组建以来培养了数百名管乐爱好者，他们艺术表现力强，能完成合奏、重奏、独奏等多种形式的表演。乐团多次参加省、市、区中小学生艺术展演，蝉联一等奖。2018年，乐团在甘肃省第六届学生艺术展演中获得小学组第一名，2019年获得全国第六届艺术展演器乐一等奖。

近年来，学校大力扶持管乐社团，师生共同努力，刻苦训练，家长积极配合，乐团不断成长壮大，"黄河娃管乐团"已成为兰州市最强学生管乐团。我们储备了乐团代表作品《新少年畅想曲》《春天的寄语》，排练了诸如《红军胜利到达陕北》《像花儿一样》《朝阳》《七彩丹霞》《太空堡垒》《心中的歌》《小小花》《小白帆》等众多大家耳熟能详的著名管乐作品。承担学校升旗仪式奏国歌，大型庆典、接待来宾奏《欢迎进行曲》《勇往直前进行曲》等多项光荣任务。

二、课程实施

（一）管乐团组建立

1. 木管组

本组乐器大家较为熟悉，有长笛、单簧管、萨克斯，学习孩子多，但要让这个声部壮大，层次丰富，我们延展出短笛（音域最高木管乐器）、低音单簧管、双簧管和大管（目前小学仅我们乐团配备有两支）。短笛由每年考核的长笛演奏技能最优者担任，因为它比长笛难吹，音区高包含三个八度，音色尖锐，富于穿透力，使用它可使整个乐声更有张力。低音单簧管由黑管学生担任，学校乐团至少配备一支。在木管组里不能少了双簧管和大管（又称巴松）两样乐器，双簧管乐器音色穿透力极强，一般乐曲中一定有它的SOLO，但由于成本高，演奏有难度，学习人员少，我们设法建立年级梯队解决声部短缺问题。学生吹奏时音准的把控是最大问题，用校音器辅助练习降低演奏难度。大管乐器体积较大，属于木管组的低音乐器，可以与低音黑管一起支撑乐团低音声部，起到很好的伴奏作用。

2. 铜管组

本组乐器声音雄壮、辉煌、热烈，在历史上很多伟大的旋律都少不了它们演奏的身影。乐器体积大小不等，学习投入成本略高，初学入门慢且枯燥，学生练习时间受控制。招生重点放在小号、长号、次中音号三样乐器上，它们主旋律多，像小号与长号多有对奏片段，常被喻为乐团中的男一号、男二号。次中音声部在管乐团中多衔接木管、铜管的旋律，作用重大。圆号学习难度较大，在乐团中多以节奏型伴奏出现。

3. 打击乐声部

学习架子鼓学生较多，他们简单培训后可胜任无调打击乐器小军鼓、交响大鼓、大镲、吊镲、三角铁、铃鼓、沙锤等；有过学习钢琴经历的学生则招收为有调打击乐器定音鼓、木琴、马林巴、管钟等。在管乐团中打击乐声部的好坏至关重要。

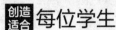

（二）管乐团发展

1. 专业授课，计划招生

乐团聘请兰州市交响乐团专业管乐教师授课，同一单位老师之间能达成共识，平常教学进度、排练任务也多有交流。木管、铜管课程从班课开始，每周四下午放学后各声部开展一个半小时的课程学习，按计划掌握口型、吹奏气息、指法、音阶、五线谱等基本知识技能。半年后与铜管声部家长沟通选拔学习认真、有责任心、家长支持的学生上小课，只有这样小号、长号才能在乐团里完成演奏。一年后木管组根据情况推荐优秀学生上小课，提升吹奏水平，因为好的管乐作品中木管的旋律从音域的跨度、节奏、旋律难度有一定要求，专业技能必须达到6级以上才能胜任。

乐团每年面临着培养出的学生六年级毕业，我们为缓解这一难题，在前期招生上做到两年一大招，一年一补充。比如，2018年乐团毕业学生33人，单簧管12人，萨克斯、圆号、长号、打击乐声部成员基本走完；2019年毕业10人，各声部一两人影响不大；2020年毕业学生35人……分析以上数据，根据声部需求，每两年组织大面积招生，可以大大避免乐团青黄不接、质量下滑的情况。

2. 训练安排，松紧有度

周二下午社团活动时间为一个半小时，管乐团延长为两个半小时，学生习惯了社团的训练强度，按计划完成任务，如遇比赛我们也仅仅是赛前一个月每周加排一次。管乐课程学习要保障连续性，需要充分利用寒暑假，语数考完的第二天是我们集训的开始，五天的集中训练我们分时段进行，早上8：00的铜管、打击乐，10：30木管声部，下午1：30木管，3：30铜管。这样安排分声部高效率的训练，能兼顾到每个孩子，因材施教。连续多天不间断的分部练习，几天下来整曲的大框架就能搭建好，最后一天安排大家合奏感受整曲意境，表现作品情绪，师生共同领略合奏的效果，这段集训就画上句号了！除此之外，后续的安排更是学生演奏技能提升的重要环节：首先，在假期每月视频打卡至少15次，演奏内容即排练曲目，孩子按班级、乐器种类分到各小组微信群，组长记录视频打卡时间与次数；其次，约定每年开学第一周乐器考核，周二下午考核木管，周三考核铜管、打击乐，由专业教师担任评委，对每个学生逐一打分评定，然后根据成绩确定本年度乐团团长、各声部长，以及学生演奏时的座次。这样的延续练习和激励措施让更多的学生热爱学习乐器，珍惜排练，认真练习，家长也能重视起来。

3. 搭建展示平台

任何音乐方面的学习一定要训练加表演才能有效开展。管乐团除每年艺术节展演外，还搭建了更多学生平常展示演奏的平台，激励他们坚持学习，保持较高的积极性。管乐社团从以下几方面为大家提供更好的展示平台：第一，每周二、四下午上课前的"乐器小舞台"，学生自备两首曲目演奏给全校师生；第二，经常为到校参观的来宾表演最新排练作品，在大型庆典前欢迎来宾奏《欢迎进行曲》《勇往直前进行曲》曲目；第三，年底举行"新年音乐会"庆典，邀请校领导、专家、老师、学生家长、学习乐器新生观看演出，在汇报一年管乐团成果的同时也为本年度表现优秀的队员颁发奖状、奖品，我们已成功举办两届（2019年、2020年）；第四，创造机会参加全国管乐团比赛，让学生有机会和其他城市的小学生优秀乐团一起同台演出，开阔视野，吸取经验。

（三）成功的经验

管乐课程实施以来，我们已成长为学校建制最全的学生交响管乐团，毕业学生升入中学后仍是学校乐团的主力队员。"黄河娃管乐团"多次参加省、市、区中小学生艺术展演，连续5年在兰州市学生器乐比赛中荣获一等奖，在城关区学生器乐比赛中获得全场最高分。特别是2018年，乐团在甘肃省第六届学生艺术展演中获得小学组第一名，2019年获得全国第六届艺术展演器乐一等奖，同年乐团赶赴上海参加了"中国第十三届优秀交响管乐展演"并获银奖，2021年荣获"中华杯"中国第十四届优秀管乐团队展演一等奖并获得"示范乐团"称号，柴玲老师荣获"指挥奖"殊荣。

三、课程评价

（一）评价方式

管乐社团课程是以中高年级学生自愿参加的选修性课程，以团体协调共同合奏的形式展开，对整体的演奏能力、合作能力、团队意识进行评价，评价内容要可操作性强，形式多样，其目的是更好地激励学生积极参与，自觉练习，达到高水平演奏的技能，形成集体荣誉感和健康积极的学习态度。

1. 开学考核评价

每学期第一周的周二下午进行管乐社团全员的演奏技能水平测试，聘请专

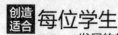

业教师五人担任评委，公开公正公平地完成各声部考核，当天公示考核结果，选拔最优者担任乐团各声部长。

2. 学生每月评价

教师每月根据学生在乐团排练出勤、在家练习视频打卡、在校"乐器展示""助力乐团"等的情况进行考核评定。具体评价标准为：每月排练全勤、参加演出得5分；平常练习在微信视频打卡次数的评分；每周乐器展示效果显著者得8分，一般得5分；做好人好事者在2至10分范围内奖励得分；排练纪律、学习态度得正负积分（±2分），严重违反乐团规定者扣5分。每月底公示全团个人得分。

3. 阶段性评价

以每月得分的各小项进行比例汇总，它们是：50%视频打卡、30%乐团出勤、20%助力奖励、本学期考核成绩、违规扣分，以此进行一学期的学生积分合计，进行等级奖励制度。

4. 德育评价

由于管乐社团男生多女生少，难管理，为此加强集体团队合作精神，引导学生热爱团队，维护团队形象，服务大局，保持积极向上的精神面貌就显得尤为重要。

（二）评价亮点

每年的12月30日在学校逸夫楼排练厅举行管乐团新年音乐会，全场12首作品采用合奏、重奏、独奏等多种编排形式，演出不同的风格。音乐会中"黄河娃管乐团"奏乐贺新年。在音乐会中，我们为乐团刻苦训练、表现优异的学生乐手颁发一、二、三等荣誉证书和新年礼物。

四、课程故事

挥手自兹去

单簧管乐手　徐子丰

所有的离别不是句号，而是破折号，指向一个带着温暖笑容的明天。

——题记

那年夏天，伴随着句句告别声，我毕业了！我急忙跑入了同我度过四个春夏秋冬的排练室，留下了我最后的足迹。

像往常一样，我一步跨两个台阶，跑到了排练室。推开门，看到里面空无一人，心中窃喜：我终于是第一个到的了！我总觉得我还会再来到这间排练厅，可分别已成定局，金灿灿的大号仍在角落里整齐地摆放着，好似庄严的军队整装待发，气势宏伟的交响大鼓静静地待在后排，虽然出场不多，但也是我们的大功臣。站在指挥台上，拿起一支笔当作指挥棒，对着空无一人的排练厅像模像样地挥舞起来，哪怕只有我一个人，那也曾是我的梦想。又独自一人走向东门，曾与伙伴排练打闹被赶去罚站的情景，现在仍记忆犹新，当初是那么不懂事！

我嘴中仍在嘟囔："我还能再同你们排练一次吗？哪怕就一次也好！"这个地方、这个团队教会了我太多太多。我们每个人都有自己的性格爱好，在这里我们殊途同归，共同努力。因为这个团队，我从一个毫无音乐素养的毛头小子，完美蜕变成了一个懂音乐懂艺术的学生；因为这个团队，我从一个不敢上台面对观众的羞涩小孩，变成了一个屡屡上台屡屡获胜的阳光少年；因为这个团队，我从一个次次用哭泣调节情绪的"窝囊包"变成了一个会用音乐宣泄情绪的人。它对于我来说不是一个普通的集体，而是温柔的春风、夜晚的星辰，为我指明前行的路。每份遇见都不免有离别，就像天下没有不散的筵席，也许我的存在也在它的身上留下了不可磨灭的印记，辉煌总有落幕的一天，让我回眸再看你一眼，回忆我同你见到的那些春华秋实，夏蝉冬雪……

"挥手自兹去，萧萧班马鸣。"让我再看你一眼，道一声感谢，道一声再见，这份离别，寓意着我们未来还会重逢，这份结束，萌发着崭新的希望！与君同舟渡，达岸各自归，我会怀揣梦想与希望，奔向那璀璨夺目的未来。

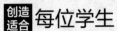
"国画"课程

水车园教育集团水车园小学　马鹏科

一、课程概况

水车园小学于2018年成立了国画社团，为提升我校学生艺术素养，感受中国传统文化精髓，继承与激活传统经典，本社团为全校喜爱国画的孩子提供了学习与创作平台，共同学习传统文化。

国画一词起源于汉代，主要指的是画在绢、宣纸、帛上并加以装裱的卷轴画。国画是中国的传统绘画形式，是用毛笔蘸水、墨、彩作画于绢或纸上。工具和材料有毛笔、墨、国画颜料、宣纸、绢等，题材可分人物、山水、花鸟等，技法可分具象和写意。中国画在内容和艺术创作上，体现了古人对自然、社会及与之相关联的政治、哲学、宗教、道德、文艺等方面的认知。中国画融入了诗、书、画、印，代表了一个国家、一个民族的文化修养和内涵，是我国的文化瑰宝和骄傲。

社团共有学生30余人，主要培养学生的运用能力与欣赏能力，以及认识美、发现美、欣赏美、应用美的能力。

课程目标：

1. 了解中国画的工具、材料和使用方法。

2. 通过国画社团的教学，使学生开阔视野，丰富知识，增长智慧，激发学生学习兴趣，使学生的美术特长得到更好的发展。

3. 深入学习国画技法，在潜移默化中提高学生自主绘画的兴趣，培养更高的艺术修养。

二、课程实施

（一）实施过程

1. 采用四步教学法

（1）探讨作品画法和步骤。教师引导学生通过欣赏名家作品来了解和探讨作品的画法和技法，表现作品时要准确把握力度、浓淡层次变化，这是学生作画最为关键的。

（2）教师示范。通过示范，让学生初步感受作品意境，学习作画，掌握方法和技巧，来准确表现事物。

（3）学生临摹练习。主要让学生临摹名家作品，同时也少不了教师的指导，尤其是作品的画法和步骤，以及用色、用墨、用笔的方法和技巧，让学生在练习中体会、揣摩和运用，并体验到绘画的快乐。

（4）欣赏、交流与评价。以小组为单位，互相欣赏与评价，学习优点和长处，改进不足，从而不断提高自己的绘画水平和能力。

2. 更新教学形式

（1）小组合作。打破传统课堂的"排排坐"形式，以小组为单位，以探讨式的教学方法探讨、讲解、示范作画的技法，使学生清晰地看到用笔、用色和用墨，以及表现浓淡层次的方法和技巧。

（2）注重示范。教师做好示范，在教学过程中激发学生的兴趣，陶冶学生的情操，使学生能准确掌握方法和步骤。

（3）辅助教学。运用电教多媒体进行辅助教学，引领学生走进艺术，感受艺术，从而提高课堂教学效果。

3. 开展不同形式的国画课

（1）探讨课：主要探讨每幅作品的画法和技法。

（2）演示课：利用电教设备，对作画步骤和方法进行演示。

（3）欣赏课：通过名家作品的欣赏，提高学生的审美能力，陶冶学生情操。

（4）反馈课：进行交流与评析（可自评或互评）学生的作业，达到复习、巩固强化的目的。

（5）活动课：组织绘画比赛或展览，让学生搜集大量的名家作品。

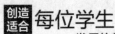

（二）实施成效

社团组织成员参与多项省级、市级绘画比赛，均获佳绩。当然，国画的学习并不是全部，更多的是通过学习绘画让同学们感受到创作、探索的快乐。同时，我们相信国画社团是一个不断发展和前进的集体，将紧跟时代潮流，在不断地探索和实践中前进，让我们的团体成为学校生活中一道独特的风景线！

三、课程评价

国画教学中，对学生学习效果的评价，不仅看知识与能力技巧的掌握，而且要着重看学生学习过程中的表现，看他们是否养成了课程总体目标中设立的学习态度、意志品质、观察分析能力以及良好的学习习惯。我们主要采取三种评价方式：

（1）学生自评：学生把自己每一周认为优秀的作业收集在一起，定期总结分析自己的成功与不足，进行自我评价。

（2）小组互评：以学生上课时的小组为单位，定期进行小组内互相评价。

（3）教师评价：教师根据学生在学习过程中的表现、学习态度、知识技巧，对学生进行综合评价，分为优秀、良好、合格、不合格四个等次。

评价时将所有孩子的作品同时放在一起，指出优缺点，让学生加以改进。

四、课程故事

有趣的国画社团

五年级（3）班　郭千睿

记得那是一次报名社团时，我无意间看到了"国画"二字，便带着好奇心报了这个社团。上网查了查，才知道它被人称为"中国画"，是画在绢、宣纸、帛上加以装裱的卷轴画。

第一次去上课，我心里既兴奋又紧张，像装了只兔子似的，上蹿下跳。坐在椅子上的我，认真地听老师介绍国画。听完国画介绍我感觉自己对它已经不仅仅是感兴趣，而是热爱了。我想要坚持学下去！我终于可以开始画了！我先小心地拿起毛笔，蘸上墨画了一个胖嘟嘟的大葫芦，然后我拿出了鹅黄和赭石色的颜料，接着挤一点在调色盘上，再蘸点颜料、水，最后涂在了葫芦上。我仔细观察着，陷入沉思中。我想象自己在葫芦园，欣赏它的生长过程。炎热的夏日，一个大葫芦，栩栩如生、生气勃勃。衬着的绿叶，是那么的顽强，它为葫芦遮风挡雨，成为它最好的朋友。眨眼间我又回到教室，等待这幅画晾干。

原来画国画是这么有趣啊！国画色彩丰富，回想老师带我们看那些大师们的作品，好像有马良那样的神笔，画山水时，山上的树枝繁叶茂，色彩浓绿；画花时，绚丽多彩的菊花千姿百态，有的像蛟龙的爪子，张牙舞爪；有的像小姑娘的发簪，含苞欲放，有的像害羞的小姑娘，含情脉脉。我总是陷入画中不能自拔！感觉画国画成了我生活中的一部分，只要一写完作业，我就会拿起画笔尽情创作，它是我的梦想。

总之，学了中国画，最大的收获是我真正地看到了中国画的魅力所在，并爱上了它。我以后还会坚持学习它并继续探究它。

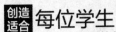
"航模"课程

水车园教育集团水车园小学　白庆玲

一、课程概况

我校是一所金城名校，有着优良的传统，我们始终把科技教育作为学校的重点发展项目。航模运动是当前最受青少年喜爱的运动之一，我校将其作为一个综合实践课程，把"实践环节"确立为培养科学素养的切入点，以"体验、创新、成长"为主题，采取专家引领、校本普及、社团推优的教育模式，努力为学生的全面发展、个性发展和终身发展提供优质教育资源。

目前，我校航模社团包括航模、车模和海模三大类。航模开发出橡皮筋模型飞机、电动自由飞等4大类5个实践活动项目；车模开发出电动车、太阳能车等3大类5个实践活动项目；海模开发出追逐赛和水上足球2个实践活动项目，它们现已成为一支具有梯度且训练有素的队伍。

课程目标：

1. 始终致力于培养学生的实际操作能力、合作探究能力，以尊重科学的精神、提高终身学习能力为目标，并始终秉承航模活动要与学科知识融合，是学科知识的延伸和应用。

2. 着力为学生构建开放的学习环境，有意识地引导学生在实践中发现问题，并运用所学知识解决问题，让学生在活动中学会合作、分享成功、感受快乐。

3. 接触一些高技术领域的最新理念，并使之对学生的学习态度、方法、价值取向等产生积极影响。

二、课程实施

（一）实施过程

1. 课程安排

航模的开展主要以理论和实践相结合，以"校本普及、社团推优"的方式进行。每年航模社团招新前，科学老师会以"如何让一张A4纸飞得更远"为驱动性问题，开展纸飞机折叠和飞行的探究活动，以此来激发同学们对于航模的兴趣。如果学生擅长模型操作并对航模感兴趣就可以通过三轮面试的方式进入航模社团学习更加专业的知识。社团时间固定为每周二下午3：00—5：00，社团的学生会利用三分之一的时间学习理论知识，包括组装说明、比赛规则、风向风速、驾驶操作、机械结构和维护修理等基本课程。剩余的大部分时间进行实践练习，包括模型调试和现场演练。学生在运用已有学习经验的同时，通过动手操作与理论相联系，认识事物间的关联和物体的结构关系，以此来习得各种模型之间的规律和操作技能。

2. 学员选拔

每年12月，学校都会召开3—5年级的航模"招新会"，各班热爱航模、车模、海模的学生都会慕名而来参加三轮面试，面试主要考查学生的学习态度、问题解决能力和团队合作意识。三轮面试通过后就会进行一周的航模、车模、海模理论学习和实践，在这一周中，每位学员都会体验所有的模型，其间教练和指导老师还会根据学生的学习情况、表现等来建议他适合哪一类的模型，但老师一般会尊重学生的选择。

3. 训练安排

期末考试结束后开始进行分工、分步骤的训练。团队里有一位专业的教练负责总的技术指导，指导老师们每两人负责3个项目，所有项目都设置了"A、B角制度"，并要求A、B两个责任人不得同时外出。寒假开始前学习项目的基本内容、比赛规则，并进行基本功训练。开学两周后，每周周三、周四、周五早上训练车模、航模，晚上训练海模，指导教师负责撰写训练日志。比赛前将进行为期半个月的集训，集训中学员们不断提高操作技能，不断刷新着自己的成绩，不断向着冠军的目标迈进。

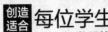
（二）实施成效

多年来，我校科技活动在校领导的高度重视和老师们的大力支持下，取得了骄人的成绩。特别是在2020年甘肃省的航模、车模、海模竞赛中均获得冠军，包括7个单项冠军、5个小团体第一名、2个团体第二名，并以总分第一的成绩获得本次航海、模综合团体第一、车模综合团体第一的佳绩，累计获奖达100多项。赛后，我校车模参赛选手张家哲同学更是受裁判邀请为现场观众进行1/18遥控电动拉力车竞速赛展演，多个参赛队伍纷纷与水小参赛队交流经验，孩子们整齐划一的队伍、文明有礼的行为习惯更是得到了大家的一致肯定。

相比于往年的训练，我们在教练员的配备和训练方法上都进行了改进，每天早上训练车模、航模，晚上训练海模，撰录训练日志，对队员每次训练的达标情况、存在的问题以及应对措施等进行详细记录。当天训练结束后，教练们一起总结存在的问题，制订第二天的训练计划。就是这样一支不怕苦、不怕累的队伍，在今年的航模比赛中创造了奇迹。

三、课程评价

航模作为拓展性课程，评价遵循"发展、促进、提高"这个价值取向，评价的方式多种多样，在具体的操作过程中主要有：

（一）自评与互评

学生在完成板块学习活动之后，集中起来进行分组汇报与交流活动成果，教师在学生汇报交流的过程中，引导学生进行自我评价和互相评价。从自我评价中培养学生的独立性、自主性和自我发展、自我成长的能力。学生只有学会了自我评价，才能更好地对他人进行评价，最终目的是让学生从自我评价中反思整个学习过程，从他人的评价中得到启发、激励，以便更好地开展下一个板块的学习。

（二）教师评价

学生在学习过程中，每人有一份《航模学业评价表》，指标涉及态度、出勤、纪律、能力、迁移、创新等六个维度，评价在整个活动过程中时时存在、处处体现，是一个持续的过程，这样有利于学生对自己的进步做出合理的判断。指导教师捕捉学生的闪光点，对学生好的地方用赞扬性的语言使学生更加奋发努力，存在的问题给予委婉指出，让学生不断改进。

（三）家长评价

有些拼装实践活动是需要在课外甚至是家里进行的，需要家长的配合。为了得到家长的大力支持，每年招新活动结束后就会组织召开"家长会"，通过家长会，让家长了解模型社团的具体训练内容、方法、比赛相关事宜，并领取家校联系卡，便于家长对学生在课外、家中的表现给予评价。这样，更便于教师全面了解学生，从而有的放矢地进行教育。

整个评价体系以过程性评价为主，以终结性评价为辅。学生是评价的主体，时时对自己的成长做出评价和反思；教师自始至终注重使用激励性语言进行评价，实施赏识教育，学生的活动受到了关注，他们的活动兴趣更浓，也更有信心。

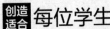

黄河娃合唱团

水车园教育集团水车园小学　石茹莹

一、课程概况

水车园小学"黄河娃合唱团"成立于2000年，已有20余年的发展历程。近年来，为了合唱团的提升与发展，学校成立了中、高年段合唱团，现任辅导教师是石茹莹（高级教师）、苏蕾（一级教师）。合唱团课程坚持以音乐审美为核心，按照课程的定位、性质及课程核心理念，结合教师自身特点、学生现有水平，制定总体目标、阶段目标。在本课程教学过程中，以音乐为主线，通过音乐带给学生美的感受。坚持技能与情感的统一，指导学生在训练课程技能的同时加强对作品情感的把握及表现。坚持理论与实践相统一，在实践中生成新的经验。并遵循本课程集体与个体和谐的特殊性，让全体学生都能有所收获。

日常活动中，我们有计划地进行梯队训练，并着重落实每周训练计划和充实训练内容，辅导教师运用科学的训练方法，辅之以坚持不懈的练习，以此加强队员的歌唱理论学习和技能训练，提高整体基本功及演唱技巧，提高合唱团学生的演唱水平。每学期辅导教师根据合唱团梯队、音色、声部特色，为合唱团精心挑选了许多脍炙人口的中外经典乐曲、现代童声合唱作品和原创作品，积极指导并组织合唱团参加各级各类比赛，均获得较好成绩，还多次远赴国外参加合唱节比赛活动。合唱团现已成为一支训练有素的学生艺术团体。

课程目标：

1. 以生动形象为手段，以陶冶感情、培养情操为特点，通过富有个性的自由形式，潜移默化地促进人的全面发展，通过形式美和内容美来陶冶少年儿童的情操，促进儿童对美的认识和追求。让学生通过合唱感知美、体验美、表现美。

2. 发挥合唱活动教学的种种优势和特长，重视它的美育功能，在教育孩子时能起到"健全其体魄，完善其心智"的作用。

3. 注重发展学生的创造性能力，提高学生的实践操作能力，提高学生的综合素质。

二、课程实施

（一）课程实施

1. 基本功训练

教给学生科学的发声方法，训练学生声音的音高和音色。

（1）呼吸。

（2）声音位置。

（3）直声训练。

① 音准的训练。音准是音乐表现的基础，好的音准来源于基础训练。多声部合唱的音准训练较为复杂，可由浅入深地进行递进式训练。

② 寻找共鸣位置，扩大音域的训练。

A. 胸音训练。

B. 头音训练。

③ 合唱表现的四种手段。

A. 连唱。

B. 跳唱。

C. 强而有弹性。

D. 不连不断。

④ 节奏训练：音乐是在空间中展示的艺术，节奏是它的组成部分和主导因素，没有节奏也就没有音乐。

⑤ 咬字吐字的训练：字正腔圆是我国民族传统的唱法。以字带声，以情带声，训练吐字发音。

2. 艺术素养的提升

通过学习艺术歌曲，对学生进行审美教育，使其具有感受美、鉴赏美、表现美、创造美的能力。能够分辨音乐情绪，培养学生高尚的情操、丰富的情感，使其身心都得到健康的发展。

3. 声部和谐训练

由于小学生年龄比较小，声音的自我控制力比较差，分声部的训练难度比较大，所以要求老师必须用科学的方法进行训练。

4. 欣赏

定期让学生欣赏中外合唱的名曲，分析曲式结构、作品背景，提升学生的音乐素养。

（二）课程实施建议

合唱作为声音艺术的高级形式，其教学和排练要讲究方法。合唱课程的开发和实施不能忽视变声期对合唱课程的影响，在课程实施时，要以大多数同学的能力为基础，适当地掌握练习的进度。在课程实施中还要注意利用练声曲、合唱片段对合唱的难点和技巧进行训练，做到练以致用，提高合唱效果。同时，要培养学生的合唱整体意识。

合唱课程的开发和实施，首先建立在教师对学生声音特征的了解和把握上，课程实施开始前，要对所有愿意加入合唱课程的学生进行考查、分析。教师在合唱课程开发和实施的过程中也要不断加强自身的学习和提高，尤其要重视指挥的基础知识和技能、歌曲的艺术处理能力和歌曲伴奏能力。

本课程由教导处统一列入学校综合实践活动课程进行管理和考核，供3—6年级使用，负责教师在使用本课程教材时，可以根据班级、学生实际情况做适当调整，由教务处统一进行评估管理。

实施成效：

合唱社团多年来储备了大量优秀后备团员，也向各中学输送了很多优秀的合唱团员，如今合唱团已经拥有110余名团员。期间得到省、市多名指挥家、合唱专家的精心指导，学校合唱团的合唱水平得以不断提升。合唱团于2018年被甘肃省教育厅评为"甘肃省优秀学生社团"，并与甘肃省大剧院合唱团签约。

"宝剑锋从磨砺出，梅花香自苦寒来。"艺术的道路上总是挥洒着无数的汗水，合唱团的老师和学生为了追求美妙的歌声付出了许多艰辛，学校领导也对合唱团给予大力支持。连续几年，学校合唱团受邀参加兰州市教育局组织的国际柯达伊大师班的"合唱示范团演唱"活动。此外，"黄河娃合唱团"还多次应邀参加由甘肃电视台、兰州电视台、兰州市教育局、城关区教育局等单位组织的甘肃省新时代好少年、兰州市新时代好少年颁奖仪式、教师节等大型活动合唱开场与音像录制活动。

在大家的共同努力下，水车园小学合唱团团员们声情并茂的演唱和娴熟高超的技巧，得到了教育系统音乐专家的一致好评，并连续多年参加省、市、区级合唱比赛，均获得一等奖的殊荣，在全省都享有盛誉！两位老师也多次分获优秀指挥、优秀伴奏奖以及优秀指导教师的殊荣！2012年、2017年"黄河娃合唱团"还远赴维也纳金色大厅参加欧洲中国艺术节展演，并获得当地政府颁发的杰出贡献奖。2018年赴罗马尼亚参加青少年合唱比赛获得银奖。

三、课程评价

（一）评价原则

教师在合唱课程实施中进行规范的自我评价，课后及时反思问题，并针对这些问题研讨解决方案，如调整课程等，以促进学校合唱课程开发的良性发展。

（二）评价方式

课程评价贯穿于整个合唱社团活动的全过程，经过综合考虑，我校从三个层面对课程进行评价：

1. 学生评价

（1）自评。同学自评合唱基础知识和能力掌握的提高情况。

（2）互评。自选一首熟悉的歌曲进行艺术处理，自己指挥，与小组同学合作演唱，其他同学给被考核者评分。

①对小组内学生的学习态度给予评价。

②对学生的创作能力给予评价。

③对小组内学生的合作能力给予评价。

2. 教师评价

对社团的学生进行综合考评，并划分等级。

（1）对学生学习该课程的学时总量和出勤情况给予评价。

（2）对学生学习过程中的表现，如态度、积极性、参与状况等给予评价。

（3）对家长的反映等给予综合评价。

3. 学校评价

（1）对教师的评价

①课程中课堂活动是否有计划、有进度、有运行记录。

②教师是否按学校整体活动计划的要求，完成规定的课时任务与活动目标。

③教师是否做好了对学生学习成果的评价。

（2）对合唱团的评价

对合唱团学习成果进行整体评价，并划分等级。

（三）评价亮点

1. 形成性评价与终结性评价相结合

合唱教学的实践过程，是评价的一个重要方面，应予以充分关注，在教学过程中经常进行。可采用观察、谈话、提问、讨论、抽唱（奏）等方式进行。

2. 定性述评与定量测评相结合

在合唱课程中，对学生的歌唱兴趣爱好、情感反应、参与态度、交流合作、知识与技能的掌握情况等，可以用较为准确、形象的文字进行定性和科学性的评价，也可根据需要和可行性进行量化测评。

3. 自评、互评与他评相结合

对学生和教师的评价可采用自评的方式，以描述性评价和鼓励性评价为主。由于在音乐学习中学生个体差异明显，因此，学生评价的重点应放在自我发展的纵向比较上。学生的自评、生生之间的互评，可以多渠道地获取改进合唱教学的信息，及时调整和改善教学，提高音乐教学质量。

依托每年的"班级合唱节"，丰富学生们的课余生活，营造和谐向上、健康文明、轻松愉快的校园文化氛围和艺术教育环境，能为学生提供展示艺术才华的舞台，展现校园文化风采，培养学生团结合作的精神。通过"班级合唱节"，人人参与合唱，班班有歌声，促进学生"德智体美劳"全面发展。通过合唱音乐会和其他活动，展示师生音乐作品、音乐小评论、演出照片、录音录像等，达到相互交流和激励的目的，这是一种生动活泼的评价方式，充分体现了评价的民主性，营造了和谐、团结的评价气氛。在课程结束后，通过以上几点评价，折算出自选内容占40%、平时表现占30%、表演占30%，特长展示单独加分核算最后成绩，最后，为优秀学员颁发"黄河娃合唱团"优秀团员证书，激发学生积极学习进取的意识。

四、课程故事

我的社团故事

六年级（1）班　石　洁

"黄河品质，水车情怀"，作为水小一员，我很骄傲。能加入这个有温暖、有爱、人才济济的大家庭，更是我作为"黄河娃合唱团"团员的自豪。

第一次登台，第一次表演，每一次一起努力练唱排练的场景，老师一次次的指导，一起上台表演的情景等，都是我最难忘的记忆。

在我五彩缤纷的课余生活里，合唱团已经在我心里有了无可替代的位置，记得2017年我第一次进入社团，我发现，学姐们的颜值真的好高，团里几位男生也是相当的帅气。我暗暗给自己加油鼓劲。

"黄河娃合唱团"是水小三大名片之一，作为团员的我们自是不甘落后，排练时个个精神抖擞，神采奕奕。遇到比赛，一排练就是两三个小时，每当嗓子干痛的时候，我们都会准备润喉糖或者开水，及时调整自己的状态。每次社团训练开始，我们的两位美女老师都会给我们活跃气氛，让我们放松身心。石老师总会顽皮地拿出一个大嘴猴，开始练声时，苏老师灵巧的双手奏响前奏时，石老师就会用手中的大嘴猴让我们跟着模仿发声的口型，学着可爱的大嘴猴在合适的时候调整呼吸，还用美妙的歌喉为我们范唱。都说台上一分钟台下十年功，在两位老师一遍遍不厌其烦地悉心教导下，在我们一次次努力刻苦的训练下，我们代表学校参加了许多大大小小的比赛，也获得了很多的奖状和荣誉。

2018年7月，在老师带领下，我们远赴欧洲，来到美丽的罗马尼亚参加了合唱节比赛。我们不顾时差，画着精致的妆容，穿起漂亮的红色长裙，个个精神饱满地在国际大舞台上好好地"露了一手"。

随着苏老师美妙琴声的响起，比赛也拉开了帷幕，从忐忑不安到自信激昂，我们用纯净的声音唱响了合唱作品《梦的地图》《济公》，在金碧辉煌的文化宫内，悠扬的歌声回荡在PALAS宫殿，融入了浓浓的中国情，一举赢得来自世界各地评委的高度赞誉,获得童声组银奖的好成绩。这次比赛让我开阔了视野,也把具有中国特色的歌声带向世界,让更多的人了解我们的国家,更给我的人生旅途涂抹上了鲜艳的色彩。

感谢我的学校为我们搭建的大舞台,让我获得了很多荣誉,让我的小学生活不再平淡无奇。感恩"黄河娃合唱团"的两位老师,今天所有的荣誉都是你们悉心的指导和汗水汇聚的结果。

老师在我们的心中种下了音乐的种子,我将用汗水浇灌它发芽开花。

"乐享未来编程"课程

水车园教育集团水车园小学　王红妮　祁红梅

一、课程概况

为了培养学生的编程思维与创新能力，我校开发了针对2—6年级学生的编程系列课程。

1. 积木编程课程

积木编程课程分为启蒙和拓展两个阶段：

（1）启蒙阶段的主要内容是机器人基本部件和功能的介绍，辅导老师会随着课程的进度，以每节课介绍一种零部件、搭建一个机器人、学习一个科学知识点、认知一个程序模式的方式进行课堂教学。学生在这个过程中，由浅入深、由少到多地掌握机器人的相关知识和搭建方法，通过设计与组装机器人、输入预设的程序，培养学生动手能力与创造力，激发他们对编程的兴趣。

（2）拓展阶段在启蒙阶段的基础上，增加新的传感器，熟悉各种分解指令程序卡，学生使用卡片输入相对复杂的卡片组合程序，开始体会编程思维。教师引导学生们思考机器人功能与程序之间的关系，培养孩子的创造力和分析能力。

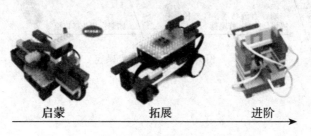

启蒙　　　　拓展　　　　进阶

图3-1　积木编程课程

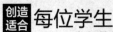

2. 单片机编程课程

单片机编程课程采用国际标准化的通用单片机器材和图形化界面编程软件，适合8—12岁的学生学习。单片机机器人课程可以让学生学习到有关电器、电子构造以及传感器理论，搭建过程中需要用到螺丝刀以及各种小零件，可以很好地锻炼孩子们的动手能力，让学生逐步学会怎么制作一个机器人，同时在编程过程中赋予单片机机器人"灵魂"，让单片机机器人可以按照不同的程序指令完成不同的主题任务。

单片机编程课程中，每一个完整的主题任务包括"搭建+编程"两个部分：搭建课程要求学生在规定时间内完成一个完整的单片机机器人的搭建；编程课程则要求学生在规定时间内编写、调测程序，并输入单片机机器人中，使之完成规定的各项任务。在授课过程中，每个新的主题任务都会增加新的电子元器件，同时程序设计部分也会增加新的编程模块，从而不断地完成单片机编程由简单到复杂的循序渐进的学习过程，让学生们在不知不觉中体会编程带来的乐趣，享受成功的喜悦，不断提升编程水平。

单片机机器人课程分为6期，从最基础的单片机模块讲解开始，依次学习信号显示部件（LED）、声音部件（蜂鸣器）、动力部件（直流马达、伺服马达）、传感器部件（接触传感器、红外传感器、无线电传感器等）等各种部件的原理、应用和编程。

各期课程描述见下图：

图3-2　单片机编程课程

3. Arduino编程课程

Arduino编程课程是一门交叉了多门学科的综合性课程，涉及许多基础学科，包括数学、物理、计算机、化学、多媒体等，学生在运用Arduino平台进行创造开发的时候，把学习到的零碎知识与机械工程转变成一个探究世界相互联系的过程，它要求学生人为地对多门学科知识进行综合创造，这一实践过程使得学生在杂乱无章的学习情境中获得设计能力、合作能力、问题解决能力和实践创新能力的提升，也使孩子们的学习变得生动有趣。课程基于学科理论，立足于实际生活，通过技术思想以及Arduino平台的运用，解决现实生活中的实际问题，为学生细心生活、发挥创造性提供了宽广的舞台。

4. 信息学奥林匹克竞赛C++编程课程

信息学奥林匹克竞赛旨在向青少年普及计算机科学知识，给学校的信息技术教育课程提供动力和新的思路，给那些有才华的学生提供相互交流和学习的机会，通过竞赛和相关活动培养和选拔优秀计算机人才。邓小平曾指出："计算机的普及要从娃娃做起。"中国计算机学会于1984年创办全国青少年计算机程序设计竞赛（简称：NOI），当年参加竞赛的有8000多人。这一新的活动形式受到党和政府的关怀，得到社会各界的关注与支持。中央领导出席了首届竞赛发奖大会，并对此项活动给予了充分肯定。从此每年一次的NOI活动，吸引了越来越多的青少年投身其中。十几年来，通过竞赛活动培养和发现了大批计算机爱好者，选拔出了许多优秀的计算机后备人才。当年的许多选手已成为计算机硕士、博士，有的已经走上计算机科研岗位。

为了在更高层次上推广普及，培养更多的计算机技术优秀人才，竞赛及相关活动遵循开放性原则，任何有条件和兴趣的学校和个人，都可以在业余时间自愿参加。NOI系列活动包括：全国青少年信息学奥林匹克竞赛和全国青少年信息学奥林匹克网上同步赛、全国青少年信息学奥林匹克联赛、冬令营、选拔赛和出国参加IOI。

二、课程实施

（一）课程目标

编程课程的总体目标是提高学生的逻辑思维能力、实践能力、创新能力和综合设计能力，强调学生在直接体验和亲身经历的基础上，通过观察、思考、

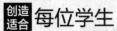

设计、制作、试验等活动获得丰富的学习体验。同时，通过编程课程的学习建立缜密的编程思维，帮助学生分析、理解各类问题，理清程序设计过程，确定程序设计思路，在学习中发现问题、在实践中解决问题、在活动中获得知识。根据不同年龄段学生的认知特点，编程班根据年级划分了进阶课程体系，利用周内放学后的时间组织学生开展学习。

（1）通过编程课程，使学生进一步体验计算机思维，了解计算机思维在解决问题时的作用，提高学生的信息素养，培养学生"从简单问题出发，解决实际问题"的能力。

（2）发挥编程课程教学的多种优势和特长，重视它的智育功能、美育功能，为学生的全面发展起到很大的帮助作用。

（3）注重发展学生的创造力，提高学生的动手操作能力，培养学生实际解决问题的能力，促进学生综合素质的提高。

（二）课程实施

编程课程学生学习年龄跨度较大，学生的认知能力有所差别，针对不同学生，需进行不同方式的训练以达到理想的教学效果。

1. 科普知识学习

根据每节课的任务主题，设计不同的科普知识内容，吸引学生探索科学、自然，奠定学生比较完整的知识基础。

2. 搭建练习阶段

（1）空间想象力。学生通过观察平面组装手册，了解不同配件的安装位置，因为部分学员没有类似的实施经验，老师要用科学的方法进行指导，提升学生的空间想象力。

（2）动手能力。为了方便学习，学生需要完成主题内容的搭建，需要将不同的配件组合起来，要求组装的成品结实耐用。学生在这个过程中，需要学会各种工具的配合使用，掌握不同的安装技巧，元器件之间也要合理组装，这样才能完成一个完整的作品。

（3）线路连接。了解基础电子、电气知识，认识学习不同电子元器件及正确的接线方式，确保电路安全使用。

（4）创造力培养。鼓励学生进行创意改装，发挥想象力，使其具有感受美、表现美、创造美的能力。

3. 编程学习阶段

（1）积木编程。初级阶段，以集成指令卡为主，配合主题机器人，感受不同编程卡片带来的不同编程指令，培养学生的学习兴趣。进阶阶段，以分解指令卡为主，了解程序顺利执行的逻辑，培养学生基础的编程思维。

（2）单片机编程。学习计算机基础知识，掌握计算机使用技巧。利用计算机及相关编程软件，学习模块化编程，加深编程思维训练。

（3）代码编程。学生的认知能力达到一定水平后，可进行代码阶段的学习。本阶段帮助学生掌握一项编程工具，学习一门编程语言，帮助学生建立合理的算法与程序设计的认知结构。学习过程中，能让学生在团队配合、沟通能力、表达展示能力上有所提高，进一步提升学生的学科素养，帮助学生全面发展，为其终生发展奠定良好基础。

（三）课程实施方法

编程课程要讲究科学的方法，课程的开发和实施不能忽视学生认知能力的差别，在课程实施时，要以大多数同学的能力为基础，适当掌握课程进度。

编程课程的开发和实施，首先建立在教师对学生当前学习能力的了解上，课程实施开始前，对所有愿意加入编程课程的学生进行考查、分析，教师在编程课程开发和实施的过程中也要不断加强自身技能的学习和能力的提高。

本课程由教导处统一列入学校综合实践活动课程进行管理和考核，供2—6年级使用，负责教师在使用本课程教材时，可以根据班级、学生实际情况做适当调整，由教务处统一进行评估管理。

实施成效：

自2017年以来，水车园教育集团响应国家号召，在校内积极探索推广STEAM素质教育，开设机器人编程及信息学社团对同学们开展编程启蒙教育。编程社团成立至今，培养了大批优秀学员，已向本地初中培养输送了大量具备编程学科基础能力的学生，其间也得到了省、市各级领导的认可。校领导大力支持编程社团，积极组织学生参与各项技能竞赛，在省、市各项科技创新大赛中获得良好成绩，并受到省、市电视台的采访。目前在我省青少年信息学联赛中，参赛学生超过半数由水车园教育集团发掘和培养，为我省信息学普及与发展做出了突出贡献。

2020年，编程社团派出学员参加全国青少年信息学奥林匹克联赛，在与全

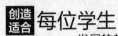

省中学生的较量中取得不俗成绩。这是我省信息学奥赛历史上首次有小学生参加比赛，水车园学子取得历史性突破，获得全国统测二等奖1名，三等奖1名；省级二等奖8名，省级三等奖13名。在全省中小学信息学科普竞赛活动中跃居第一集团，获得了业内专家和学生家长的一致肯定。

三、课程评价

1. 评价方式

积木编程和单片机编程课程每两周会通过项目解读和视频介绍来提交日常作业，每学期期末均会安排学生完成主题任务，按一定的主题内容自主或组队进行项目设计。由带课教师进行项目打分评价或组织竞技性小组PK赛。有效进行课程的过程性评价和目标性评价。

Arduino编程课程和信息学奥赛课程每周进行专题作业提交，每学期按学习进度安排学生参加难度适宜的相关活动，检验学习效果。根据学生相应的能力积极组织学生参加甘肃省青少年创意编程与智能设计大赛、电子学会全国青少年软件编程等级考试、蓝桥杯青少年创意编程大赛和全国青少年信息学奥林匹克联赛等科普活动。

2. 评价亮点

在2020年第一届甘肃省青少年创意编程与智能设计大赛中，我校Arduino编程社团取得省级二等奖2项。从我校毕业的优秀学子取得初中组Arduino省级一等奖第一名，获得代表甘肃省参加全国比赛的宝贵机会。

信息学奥赛课程也取得了优异成绩，在2020年中国计算机学会CCFCSP-J组的两轮竞赛中获奖学生达到23人次，在全省中小学信息学科普竞赛活动中跃居第一集团，成为引领未来教育的风向标。

甘肃省信息学奥林匹克竞赛委员会于2020年12月向水车园教育集团颁发"甘肃省中小学编程教育推广普及杰出贡献奖"以表彰水车园教育集团在中小学科技人才领域早期规划及编程教育推广普及工作中的积极举措和巨大贡献。水车园教育集团多元化的编程教育探索初见成效，同时我校获得中国科协青少年科技中心评选的"2020年度全国青少年人工智能活动特色单位"。

四、课程故事

我爱编程

六年级（2）班　朱润琳

三年级的一节编程体验课，在我心中埋下了一颗好奇的种子。四年级我如愿以偿地进入了编程社团，开始了我的编程之路。从拆装零件到搭建完整的机器人，从第一个模块"ON""OFF"到"For""IF"，从模块化编程到信息学C++语言，我从一枚编程路上的"青铜"成长为"王者"。

在编程社团，我们系统地学习了单片机编程，掌握了摩托车机器人、避障机器人、格斗机器人等几十种功能各异的机器人搭建方法。我喜欢这些机器人，更期盼每周一次的编程社团课程。五年级时，我设计的"小度智能借阅机"机器人分别在兰州市、城关区科技创新大赛中荣获二等奖。

编程的学习是一个循序渐进的过程。升入六年级，我的编程学习进入了C++语言阶段。经过半年的学习我也算小有成就，在信息学竞赛中获得省级二等奖的好成绩。我认为C++的学习有三件法宝：一是勤奋，勤奋是获得一切成功的秘诀，同样适用于编程学习；二是创新，编程学习更加注重思维创新，老师告诉我们，一个程序100个人就会有100种不同的写法，反复调试和优化程序在无形中提升了我们的探究和创新能力；三是乐趣，孔子云"知之者不如好之者，好之者不如乐之者"，我会继续一如既往，在编程学习之路上勇敢探索，乐在其中。

我爱编程，那变化无穷的程序令我着迷并带给我无尽的乐趣。

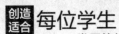

"理财"课程

水车园教育集团水车园小学　俞婧雯

一、课程概况

财商是一个人认识、创造和管理财富的能力。财商是与智商、情商并列的现代社会三大不可或缺的素养。对金钱的态度、获取方式和管理金钱的能力，影响着每一个人的幸福指数。

本课程基于"上海真爱梦想公益基金会"所研发的教材《理财Ⅰ》，对4—6年级的孩子进行授课，帮助孩子在儿童阶段了解财富常识，明白君子爱财取之有道、理性消费以及合理投资的道理，从而树立良好的财富观、价值观，并敢于追寻自己的财富梦想，达到以下课程目标：

（1）通过分组、团队建设等，让学生体验团队分工与合作，形成团队精神。

（2）通过"记账本"，体验收入、支出的动态变化。

（3）通过模拟货币游戏，了解货币的起源，体验货币兑换的过程。

（4）通过模拟购物节、拍卖会等活动，掌握理性购物的基本原则。

（5）通过跳蚤市场等活动，体验挣钱、交易的过程，培养学生的创业意识。

（6）通过财富大转盘等活动，初步理解风险与收益的关系。

（7）通过财富梦想单元，树立合理的财富价值观。

二、课程实施

"理财"这门课程共包含了5个模块：钱是什么、挣钱初体验、花钱有门道、投资连连看、我的财富梦想，具体安排如表3-3：

表3-3 具体安排表

单元	课时	内容
钱是什么	第1课 梦想第一课	组建团队、制定公约、介绍课程
	第2课 原始社会	货币的起源与演变
	第3课 地球村	货币兑换与汇率
挣钱初体验	第4课 我挣钱啦	交易与谈判
	第5课 神秘岛	需求、商机与创新
	第6课 跳蚤市场	练摊与创新
花钱有门道	第7课 买东西的学问	理性消费
	第8课 最佳买手	聪明购物
	第9课 小小拍卖会	有计划地购物
投资连连看	第10课 理财大超市	收益与风险
	第11课 财富大转盘	资产配置
	第12课 梦想水立方	投资、成本与收益
我的财富梦想	第13课 小金猪	从储蓄开始
	第14课 如果我有一百万	财富价值观
	第15课 财富大盘点	集体资产分配、课程总结

课程设计遵循儿童的认知发展。首先，我们先让孩子们探寻"钱"的内涵，追溯货币的起源，体验汇率转换的奇妙。然后，学生在小组活动中充分体验在跳蚤市场初次挣钱的不易，在"神秘岛"上大胆创业。同学们在活动中感受到花钱看似简单，但买东西也有大学问的道理。结合学校举行的义卖活动，如何卖出东西和如何获取更大利润，也成了他们面临的挑战。在学校提供的平台上，孩子们学到的东西有所展示并获得真切的体验。如在学习投资模块时，孩子们在"财富大转盘"里就能体验到"股市有风险，入市须谨慎"的含义。不仅如此，我们通过观看纪录片和动画，走出身边的圈子，看到世界上不同地区不同需求所发展而成的不同购物环境，能够对"市场"这个概念有所了解与感触。到了课程的最后，孩子们一起畅谈梦想：有了一百万，要怎么花呢？但是，我们知道纵使有再大的梦想，也要一步一步走，那就先从每天"喂小金猪"（储蓄）开始！

理财课程的开展，对学生形成理性的消费观和健康的财富观产生了积极的

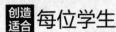

影响。课程以活动为依托，每节课的分享、总结都是最重要的留白环节，学生在参与体验后用自己的语言表达出当下的感受是整个课程的核心，是真正转化成的学习成果。例如，"梦想水立方"一课，每个小组的任务是建造一个"水立方"（载水的容器），容器造得最大的小组将获得冠军。每个小组分得500单位的货币用于竞拍，老师扮演拍卖者，出售剪刀、胶带、纸张等可以用来建造"水立方"的材料，价高者得。活动结束后，老师提问："我们在这个游戏中学到了什么？"有同学说："我们认识到了团队合作的力量以及目标明确的重要性。"有的同学说："货币本身没有价值，但人们利用它的方式使它有了价值。"有的同学说："当货品开始稀缺的时候，比如胶带，它们就开始变得很贵了。"理财课程的开展，让孩子们对"钱"有了更深的认识，能够帮助他们管理好自己的零花钱，还培养了他们的理财意识和理财观念。

三、课程评价

在课程中，学生们和老师在每一个活动的过程中尽情体验与享受，构建出不同的学习意义。我们采用档案记录的过程性评价方式，记录学生的成长和收获，包括：银行练功券、小组记账本、个人记账本、课堂中学生精彩分享的摘录。

1. 银行练功券

银行练功券是理财课程中很重要的教学辅助道具，它有两种功能：

（1）模拟货币：在理财课程中，有一些需要使用货币的活动和游戏，如"开心购物节""跳蚤市场""小小拍卖会"等，我们使用练功券作为替代货币，增加了活动的真实性和情境感，提高了学生参与活动的兴趣。

（2）作为个人与小组奖励：在理财课程中，练功券也作为个人与小组的奖励代币，银行练功券有5元、100元面额。

2. 记账单

理财课程中要求个人和小组都利用记账单（参考表3-4和表3-5）进行记账，主要目的是通过数据呈现个人和小组的动态收益变化，让学生直观体验"收入"与"支出"。记账单不仅是理财课非常重要的课程过程性记录，而且是本课程设计的重要环节。

表3–4　个人记账单（示例）

姓名：<u>小明</u>

年		摘要	收入				支出				结余			
月	日		千	百	十	元	千	百	十	元	千	百	十	元
3	22	例：抢答			¥	5							¥	5
		发言获奖		¥	1	0						¥	1	5
		完成任务	¥	1	0	0					¥	1	1	5
3	29	活动超时						¥	1	0	¥	1	0	5

表3–5　小组记账单（示例）

小组：<u>钞票队</u>　　　财务官：<u>小王</u>

年		摘要	收入				支出				结余			
月	日		千	百	十	元	千	百	十	元	千	百	十	元
3	22	团队展示奖励		¥	6	0						¥	6	0
3	29	未按时完成任务						¥	1	0	¥	5	0	

和存折记流水账一样，在记账单示例中每一次的金额变动都记录一行，每行中收入和支出栏不会同时出现数值，但结余每一行都需要更新。

四、课程故事

买东西的学问

六年级（2）班　宁　锐

现在的我们，都是家里的"小皇帝""小公主"，平时经常大手大脚地花钱，不懂得钱是父母辛勤劳动换来的财富。但自从我参加了学校的理财课程，才知道"花钱容易，挣钱难"，才明白钱是来之不易的。

理财，听起来非常深奥，其实就在我们身边。投资就是理财的一种，我买了两只小乌龟，好不容易养大了，卖了50元，除去买乌龟的10元，还剩40元。挣钱的初体验让我非常激动，但是这份来之不易的收益，我却在短短几天内便用完了。

理财课程中，老师和我们一起探讨买东西的学问。同学们分享自己难忘的购物经历，包括最满意的一次购物经历，还有一些后悔的购物经历，一些有趣的分享让我们忍俊不禁。我发现在买东西的过程中，很多同学会把每周的零花钱用光，必要的文具买便宜的，不必要的零食却占了零花钱的大多数……

同学们的分享结束后，我发现理性购物其实不难，在买东西的时候我们要做到有目的地购买，不要盲目消费。

老师在课间出示了3个模拟购物情境，我们纷纷交流自己的选择，在一次又一次的探讨中，伙伴们纷纷收获了属于自己的购物秘诀："按需购买，选适合自己的最好""选性价比高的，不一定选贵的""整理好自己的文具，不丢失就是在积累零用钱"，原来，这就是买东西的学问！

正确的理财观念可以让我们改掉乱花钱的坏习惯，让我们瘪瘪的钱包变得鼓鼓的，让我们充分认识到理财的重要性。

理财课程让我对钱有了新的认识，同时我也记住一个道理：最好的投资就是投资自己！现在好好学习，就是最好的投资。

"手工水车"课程

水车园教育集团水车园小学　耿文慧

一、课程概况

手工制作是一项能培养学生动手、动脑能力，启发儿童创造思维的重要活动，是教师引导学生发挥想象力、创造力的教育活动。对于兰州这座山水之城而言，水车便是华夏农耕文明的象征。水车园小学坐落在黄河岸边，"水车园"的取名足以证明，这里的师生们对水车更有着特殊的情结。因此，我们成立了兰州本土具有美术特色的项目——"手工水车"社团，让师生在潜移默化中浸染"黄河品质，水车情怀"的文化素养，在营造浓厚文化气息的同时，兼具实用和育人功能。

课程日常活动主要向学生介绍水车的相关文化，了解水车的基本结构，手工制作传统木制水车，尝试水车景观的搭建，让学生在实践中体验成功的乐趣，以提高学生的动手能力，从而传承中华优秀传统文化与创新设计能力，培养学生良好的劳动习惯、吃苦耐劳和精益求精的精神。最后会将学生的学习成果在艺术工作坊中展示出来，让更多的孩子了解水车文化，也让这种本土手工艺更好地传承下去。

（一）课程目标

（1）了解兰州水车的基本原理，认识一些木材和简单的木工加工工具，了解木工文化和水车在生活中的用途，学会画线、锯割、刨、钉、砂磨与拼接组装等操作要领。

（2）通过对水车模型的设计、制作、修改完善，发展学生的技术思维，让其在实践活动中，学会使用简单的木工工具，能合作完成水车模型的搭建；通过交流分享，让学生感受活动的快乐，体验成功的乐趣。

（3）在活动中提高学生的审美情趣，同时培养学生的团队精神和创新精神，让学生感受古人的智慧，体验劳动创造美的情感，树立正确的劳动观和安全意识。

（二）活动准备

1. 材料准备

每组学生配备一个工具箱，内装如下工具：

①羊角锤1把；②刨子1个；③框架锯、钢锯各1把；④砂纸1张；⑤铅笔1支；⑥角尺1把；⑦装铁钉的竹筒（内有八分钉和寸钉若干）。

每组配备一些水车木质材料包。

2. 教师另准备

虎钳、木制品样品若干件、急救箱、彩笔、作图工具、砂纸、各种木板、木方、凿子等。

（三）学生分组

3—4人为一组，选出小组长。小组长负责各组纪律、卫生、安全、分工和合作等。

二、课程实施

1. 木工工具介绍

引导学生认识工具，学会工具的基本操作，设计制作简单作品，进行交流分享等。

介绍一些常用的木工工具，重点介绍刨子、锯子、刀子、羊角锤、角尺等。

2. 示范工具的使用

向学生介绍锯子、木工刨、角尺、锤子等的使用技巧。在这里可以向学生说明活动中由于时间关系及学生初次使用传统木工工具，组装作品时可以直接根据需要采用钉钉子的办法。而在传统木工中，卯榫结构是最常用、最结实有效的技术，是历史文化瑰宝。

学生修整边缘，可以用刨子刨或用砂纸打磨。

要强调安全。活动中学生要用到刨子、锤子和刀子等工具，操作不当极易造成伤害，因而要特别强调学生必须按规范操作，并要求学生不串组，不乱拿其他组的器材。

3. 学生实践

（1）对工具了解之后，尝试锯一锯、刨一刨、量一量、钉一钉，在熟悉木工工具后，制作简单的卯榫结构的小部件。小组成员分工合作，进行以下操作：根据讨论的式样，先用铅笔画出木件的板样，再把板、木料锯开（下料），然后把木料加工、组装作品，最后修整边缘。

（2）小组成员分工合作，将水车材料包的部件进行拼接组合，制作出成品水车模型。

在学生动手制作的过程中，教师要不断巡视，注意学生活动中的各种表现，特别注意工具的规范使用、正确放置和安全问题，也要注意让全体学生参与活动。教师可以用笔记下活动中的亮点，为后面的点评充实生动的佐证。

（3）创意制作实践，小组讨论，确定方案。了解传统木质水车的结构后，简化其外形，提取几何形状，用其他材料组装或拼接成水车模型。比如，雪花片、乐高玩具、黏土、3D打印笔、衍纸等都可作为材料，这样以水车元素为基础进行创作，能培养学生创新意识，拓宽其思路。

4. 成果展示，交流分享

分小组派代表展示作品，向全班介绍作品及其特点，交流分享制作的经验、感受和快乐。

在学生展示、分享的过程中，可以适当引导其他学生分别进行点评，指出作品的实用性、合理性、新颖性以及尚需改进的地方，提出具体、实用、具有特色的改进意见和建议。

实施成效：在学校多次的来宾参观活动中，手工水车社团为来宾展示作品及社团课程，彰显水车园小学特色鲜明的教育风格和深厚的校园文化，有效促进了学生全面而个性化的发展，在全面实施素质教育、落实"立德树人"根本任务上迈出了坚实的一步，同时让孩子们从活动中、实践中感悟到兰州本土艺术的魅力。

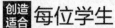

三、课程评价

1. 评价标准

评价主要依据是学生的学习表现和学习能力两个方面的内容，采取定性评价和定量评价相结合的评价方法，具体主要有教师评价指导、学生自评互评、小组互相评价。

成绩按照平时成绩占50%、能力考查成绩占50%的方式评定。平时成绩主要包括平时课堂表现考查成绩、作业成绩。能力考查成绩主要通过对学生的造型与表现、设计与运用、欣赏与评述、综合与探索四个领域的实践能力以及创造能力的展示进行考查而形成。成绩的评定在任课教师评定的基础上由班级评价小组综合进行评定。评价实行等级制，评价等级分为A（优秀）、B（良好）、C（合格）、D（待合格）四个等级。评定结果纳入学生综合素质评价表。

2. 评价亮点

在"小白杨义卖"活动中，"手工水车"社团也参与进来，将做好的木制水车模型、新材料水车模型、水车周边文创及卯榫玩具当作商品进行义卖，手工作品深受广大师生喜爱。学生们设计摊位宣传展板，设立岗位，进行分工，将爱心义卖所得的善款全部捐助给贫困学生，让亲手制作的手工作品有了温度。

四、课程故事

浅浅欢喜，温润水小

六年级（1）班　朱嘉琦

"黄河品质，水车情怀"，我们水车园小学坐落在兰州的黄河岸边，因此，我们"黄河娃"对水车也有一种极为特殊的情感。这也是我们学校创立"手工水车社团"的一大原因。正因如此，我也来到了"黄河手工水车社团"！

正式进入"手工水车社团"的那一天，我的心情是激动的，也是紧张的，激动是因为我听闻水车社团已久，早就想来到这里，成为其中的一员，紧张则是因为，社团最多只能招收40人，偌大的学校，不知会有多少人挤破了头都想进入这里，我能有幸成为这里的一员吗？

就在我前思后想之时，老师开口了，她说道："孩子们，从今天开始，大家就都是'手工水车社团'的一员了，欢迎大家。"接着又讲了水车的历史及其与兰州的渊源，我们听得津津有味。

"同学们，现在跟着老师一起来做吧。"耿老师自信地一边在手中"捣鼓"着水车的零件，一边为我们讲解着其中的道理与方法。我们可谓是眼中放光，心中叫好啊！只想快点自己上手试试，手工水车是多么有趣！

手工水车由水渠、横槽、水壶、梁片以及许多的零件组成，不亲自动手一试，是不知道美丽的背后要付出多少汗水的。我与同组的路颐，可谓是费尽九牛二虎之力，才组装出了水车的中心部分。我抬起头，停止手上的组装，将目光望向了路颐，只见她右手拿着砂纸，左手拿着一根木条，拼命地在木条上搓着，想要让木槽变得更大一些，好让竖轴可以完全塞入木槽中。

她那认真的样子可真美啊，原来真心投入时是这样的迷人。我又望了望其他组的同学，他们也都认真地投入其中。是什么让他们如此投入呢？我想这可能就是水车的魅力吧！

在我们快要完成水车组装时，老师告诉我们："还没有做完的小组，下次再完成吧，现在收拾好东西准备出教室！"我们所有人都依依不舍地收拾好了东西，走出了教室。但大家虽然身体走出了教室，可是心却依旧留在教室中，期盼下一次的手工水车课程……

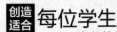

"书法"课程

水车园教育集团水车园小学　陈艺红

一、课程概况

中国书法艺术源远流长，博大精深。毛笔书法艺术是我国汉字书写的一种传统形式，是中华民族艺术百花园中的一件瑰宝。这种艺术形式深受我国历代人民的喜爱，也被世界各国人民欣赏。在新一轮中小学课程改革中，我校社团课程也增加了毛笔字教学的内容，让学生感受传统书法的魅力，接受系统的技法训练，计划达到以下课程目标：

（1）通过老师示范和个别指导等方式，让学生掌握毛笔的执笔要领和正确的书写姿势，了解笔、墨、纸、砚等常用书写工具的常识，学会正确使用和护理。

（2）通过老师示范和学生临帖等方式，让学生学会楷书基本笔画的写法，掌握起笔、行笔、收笔的基本方法。让注意利用田字格把握字的笔画和间架结构。

（3）通过学生临帖和老师个别指导等方式，让学生开始接触楷书经典碑帖，获得对书法初步的感性认识，并尝试集字练习。

（4）通过让学生积极主动参与书法实践活动，使学生掌握书法的表现、欣赏、评价、创作等基本方法，了解审美过程中的基本要求，形成良好的书法学习习惯。

二、课程实施

古人说："知之者不如好之者，好之者不如乐之者。"兴趣是激发儿童主动学习最活跃的因素。因兴趣而学习能够给人带来满足感，又能激发人进一步学习的欲望。

课堂上，我发现有些学生不认真写字，在毡上乱画。为了调动孩子们的兴趣，我给学生讲故事放松心情。我讲古代书法家刻苦练字的故事，如王羲之练字太专注，将家人送来的馒头蘸到墨里吃；智永练字，退笔成冢；欧阳询流连观碑；怀素种芭蕉学书等。我通过这些故事引导孩子们做任何事情都要持之以恒，不能半途而废。还可以在学生写字时播放《高山流水》《梅花三弄》等一些轻柔优美的古典音乐，以营造轻松和谐的写字氛围，既可以给学生美的享受，陶冶学生情操，又能不断提高他们的兴趣。

除此之外，借助多媒体教学设备播放书法家的书写视频，更能激发学生练习书法的兴趣。例如，用多媒体课件讲授汉字由甲骨文、金文、大篆、小篆到隶书、草书、楷书到行书等的演变过程，借此激发学生的民族自豪感和责任感，从而使其树立学好书法的信心；借助实物投影仪进行示范，使抽象的起笔、收笔等过程直观化，使静态的内容动态化，让学生不但看得清晰，还能优化课堂效果；对个别学生出现的问题我则采用手把手的教学方式，如学习欧体笔画"斜捺"时，学生对于"一波三折"不理解，尤其是对如何出捺脚比较茫然，手把手教学能让他们感受到正确的书写方法，增强其学习书法的信心。用老师的书写魅力去感染学生，这就需要老师不断地提高自己的书写水平，做到"曲不离口，字不离手"。

除观察、模仿外，还要引导学生欣赏名家作品，从中受到艺术熏陶。在教学中，我展示我国历代书法名家的作品，介绍这些书法作品的用笔、结构、章法上的特点，如王羲之的《兰亭序》，笔法精妙，运笔潇洒飘逸，犹如行云流水；颜真卿的楷书被赞曰"笔力浑厚，气势磅礴"；欧阳询的楷书则"用笔方正，刚劲有力"。学生通过欣赏，可以感受不同书法作品的风采、魅力，从而激发其学习书法的热情。

为了提高学生的书写水平，我经常组织学生练笔，每年的学校艺术节都组织学生进行现场书法表演，并将他们的作品在学校的书法秀场展出，增加他们的荣誉感。学校组织百人书法大赛，也是为了鼓励他们虚心向书法水平较高的学生学习。课外我还组织学生参加了国家级、省市级书法比赛，有多名学生获奖。

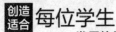

三、课程评价

（一）评价方式

1. 多关注和鼓励

学习光有兴趣是不够的，我还注重对学生的鼓励，引导学生重视练习，培养对书法更加浓厚的兴趣。教学中我对每个学生的点滴进步及时给予表扬鼓励，尤其是悟性差点的学生给予更要多关注，让他们尝到成功的喜悦，以使他们的潜能得到最大限度的发挥。

2. 自评、互评和教师评价相结合

学生所写的作品先由学生对照范字自评，然后我再让学生互相评价，取长补短，共同提高，随后我再点评，肯定优点，指出缺点，明确不足。对一些有共性毛病的作品，指出问题所在并及时纠正，让学生及时获得反馈信息，以此培养学生发现问题、分析问题、解决问题的能力，最终达到书写美观的效果。

（二）评价亮点

批改作业时，在写得好的字上画圈，用它来鼓励学生，激发学生兴趣，圆圈达到一定个数的学生给予学校的"黄河娃"小印章奖励，这样做的效果特别好。经过一段时间的练习，孩子们的进步很大，最关键的是他们对书法产生了浓厚的兴趣。上课时还表扬写得好的同学，并授予他们"小书法家"的称号，有了这些榜样的作用，课堂上就出现了写好字的氛围。

四、课程故事

持之以恒学书法

六年级（5）班　傅文博

那是小学低年级的时候，我被校园里那些舞文弄墨写书法的情景深深吸引了，看到笔直的毛笔在洁白的宣纸上写下一个个遒劲有力的汉字，我觉得特别神奇，于是我开始了我的书法练习生涯。

书法社团课上，老师首先给我们讲了写毛笔字的作用，教我们怎样握笔、运笔，怎样搭好架子，以及怎样才能写出笔锋等一些基本动作，然后在黑板上贴好一张纸，握好毛笔，写了个"一"字，边写边说："先停一下，再走，然后再停一下，慢慢回锋。"刚开始，我总是把字写得大小不一，东倒西歪，有的粗，有的细，十分难看，就有些灰心了，心想："唉，学毛笔字实在是太难了，干脆放弃吧！"这时，老师似乎看出了点端倪，说："同学们，刚开始学毛笔字是有些困难，但这本身就是一个考验，不付出辛勤的汗水，不持之以恒，又怎么能写出一手好字呢？"我想："是呀！做什么事都不能半途而废，半途而废就是向困难低头了，面对困难，我不能轻易认输，我要努力练字，相信自己一定可以的。"于是我的心平静了下来，我认真练字，点、横、竖……各种笔画渐渐都熟悉了，韵味也或多或少地有了一些，最终渐渐找到了书法的感觉。

练习毛笔字，不但提高了我写字的质量，也让我懂得了做任何事都要不怕困难、不懈努力、持之以恒，如此才会有成果，有进步。

"数学游戏"课程

水车园教育集团水车园小学　张宁宁

一、课程概况

数学是一门博大精深、包罗万象的学科，它绝不仅仅是加、减、乘、除。它包含了空间、图形、语言、游戏和故事，是发现和发明，是科学和历史，是一座艺术的宫殿，更是一把金钥匙，让学生们去打开人生旅途中每一扇通向成功的大门。

基于这样的认识，在学校课程建设项目中，我们开设了"数学游戏"这门学校课程。这门课程可以帮助学生开阔思路，提高思维能力，使孩子的发散思维、收敛思维、换元思维、反向思维、逆向思维、逻辑思维、空间思维、立体思维等二十几种思维方式得到提升与发展，进而有效提高他们分析问题、解决问题的能力。与此同时，教会学生用数学的眼光去看世界，用数学的头脑去解决身边的问题。

"数学游戏"的课程是充满魅力的课堂，是探究的课堂，是擦出思维火花的课堂。在不同的游戏活动中，学生乐于参与其中。这样的教学活动，可以不断拓展学生的思维空间，开发学生潜能，使不同水平的学生在数学学科上都能取得发展和进步。

课程目标：

（1）激发学生学习数学的兴趣和积极性，使学生在学习过程中获得成功的体验。建立自信心，培养学生的创新思维能力和逻辑思维能力，让学生在数学素养上有较大的发展与提高，为进一步学好数学打下基础。

（2）使学生获得一些初步的数学游戏活动经验，并能运用所学知识解决数学问题，感受到数学与实际生活的密切联系。

（3）培养学生的合作意识，激发他们的求知欲。

（4）引导学生积极参与数学游戏活动，并能够在活动中养成独立思考、敢于质疑、不怕困难等良好的学习习惯。

二、课程实施

（一）实施过程

传统的小学数学课堂教学死板教条，已不适应当前的课改要求，这就要求我们应当以增强学生游戏体验为目的，把教学活动同游戏化教学法结合到一起，打造符合学生活动需求的小学数学益智游戏课程。在数学教学中引入益智游戏，并站在课改的高度进行开发与实践已势在必行。只有合理引入益智游戏才能切实提升孩子们的参与度，提升他们对数学抽象知识的了解和掌握，形成良好的发展循环。

为了全面优化课堂氛围，保证在欢快的课堂氛围下引导孩子乐学好学，我校开设了"数学游戏"社团，为提升社团的活动效果，教师积极做好课前准备工作，通过收集、整合和筛选，选取了14种益智类学具，并组织老师编写了《数学游戏》校本教材。"数学游戏"社团每周二活动一次，选派数学教学能力强的老师进行教学，各年级对数学益智类游戏感兴趣的同学均可报名参加。根据不同学段学生及不同的教学内容，每种游戏内容教学3—5课时。

（二）实施成效

"数学游戏"课程是以游戏为核心开发出来的校本课程。设置该课程的目的是在参与游戏、体验游戏、感悟游戏、创造游戏的过程中，激发学生的学习兴趣，提高他们的数学学习能力，而且实践效果非常明显。

1. 激发了数学学习兴趣

数学学科是一门基础性学科，传统的教学模式比较单一，游戏化教学能够弥补传统教学的不足。小学生的特点是活泼好动，爱玩是所有孩子的天性。所以，教师在课堂教学中借助益智器具采取游戏化的教学方式，增强课堂教学乐趣、活跃课堂氛围、提高学生的参与度，让学生在轻松愉快的氛围中学习，并能够主动思考，从而增强数学学习的兴趣。

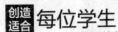

2. 提高了数学学习能力

在教学过程中，教师精心设计数学游戏，采取不同的游戏化教学方式，让学生积极参与其中，并让学生在参与游戏的过程中去感受数学的无穷魅力，培养他们的逻辑思维能力、创新能力和语言能力。孩子们在欢快的课堂氛围中全面提升了自我，形成了良好的数学思维。

三、课程评价

"数学游戏"社团以活动为主，在活动中我们不但要关注学生学习的结果，更要注重学习过程和他们在数学活动中表现出来的情感与态度，帮助学生认识自我，建立信心。激励评价法和参与评价法的运用，极大地激发了学生主动发展的动力和信心。

1. 激励评价法

在教学活动中，我们注意对学生在学习过程中所表现出来的自主性、主动性、独创性等主体精神和品质进行激励评价，尽可能满足每个学生的心理需求，使其体验到成功的快乐，受到激励和鼓舞，以达到强化动机、增强信心和主动发展的目的。

2. 参与评价法

上完课我们总让学生自己评一评：这节课我学会了什么？我的表现怎么样？再互相评一评：谁发言最积极？谁表现最好？谁最值得我们学习？表现好的学生就能得到一朵小红花。当课堂上学生有疑问或回答有争议的时候，不急于评价，而是让学生反思自己的思维过程和结果，同时多问其他学生："你同意这个观点吗？""你们认为他的回答需要补充吗？"学生的评价，提高了他们的认知能力，使他们学会在自我评价中进行反思，改进学习策略，同时鼓励学生展开互评。学生很喜欢这种民主的评价方式，他们参与活动的积极性很高，在讨论、交流中互相取长补短，发挥"学习共同体"的作用，促使他们更积极主动地参与评价。小组活动让学生在评价中发现自己的进步和认识自己的不足，培养他们的合作精神与竞争意识，提高他们听取别人批评意见的心理承受能力和诚恳友善对待伙伴的品质。

通过这样的评价方式，学生的求知欲、表现欲都得到了激发与保护，他们积极活跃地投入活动中，用自己的方式进行探索学习，真正成为学习的主人。

四、课程故事

我成了数学"天才"

三年级（6）班　赵海辰

　　我很喜欢数学，上学期我参加了学校的"数学游戏"社团。每到星期二下午的社团活动时间，我就早早地来到教室，等待着老师来给我们上课。

　　我们班的老师年轻幽默，也是我们学校其他班的数学代课老师，我特别喜欢她，因为她很聪明。

　　社团活动时，老师总会给我们带来惊喜。你知道"惊喜"是什么吗？那就是用数学的方法来做游戏，用数学的思维解决问题。说它"惊喜"不是没有道理的，因为一看到这些游戏，我就特别兴奋。如果看到容易的，我就会一蹴而就；如果看到我认为难的，那正好让我"细嚼慢咽"。看得出，这些给我们带来惊喜的各种游戏，可不是随便找来的，而是老师不知花多少时间精挑细选出来的。

　　在"数学游戏"社团里，老师的教学方法那叫一个绝。她不会包办代替，再难的题目，一开始她也不会透露一丁点儿解题思路，而是让我们自己去摸索，去思考。当然，她也不是撒手不管，当我们实在走投无路时，她又会不厌其烦地给我们进行详细的分析，直到我们理解为止。有的题目，我们已经做出来了，她还要补充其他的解法，称为"一题多解"。同时，当我们通过一个题目学会了一种解题方法后，她又会指导我们用这种方法解不同的题目，称为"一法多用"。你说有趣不有趣？就是这"一题多解""一法多用"，培养了我们的思维能力。

　　在有趣的"数学游戏"社团里，我们个个都成了数学"天才"。喜欢数学的人更加热爱数学了，害怕数学的人也爱上数学了。参加"数学游戏"社团活动真是一种享受。

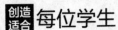

"戏剧"课程

水车园教育集团水车园小学　刘思辰

一、课程概况

中国古典戏曲是中华民族文化的一个重要组成部分，在世界剧坛上与古希腊悲喜剧、印度梵剧并称为世界三大古剧。作为国粹的梅兰芳的京剧体系梅派、布莱希特的柏林剧团与斯坦尼斯拉夫斯基的莫斯科大剧院并称为世界三大戏剧体系，而另一种剧种昆曲则是世界文化遗产之一。

儿童戏剧是由文学、语言、音乐、美术、舞蹈、表演等多种元素组成的一门综合艺术，是儿童文学与戏剧艺术融合的艺术成果，它通常在题材选择、故事形态、语言表达、表演形式等方面都具备独特的儿童性，因而深受儿童喜爱。戏剧表演，让孩子们对中外传统文化产生浓厚的兴趣，对优秀作品有了更高的鉴赏水平，还培养了学生相互合作的能力。在孩子们幼小的生命中，为他们播下艺术的种子。

通过戏剧课程，达到以下课程目标：

（1）通过戏剧表演，提升学生的语言表达能力、肢体协调能力和自信心。

（2）通过角色演绎，提升学生想象力、创造力和表现力。

（3）通过分组、团队合作表演，锻炼学生的团队协作能力。

（4）通过学习戏剧课程，了解戏剧文化的魅力。

（5）通过学习戏剧课程，树立学习传承中华民族文化的自信。

二、课程实施

（一）实施成效

依据小学生新课程标准，积极开展"戏剧"课程，推动中华优秀传统文化在学校的传播和普及，提高学生的艺术修养和文化修养，弘扬社会主义核心价值观，激发学生潜能，拓展学生特长，发展学生个性。

该社团由3—6年级学生组成。戏剧的选择可以课本为主，既忠实于课本，又不局限于课本，可在现行教材、课外阅读材料、童话名著中产生，也可自编自创，展示师生的想象力和创造力。要注重人物的性格、作品。剧目力求语言准确鲜明、生动简练、耐人咀嚼，有较强的艺术感染力。剧目内容健康向上，格调高雅，融知识性、思想性和趣味性于一体，让观众获得审美享受。

（二）实施过程

2018年10月25日，第六届全国科学表演大赛在北京密云古北水镇落下帷幕。本届大赛由中国青少年科技辅导员协会、中国科普作家协会、新华网共同主办，来自全国21个省（区、市）的430名中小学师生、科技场馆的科技辅导员的46个科普剧和科学秀剧目参加了现场决赛活动。中国青少年科技辅导员协会常务副理事长李晓亮、中国科普作家协会常务副秘书长孟雄、新华网总裁助理姚予疆出席了大赛颁奖典礼，为获奖的科学表演团体颁奖。

本届大赛的主题为"人工智能与未来生活"，共有来自26个省、自治区、直辖市的600余部科普剧、科学秀和原创科普剧本作品。大赛分初评、网上投票以及现场决赛等环节，来自甘肃省兰州市水车园小学的*HELLO AI WORLD*荣获科普剧一等奖。

在众多代表队中，来自广漠的大西北的水车园小学的"黄河娃"，代表丝路明珠甘肃，为大家带来了科普剧*HALLO AI WORLD*中的人工智能创意作品"自动分拣机器人"，它可以帮助农村的小朋友们分拣土豆；"树叶自动收集，自动沤肥系统"，可以用来清扫、收集校园的落叶，再将落叶发酵成有机肥料。这些展示了学生在校园科技课上的研究成果，他们用智能机器解决生活中的各种难题。学习的本质从来都是创造更美好的未来，孩子们在这里展示了科技的智慧、艺术魅力。评委专家对"水小"的科技课程和科普剧给予了高度评价。

几个月来，校园的排练室总有这么一群孩子紧张地排练着，音乐一遍遍地反复、动作一次次地纠正、台词一句句地斟酌，只为一次完美的表演；夜晚校园的巷道里总有这么一群孩子，回家路上，他们还你一句我一句地讨论着排练的问题，只为在舞台上呈现最棒的自己。

这次科普剧大赛中孩子们表演的 *HALLO AI WORLD* 展示了他们对科学的热情、对戏剧的热爱、对梦想的追逐，完美诠释了工程、艺术、数学、情感、技术相融合的未来科技发展趋势。

三、课程评价

（一）评价方式

1. 过程性评价：对在戏剧课程中开展的具体表演课程、要完成的任务进行评价，主要考查学生的戏剧知识与表演技能掌握程度、角色分析、表达交流、团队合作等情况，因此从戏剧学习表演过程和结果进行评价，评分内容清晰合理。

2. 总结性评价：总结性评价主要是学生学习戏剧课程的心得体会、感悟、收获等。以学生在整个课程过程中的各种表现和课程成果为分析依据，确保评价客观真实、有凭有据、科学合理、系统全面、体现价值。

3. 奖项设计：根据课程结果，可以设置优秀演员奖、优秀团队、最佳创意奖等奖项。

（二）评价亮点

亮点一：

执教教师鼓励学生以个人、小组为单位进行戏剧编排和表演，每个学生都是小评委，为自己和同学们的表现打分，并说出自己的分值理由，老师判定表演的个人或小组得分分值。每节课评选出最佳表演奖、最佳创作奖、最佳团队奖的获奖者，并颁发奖状和奖品。

亮点二：

执教教师鼓励学生进行课程表演或即兴表演，为每位表演的学生或团体拍摄小视频及照片，并编号发送到老师和家长群，让老师和家长投票评选出优秀表演作品、优秀个人，下个课时开始前做好统计，上课前公布学生或团队表演名次，并进行奖励。

四、课程故事

我的戏剧社团趣事
三年级（1）班　侯星好

　　每周二下午的戏剧社团课程是校园里最具感染力的活动。小剧场大幕拉开，小演员衣着奇特、风格迥异、动作浮夸……没错，我也是众多小演员中的一个，我喜欢跟着刘老师学习戏剧表演。

　　"叮铃铃"，下课铃响了，同学们飞一般冲向小剧场。每次表演前刘老师都要给我们讲解表演的技巧，她说："一个优秀的演员必须具备想象力、创造力和表现力。要想演好一个角色，首先应该深刻地了解这个角色，感受角色的内心世界。"同学们若有所思：怪不得电视上一些演员的表演如此打动人心，原来是他们完全投入在角色里了呀！刘老师接着告诉我们："不仅如此，当演员的一举一动、一颦一笑能把蕴藏于内心深处的微妙情感刻画得淋漓尽致时，也就更容易打动观众，尤其是舞台剧，演员们的动作往往都极具表现力……"说着说着，董东冬同学就忍不住自己舞动起来，两只脚一前一后，来回交叉，双臂伸展前后摆动，试图上演一段芭蕾舞，可是他的身材与动作极不相称，没过几秒，只听"咚"的一声，他便摔在地上，一个标准的"美人鱼亮相"，惹得同学们哈哈大笑。

　　通过刘老师的讲解，我们对戏剧表演有了更新的认识。接下来我们便按照剧本的编排进入角色练习，大家热烈讨论着角色特点，彼此出谋划策，小剧场里热闹非凡。突然，不知从哪处传来一阵痛苦的叫声，大家停下各自的表演，四处寻找。只见萱萱蜷在地上，双手捂住膝盖，眉毛、眼睛紧扭在一起，表情痛苦难耐。我们迅速围上去，刘老师也连忙跑来。"萱萱怎么了？哪里不舒服？"我们着急地问道。看着大家紧张焦急的眼神，萱萱嘴边渐渐浮现出笑意，起身道："怎么样，我演得可以吧？"我们真是又气又笑，一哄而散，刘老师更是哭笑不得。

　　我爱戏剧社团活动，今天扮演乞丐，明天扮演皇帝；今天是叛徒，明天就成了英雄……我们在舞台上绽放光彩，找到自信，我们快乐地体悟戏剧之美、艺术之美。戏剧艺术之美反映着人类生活的点点滴滴，我们的生活大放异彩！

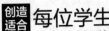

"心理辅导"课程

——团体沙盘游戏

水车园教育集团水车园小学　曾爱莉

一、课程概况

沙盘游戏是由瑞士分析心理学家卡尔夫于20世纪五六十年代在分析心理学的基础上，融合了世界技法和东方道家思想创建的心理治疗技术。在这个技术中，来访者利用沙子、玩具在沙箱中制作一个场景，以呈现其无意识内容，通过意识与无意识的沟通，以及展现集体潜意识原型促进原型的发展，实现来访者心灵成长及对心理问题的疗愈。

儿童是在游戏和互动中学习和提升人际交往能力的。儿童天生喜欢玩沙子、水及各种小玩具，沙盘游戏激发小学生在玩中的情感体验，让他们在玩中学会观察，在玩中探索自己并学会和其他伙伴交流与合作。

课程目标：

（1）帮助学生探索自我，接纳自我，获得心灵成长。

（2）培养学生的同理心，学会从别人的角度看问题，理解尊重他人，学会表达、学会倾听。

（3）提升学生人际沟通能力、团队合作能力。

（4）培养学生想象力。

二、课程实施

（一）实施过程

本社团主要开展团体沙盘游戏，是封闭式团体，成员固定。团体成员按照抽签或猜拳决定的顺序分轮次进行沙盘的制作，所有成员轮完一次即为一轮，整个过程中不允许成员进行任何语言的交流和互动。

作品制作完成后进入讲述故事阶段和分享阶段，本阶段可以充分交流。辅导教师是见证者和促进者，记录制作过程和讨论过程。辅导教师给每个成员无条件的积极关注，使他们感到包容、受保护，可以按自己的想法自由表达。

（1）辅导教师介绍规则。我们每个人都有想和别人交流的想法，也都有遇到的问题，但有时我们用言语不太容易表达得清楚。现在让我们用这些玩具在沙箱里共同做个作品，这不是心理测试，所以不需要考虑好坏、对错问题，只要将自己想放的玩具放上，将自己的想法表现出来就可以了。摆放的顺序由抽签决定，每人每次只能放一个玩具或完全相同的几个玩具，不许拿走他人已摆放好的玩具，但可以挪动，成员之间不能进行任何形式的交流。

（2）全体成员抽签决定游戏顺序。

（3）成员依次参与沙盘游戏，在这个过程中不能有任何交流，是静默的过程。辅导教师在旁边陪伴，认真记录每一个成员所放的沙具，成员的动作、表情，以及是否遵守规则，不做任何干预指导。

（4）成员依次讲述故事和自己的意图，以及对别人摆放的沙具的感受。

（5）每个成员给沙盘作品命名，然后集体表决作品名称。

（6）成员依次分享参与沙盘游戏过程的感受与收获。

（7）辅导教师总结、回顾、引导、提升。

团体沙盘游戏是人人参与、机会均等的辅导形式。团体会经历以下五个阶段：

【阶段一】"各自为政"、冲突阶段

团体成员各自摆各自的，不顾他人。虽然在同一个沙盘中进行制作，但从作品中能明显地感觉到彼此的界限和区域划分非常分明。初次的沙盘作品经常是玩具很多，很杂乱，区域分割，主题分散。

【阶段二】"察言观色"阶段

成员每摆一轮都非常谨慎和小心，他们在考虑自己摆的东西是否与他人摆的相协调，是否与作品的整体风格相协调，他人是否接受自己，会不会影响到他人等。每一轮用的时间逐渐延长，成员拿着玩具思考和犹豫的情况出现得越来越多。

【阶段三】调整、沟通阶段

成员在制作完成后的交流加深，他们开始开诚布公地谈自己的想法和感受，谈自己的困惑与矛盾，以及对团体的期望。有时争论得很激烈，但大家都会感觉很安全。

【阶段四】协调共感阶段

团体成员都感到有了默契，他人摆放的玩具正是自己想要摆的，他人对自己所构造的场景的修饰也符合自己的意图，自己对他人所摆放的东西的修饰也能得到他人的认同，整个团体都达到了一种共感。整个制作过程中大家都在用心感悟彼此的心声，对彼此的摆放都非常关注。作品的协调性增强，主题更加明确，玩具数量减少。

【阶段五】整合阶段

整合阶段是团体沙盘游戏发展到最后阶段的特点，此时作品主题明确、流畅整合。对于这一阶段的作品，成员们都非常珍惜，舍不得拆除，总希望将这一美好的瞬间永远保留下来，他们会一起和作品合影，在欢声笑语中回顾、欣赏制作过程。

团体转换到了最后的整合阶段时，意味着本次团体沙盘游戏圆满完成了目标，游戏可以结束了，这需要一个较长的过程。

（二）实施成效

自2014年以来，我校除了个体沙盘游戏外，每周二下午开展一次团体沙盘游戏辅导活动，学生自愿报名参加，每期团体沙盘游戏以一学年为期限。参加辅导的学生普遍在人际交往方面有所进步，能表达自己的感受，能理解和倾听他人的想法，人际交往能力获得提升。

1. 学会合作

在团体沙盘游戏刚开始的时候，成员之间还没有默契，都只顾摆自己的，不懂得去观察别人摆了什么，所以摆出来的作品是混乱的。慢慢地随着默契的建立，成员渐渐学会与别人合作，摆出的作品也就变得越发和谐。

小王同学是一个安静的四年级男孩，不善于和同学交流，总是独自一人玩。他在最初几次参加团体沙盘游戏时不管别人摆什么，他都摆上很多辆不同的车。有一天，一位同学忍不住说这些车太挡路。小王很不服气，辩解说没有挡路，自己是要运送物资。这时，其他同学也纷纷说不喜欢小王摆的车。小王听后很生气，他大声说："为什么我摆的东西每次都获得差评？"我适时对小王说："站在你的角度看这些车的确有自己的用途，你试着站在其他同学的角度看看有什么感受？因为站的角度不一样，你们对同一件事便有不同的看法。"小王若有所思。后来的活动中，小王不再执着于只摆车了，他开始观察沙盘中需要什么，其他同学的意图是什么，伙伴们也开始频频给他摆的玩具点赞。就这样，小王在游戏中自己领悟到了怎样和别人沟通与合作，怎样与伙伴和谐相处。

2. 敢于表达

在团体沙盘游戏的交流阶段，辅导老师鼓励每位成员勇敢说出自己内心的真实想法和感受，老师和其他成员用心聆听并给予理解和支持，这样即使比较内向胆小的学生也会打消顾虑，勇敢表达。小师同学是一个腼腆的六年级女孩，在参加了一段时间的团体沙盘游戏后，她不再沉默，开始和伙伴们交流了，她开心地说自己终于敢在课堂上举手发言了。

3. 学会倾听

在人际交往过程中，会倾听比会说更重要。小学生往往以自我为中心，都着急表达自己的感受，却没有耐心听别人讲话。因此，在辅导过程中，当有成员发言时，辅导老师要求其他成员要专注倾听，努力理解说话者的感受，不打断和插话，有话说也要等对方说完才能讲。小魏同学经常和同学发生冲突，他一直苦恼于和同学的关系，总说同学爱欺负他。我通过观察发现他在别人发言的时候不看对方，显得漫不经心，并且总爱打断别人的发言，并进行反驳，引起发言人的不满。笔者引导他在别人讲话时学会耐心和专注倾听，等别人说完自己再说，渐渐地，小魏和同学的冲突变少了。

沙盘游戏团体成员相当于一个小社会，反映了每个人在日常生活中是怎样和他人互动的。在老师和同伴的帮助下，学生在沙盘游戏中学到的人际交往能力可以内化于心，外化于行。

实践证明，沙盘游戏帮助儿童了解自己的内心世界，在游戏中培养儿童与其他人友好相处的能力，学会以适当的方式关怀别人，学会和他人合作。团

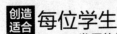

体沙盘游戏能有效培养小学生的人际交往能力，帮助小学生认识自我、学会表达、学会倾听、学会理解他人、学会合作，是一种有效的心理辅导方式。

三、课程评价

（一）评价方式

评价形式分为学生自评、生生互评和教师评价。既有过程性评价，也有终结性评价，既有质性评价，也有量化评价。

1. 学生自评

每次活动结束后学生对自己的参与度进行评价，并分享自己的发现、感悟和收获等。自评方式分为口头自评和书面自评。

2. 生生互评

每次辅导结束前学生轮流分享哪个小伙伴的行动或说的哪些话让自己感觉温暖，或者受到启发和帮助。

3. 辅导教师评价

辅导教师创设一个自由受保护的空间，在陪伴倾听、支持的同时，观察每个成员参与社团活动的表现并及时反馈。比如，学生遵守游戏规则情况，是否认真倾听其他成员分享，并对行为方式有新的改变、对自己有新发现的学生及时给予鼓励肯定等。

4. 班主任评价

辅导教师定期和学生所在班级班主任交流，了解参加辅导的学生在情绪、人际交往、学习等方面的表现及变化，通过班主任的反馈评估辅导效果。

5. 心理量表评价

在学生参加辅导前和辅导结束后分别进行前测和后测，对比得分情况来评估辅导效果。

6. 书面报告评价

采用在辅导结束后上交书面心得感悟、总结的形式作为终结性评价。

（二）评价亮点

学生心理辅导的效果需要多种方式和多种维度相结合的综合性评估。首先是接受辅导学生的自我评估。比如，学生认为自己原来害怕的事物现在不再害怕了，和朋友能友好相处，对自己有了新的认识，等等。其次是学生社会生活适应状况改变的客观现实。比如，家人、班主任、朋友等观察反馈接受辅导学生与人交往、相处的状况得到改善，学习效率提高，等等。再次是接受辅导前后心理测量结果比较，分数的提高，自我评价更积极等。最后是辅导教师观察学生在情绪、认知和独立性等方面有进步、自我评价更积极，敢于面对困难，等等。总之，评价主体多元，评价维度多元，评价方式多元。

四、课程故事

我的沙盘游戏社团故事

四年级（1）班　焦鸿志

今天是星期二。下午第一节课后，我就飞奔向逸夫综合楼，因为我要参加曾老师的社团——沙盘游戏社团。这是我几年以来参加过的最棒的社团。这是为提高我们的心理素质而创办的，非常有趣。

我和同班同学王克源最先到达，其他同学也陆续到齐了。社团活动开始了，我们用石头剪子布的方式决定参与游戏的顺序。第一轮我摆的是士兵，因为前面的同学已经摆了房子和总统，所以我想保护总统不受伤害。第二轮我摆的是密密麻麻的草坪，因为我想让房子隐蔽起来。第三轮，我摆的依旧是士兵，这次我摆在了一个印第安人后面，因为他想杀死总统，所以我摆在了他后面。第四轮，我还是摆了士兵，因为除了总统的房子，还有两座小房子不知道是敌是友，所以我让四个士兵去看着，只要总统一声令下，那两座房子就变为平地了。

没想到最后一位同学在微调时，挪动了我的士兵，把他们全部放在一个角落里。在分享的时候，她说这些士兵让她很不舒服，看来她不懂我的心。等我对她说出自己的想法后她才说原来是这样啊。看来要想真正理解一个人心中真实的想法还需要面对面的交流和沟通。

今天我受到了一个启发，做事不能只顾自己的想法，也要去看看别人的意图是什么。在别人做事之后，不要忙着下结论，多问问对方的想法，说不定还能改变对这件事的看法。

沙盘游戏真有趣，我期待下周二再来。

"Micro：bit智能设计" 课程

水车园教育集团水车园小学　王红妮

一、课程概况

"Micro：bit智能设计" 社团成立于2019年，是我校实施编程教育的主要形式之一。

Micro：Bit是一款由英国BBC推出的专门为青少年编程教育设计的开源硬件。一张只有一般信用卡大小的开发板，内置了LED点阵显示屏、触发按钮、加速度计和电子罗盘等，同时可外接多种传感器，通过数据线USB或蓝牙接口连接计算机即可进行硬件编程。功能丰富，图形化编程直观易理解，利于小学阶段学生思维从具体形象逐步发展过渡到抽象阶段，可以实现很多创意作品。

社团面向学校四、五年级学生招生，强调学生运用跨学科知识、技术、方法解决生活中的一些实际问题，通过动手制作实现创新创造，在程序设计和创意作品的迭代改进中培养逻辑思维、计算思维和创新能力，并建立运用信息技术创造智能生活的意识，以适应快速发展的信息时代需求。

二、课程实施

1. 实施过程

"Micro：bit智能设计" 社团活动在每周三下午进行，时长一个半小时，由学校有信息技术学科背景的教师负责授课。课程实施场地为我校的编程教室，教室配备投影、网络环境、桌椅、胶枪、剪刀等设备和资源，保证学生每人一台电脑，两人一套Micro：bit教学套件。

课程内容根据课程目标，考虑当下生活中的热点问题和学生的学习需要，借鉴相关专业类书籍、网络教程，由授课教师自主开发校本教材，进行课程内容的具体设计。

1—4课为学生学习的入门知识，包括Micro：bit的平台基础知识。通过对基础篇的学习，学生能够熟练使用Micro：bit平台的硬件和软件，对课程产生浓厚的兴趣，养成主动学习与探究合作的学习习惯。

5—8课引导学生能够使用多种传感器和拓展模块，基于Micro：bit平台做一些可执行的任务，可以加入自己的创意，完善、美化作品。

9—12课以问题解决和项目方案设计为主，学生以Micro：bit平台为工具，运用多学科的知识在小组合作探究中完成具有挑战性的任务，共同探究出解决方案。

12课之后的内容则由学生从生活中寻找项目主题，并寻求能够运用Micro：bit套件解决生活中实际问题的思路，小组合作自主完成智能设计作品。

教学活动以项目化学习的方式开展，教学设计注重学生主动探究，引导学生在贴近生活的学习情境中，面对以解决实际问题为导向的项目，在两人小组合作中进行积极的思考和实践。具体的教学模式基于项目化学习特点，在"教师主导—学生主体"的基础上，共分为五个阶段，即"创设情境、问题导入→探究活动、设计调研→作品制作、实践分析→延伸创造、优化作品→分享交流、反思评价"。

为了提高学生学习的内驱力，我校在社团活动中采用以赛促学的方式，鼓励学生拿最终小组自主设计完成的智能创意作品参加"甘肃省创意编程与智能设计大赛"。希望学生在参赛过程中，能够积极投入地参与作品制作、材料申报、决赛答辩等环节，极大地提高学习兴趣。

2. 实施成效

Micro：bit社团虽成立不久，但其有趣的教学内容与灵活的学习方式吸引了很多学生积极报名。参与社团活动的学生也因加入了Micro：bit社团而对编程产生了浓厚的兴趣，不少学生甚至自行购买了Micro：bit套件，利用课余时间进行深入探究。

学生在解决真实问题的项目情境中进行作品设计和构思，这提升了他们的问题解决能力，拓宽了他们的设计思维。课程所涉及的学科知识是跨学科的，

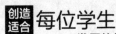

整合了科学、技术、工程、艺术、数学等多个学科领域的知识来研究某个真实问题，能够提高学生应用跨学科知识的能力，并有助于学生与真实世界发生联结。因在项目化学习中有充足的实践与探究的机会，在小组交流与合作中也能够充分分享与表达自己的创意，很多原本不善于表达的学生也获得了很大的自信与勇气。

在2020年第一届"甘肃省创意编程与智能设计大赛"中，学生共申报了3项作品，分别是"家用智能酒精消毒机""自动浇花器""智能存钱罐"，其中有两项获得二等奖，一项获得三等奖。

三、课程评价

基于Micro：bit平台的智能设计社团教学评价采用多维度、多主体的过程性评价与总结性评价相结合的方式。

评价内容多维度，从作品的设计构思、制作过程、团队协作、作品阐述和作品分享、作品迭代升级等方面来深度挖掘学生的潜能。此外，实用价值、环保、可持续发展等因素也是作品的辅助评价参考标准。评价主体多元化，采用教师评价、学生自评与组间互评相结合的方式实施评价。

在每一个项目启动初期，明确告知学生评价的内容与方式，以评价指标为导向激励学生成长。学生在项目化学习中的所有环节，可以根据评价量表进行过程性评价，最终完成的作品则是总结性评价的主要依据。

四、我的社团故事

我与Micro：bit共成长

六年级（3）班 李佩亭

从小喜欢天马行空，爱幻想、爱探索，总爱刨根问底寻找"为什么"的我，每一次走进水小的"读书角"、细雨亭，都会被《我们爱科学》《科学大探索》深深吸引！雨果说："科学到了最后阶段，便遇上了想象。"我还在学校的"爱科学月""科技嘉年华"等一系列活动中，感悟到科技原理，体验科技带给我的乐趣，从此便种下了梦想的种子。

正是在学校浓厚科技活动的氛围下和科学王老师的鼓励引导下，我对"陌

生"的Micro：bit产生了强烈的好奇心，然后加入了Micro：bit社团。Micro：bit
是一款专为青少年编程教育设计的微型电脑开发板，让青少年参与到创造性的
硬件制作和软件编程中去，可以在各学科领域中使用。在初期的社团学习中，
刚开始接触到这神奇的电子模块，上面的编程按键、加速计、温度光线传感器
等，让我如丈二的和尚摸不着头脑，不甚了解。

世上无难事，只怕有心人！在王老师持之以恒、循序渐进的细心讲解下，
我们逐渐认识了更多的零部件，一步步学习不同的编程模块。第一次跟着老师
的步骤，在电脑上将一个个模块拼接起来，组成了一个可执行程序，当看到只
有几厘米的Micro：bit主板上的LED灯闪烁起来，一会儿形成一个笑脸，一会儿
又输出一串字符，竟然还能为我奏乐！在《小星星》的美妙旋律中我与同学们
不约而同地相视而笑，这一刻我心中是满满的成就感。

陶行知说："必须培养科学的幼苗，散播科学的种子。"2020年特殊时
期，我和小伙伴针对实际问题在科学王老师的帮助下，运用Micro：bit设计发明
了"智能酒精消毒机"，并在兰州市中小学STEAM教育科技创新大赛中荣获一
等奖，在甘肃省第一届青少年创意编程Micro：bit智能设计比赛中荣获二等奖。
我们再接再厉，从开始对Micro：bit的一无所知到如今在每一次的赛场上大放异
彩，让我们非常感谢为那些"爱科技、爱做梦"的同学们打开科学创想大门的
启蒙老师！感谢Micro：bit社团让我更加自信，是它燃起了我对科学无限追求的
火焰，照亮我在科技创新道路上前进的步伐。

"科学也需要创造、需要幻想，有幻想才能打破传统的束缚，才能发展科
学。"让我们一起勇于攀登科技高峰，只要你敢想、敢做，梦想的种子便会长
成参天大树！

创想吧，少年！

"科普乐"课程

水车园教育集团水车园小学　杨慧琴

一、课程概况

学校社团活动的作用和效果往往是课堂教学所代替不了的，它可以以课堂教学为基础，又可以完全脱离课堂教学，它可以是课堂教学的辅助和延伸，也可以学习一些课本上学不到的东西。科普乐社团按照学校课程建设要求，认真规划课程内容，撰写课程纲要，编写课程教材，积极探索有效的活动模式，目前已形成了自己的活动特色，受到了学生的喜爱、家长的认可。为了能够清晰而简明地表达课程设计意图，在实施过程中我设计了以下几点说明：

（1）每节课中的活动都是由知识宝库、实践活动（制作过程、操作方法和原理介绍）、知识拓展和注意事项四个部分组成。同学们在制作过程中的先后顺序，不一定是最佳的，但对他们来说却是符合逻辑关系的，也可以依据自己的理解和接受能力，对制作过程做适当调整。

（2）本阶段的"科普乐"每次课用时在60—90分钟，我们在实施的过程中也可依据该课所讲知识的多少和制作过程的难易程度，酌情进行适当调整。

（3）本阶段课程所描述的概念或定律，都是通过多举例和动手实验帮助同学们理解、领悟科学的原理和真谛。

（4）"科普乐"课程的排序一般情况下遵循了循序渐进的原则，但有几个实验由于受季节和天气的影响较大，在实施的时候可以适当调整课程顺序，以达到最佳的实验效果。

（5）在"科普乐"课程的整个课堂中，同学们更热衷于动手操作这个环节，其兴奋程度可以达到忘乎所以的地步，这是任何传统课程所无法比拟的。因此，绝大多数实验都要先讲后做，激发兴趣。同时，上课规范的建立也很重要，如让同学们自己取放材料，把使用后的双面胶粘纸放在桌角，下课后统一扔进垃圾桶，制作和实验环节人与人之间也要保持一定的间距等。

（6）安全因素尤为重要，一方面，是制作和实验过程中的安全，每个实验的注意事项中老师都有说明；另一方面，课前课后的安全也不可松懈。

（7）课前老师需要多操作几次实验，看似很简单的课程也要亲手做一遍，因为在这个过程中，我们或许会发现更好的操作方法以便正确引导孩子或发现问题，并提前避免。

学生对于五年级科普乐社团的参与度很高，尤其是对实践过程、理论讲解两个模块的内容，他们的积极性非常高。从准备工作中，我们可以看出家长对孩子科学素养及科学技术的发展非常重视，准备充分，材料齐全。科普乐社团从建团初期到现在，对孩子们的影响比较深远，主要有以下几个目标：

（1）通过系统学习和操作实践，学生能用通俗的语言解释身边的自然现象。

（2）每周一次的学习，使学生能从生活中发现实验作品的原型。

（3）虽然是课外的兴趣班，但也要能提升孩子对数理化的兴趣与学习成绩。

（4）在短短一年的学习与操作中，培养孩子发现问题及解决实际问题的能力。

（5）实践出真知，让每个孩子不再做一个纸上谈兵的高分人才。

二、课程实施

科普乐课程的实施过程由以下部分组成：

1. 活动方式

"科普乐"系列课程是一套集"科学知识+动手操作+创新发明"于一体的多元化科学课程，内容涉及物理、化学、生物及天文、自然、地理等方面的知识。同时，我们坚持"四个每"的教学原则，即每周上一次课、每人一套实验器材、每次课讲解一个主要科学原理、每次都能将科普作品带回家。

2. 特色亮点

（1）多元化的课程设置，为学生今后学习兴趣的培养奠定良好基础。

（2）将"看科学、听科学"转化为孩子自己动手"做科学、玩科学"，帮助孩子通过"看得见摸得着"的实验操作和实验现象，弄懂深奥难懂的科学原

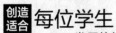

理，真正领悟科学的内涵和真谛。

（3）系统、丰富的课程，能满足孩子们多变的兴趣，同时更能提升其自信心、成就感及自主探究精神等。

（4）互动式教学，让孩子亲自参与进来；通过师生互动，使其充分体验科学的魅力并感受科普带来的无穷乐趣。

（5）循序渐进的课程设置，同一知识点依孩子的年龄由小到大、操作材料也由少到多、制作过程由简单到复杂、知识点由易到难，通过不同科普作品的制作和展现，让孩子懂得举一反三。

（6）实验器材加工精细、安全环保，实验成品更具知识性、趣味性、可操作性及某些产品的实用性。

科普乐社团对于孩子们来说不仅有以上的成效，而且还能带给孩子们以下四个转变：

（1）让学生将被动学习转变为主动学习，即由灌输式教育转变为启发式教育。

（2）让每个学生将知识教育转变为知识和能力教育。

（3）大胆地将书面教学转变为立体教学，让科学从纸面上"飞"起来。

（4）将传统的单一传授教学方式转变为双向的师生互动。

三、课程评价

每次上社团课前我都让学生签到，下课后，将自觉打扫卫生的学生名字记录下来，在学期中、结束时，对表现积极的学生进行表扬（发给科学家名片，签发喜报）。

在科普乐社团活动中使学生学会学习、学会做事、学会做人、学会合作，逐步学会自主管理、自我教育、自我评价，逐步形成广泛的兴趣，让水小学子都有自己引以为豪的特长，使之形成水小办学特色。

注重每节课的作品展示，大家一起对各自的作品进行评价，评选出最优秀的作品，并给予学生相应的鼓励。这种活动，不仅增长了学生的课内知识，而且还激发了学生探索科学的兴趣，锻炼了他们的动手能力，让学生在实践中感受到创造的乐趣，体验到获得成功的快乐，发挥了学生的聪明才智，培养了学生学科技、爱科技的意识，促进学生整体素质的全面发展，增强了学生的科技意识、合作意识、创新精神和实践能力，收集信息的能力也得到了充分的提高。通过学生自主活动、自主参与、自主管理、自主发展，其展示欲、求知欲得到了充分展现。在社团活动中还建立起严格的检查、考评、奖励制度，以提高科技活动的实效。在期末阶段，社团能为全校师生进行成果展示。成果展示形式：举行科学创新作品制作活动、实验技能展示和《科学早知道》科普手抄报比赛，并表彰优秀的学生。

四、课程故事

我的社团故事

六年级（6）班　李景齐

"嗯，做得不错，继续加油！"

教室里，同学们都专注地忙着手里的活，有的拿着几根木条投入地观察，有的小心地将木棍插入一块木板中。教室里十分安静，没有一点杂音。这就是我参加的学校社团——"科普乐"社团。

"科普乐"社团是一个动手动脑相结合的社团，同学们要自己动手拼搭一些诸如牛顿摆、自制台灯、电动风车等模型，从而学到一些物理等方面的科学知识。

这不，今天我第一次参加，桌子上早已摆好了要用的材料。铃声响起，社团课程开始了。今天要做的是蛇形摆，它是由9个长度不同的摆排列组成。由于摆的长度不同，荡起的速度也不同，所以会形成S形，像极了爬行的蛇，因此叫它"蛇形摆"。

老师为我们细致地讲解了其中的原理，我们听得津津有味。老师讲完了，我们就要动手了。随着一声令下，活动开始了。我和同桌分工合作，我翻开书，挨个找出零件，首先要将木棒插进木板里，我左手按住木板，右手拿着木棍往里按，木板较薄，我不敢使太大劲，太轻又按不进去，着急中右手用力地攥着木棍，小心翼翼地掌握力道，一点一点尝试着把木棒按进去，终于成功了一个，太费劲了。我正埋头专注仔细地按着，老师走了过来，她说不能这样装，说着她便拿起木棒轻轻拧动，边拧边转边往进按，木棒轻而易举就装上了。我既惊讶又崇拜，还羡慕地"哇！"一声，和老师相视一笑后，我急忙学着老师的做法，全神贯注地试，还挺容易，说明方法太重要了。这样一个接一

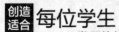

个，我顺利地搭好了框架，长舒一口气！这时我才发现我的手指已经按得通红，看来这任务远没有想象中那么简单呢！

搭好框架后，按照分工，同桌把在毛线上穿球的任务也完成了，我们俩又逐个把线球穿进框架上面的那条横板上挂好，模型做好了。就是一排长度不同排列整齐的小球摆，也有点像竖琴，很漂亮。当摆动它们时，由于毛线长短不同，长的摆得慢，短的摆得快，依次形成了一条起伏的线，真像一条蠕动爬行的蛇！我们兴奋地把玩着，满教室都是热闹兴奋的欢笑声！

对了，模型还能带回去！回家后我给爸妈展示了一番，还讲了其中的原理，爸妈拍手夸赞，更为我们学校的社团活动点赞！我心中都乐开了花，我更爱我们的"科普乐"社团了！

"劳动教育实践" 课程

水车园教育集团水车园小学　张　莹

加强中小学劳动教育是全面贯彻党的教育方针的基本要求，是实施素质教育的重要内容，是培育和践行社会主义核心价值观的有效途径，是培养广大青少年的社会责任感、创新精神和实践能力的重要方式。为进一步贯彻落实教育部《关于加强中小学劳动教育的意见》，我校立足于学校教育与家庭教育、社会教育相结合，从小培养劳动习惯入手，培养学生的劳动意识，帮助学生形成良好的行为习惯，促进学生健全人格的发展。结合我校实际，制定本实施方案。

一、工作目标

通过劳动教育，提高广大中小学生的劳动素养，促进学生形成良好的劳动习惯和积极的劳动态度，使他们崇尚劳动、尊重劳动，懂得"劳动最光荣、劳动最崇高、劳动最伟大、劳动最美丽"的道理，培养他们勤奋学习、自觉劳动、勇于创造的精神，为学生终身发展和人生幸福奠基。

二、工作原则

1. 坚持思想引领

小学劳动教育既要让学生学习必要的劳动知识和技能，更要通过劳动帮助学生形成健全的人格和良好的思想道德品质。

2. 坚持有机融入

要有效发挥学科教学、社会实践、校园文化、家庭教育、社会教育的劳动

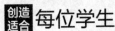

教育功能，让学生在日常学习生活中形成劳动光荣、劳动伟大的正确观念。

3. 坚持实践体验

要让学生直接参与劳动过程，增强劳动感受，体会劳动艰辛，分享劳动喜悦，掌握劳动技能，养成劳动习惯，提高动手能力和发现问题、解决问题的能力。

4. 坚持适当适度

要根据学生的年龄特征、性别差异、身体状况等特点，选择合适的劳动项目和内容，安排适度的劳动时间和强度，做好劳动保护，确保学生人身安全。

三、实施步骤和策略

1. 讲解说教，形成热爱劳动导向

通过晨会课、少先队活动课、劳技课、家长会等多渠道，对学生进行劳动意识强化教育。例如，利用班队会，开展以热爱劳动为主题的班队会，展开讨论，深入理解什么叫"劳动"，怎样做才算是热爱劳动。教师可以给学生讲古代名人爱劳动的故事，还可以讲近代名人爱劳动的故事，还可以选择我国传统文化中有关具有爱劳动、良好行为习惯等内涵的古诗文，对学生进行中华传统美德教育，使学生从小在朗朗的诵读声中受到我国传统美德熏陶，体会自己的行为，增强劳动意识。同时争取家长支持，使孩子和父母共同努力形成良好的行为习惯。

2. 榜样激励，引导热爱劳动理念

小学生具有模仿榜样的特点。其一，教师的言行举止、思想品质，是学生学习、模仿的榜样，教师的言行对学生起着不可估量的潜移默化的作用。教师在教育工作中应以身立教，以德育德，以行导行，用爱和诚感染学生，用言和行引导学生，做到为人师表；其二，充分利用现实生活中热爱劳动的典型案例、典型人物、先进人物，通过学习、走访等形式，感受劳动对一个人成长的重要性。

3. 家校配合，共造热爱劳动的环境

（1）开展校内劳动。在学校日常教学中渗透劳动教育，1—6年级坚持每日清扫，平日校园的日常清扫全部交由学生自主完成，每班将全班学生分为两组，一组负责打扫教室内的卫生，一组负责打扫教室外的卫生，在每天的日常

清扫中培养学生的劳动意识；每月底组织学生参与"我爱我校"校园实践活动；在1—6年级开展以"我种植我快乐"为主题的科技实践体验课程，并以图文结合的方式记录"开心农场"种植活动，了解农作物种植、生长、管理的过程，并通过多种形式展示本班种植成果，交流种植心得，总结活动得失。大力开展与劳动有关的兴趣小组、社团活动，进行手工制作、班务整理、书包整理、班级装饰等实践活动。广泛组织以劳动教育为主题的班队会、手工劳技展演，提高学生劳动意识。

（2）组织校外劳动。将校外劳动纳入学校的教育工作计划，安排每学期两次志愿服务劳动实践。充分利用劳动教育实践基地、综合实践基地等资源，开展社会实践活动，组织学生参与劳动实践。

（3）鼓励家务劳动。教育学生自己的事情自己做，家里的事情帮着做，弘扬优良家风，参与孝亲、敬老、爱幼等方面的劳动。学校安排适量的家务劳动的项目化学习内容、有关劳动的家庭作业，针对学生的年龄特点和个性差异布置择菜、洗碗、洗衣、扫地、整理等力所能及的家务。

（4）强化措施，规范劳动行为。在学生对劳动有了一定理解的基础上，教师不但要做出榜样，还要及时地规范学生的劳动行为。一是要加强预防，防微杜渐，及时纠正不良行为；二是要及时鼓励表扬；三是要循序渐进。以少先队活动课、劳技课为抓手，根据低、中、高年级学生的不同年龄及心理特点，在学校教育、教学各个环节中分层次、有梯度地对学生进行劳动习惯的培养与训练。

四、劳动教育学习方式

新劳动教育实践课程学习方式变革的核心在于以项目或项目组块的方式推进，打破课程界限。

1. 跨学科的项目整合学习

"二十四节气"课程通过《我眼中的传统文化之二十四节气》活动记录册，让孩子经历学科整合的项目学习，通过观察、访问、调查，倾听自然的声音，绘写自然笔记，参加相关节气风俗实践活动，亲近传统文化，感知节气之美。

"开心农场"种植活动，了解农作物种植、生长、管理的过程，并通过多种形式展示本班种植成果，交流种植心得，总结活动得失，进行爱心分享，以

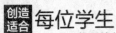

快乐、积极的心态去参与、体验，结合各学科，进行项目整合的学习、实践。

2. 基于年段的劳动教育

【劳作课程】校园清洁、开心农场、志愿服务。

参与人员：1—6年级学生。

校园清洁：1—6年级学生。坚持每日清扫，在每天的日常清扫中培养学生的劳动意识，每班的两组学生（室内、室外）各司其职。

开心农场：1—6年级开展以"我种植我快乐"为主题的科技实践体验课程，并以图文结合的方式记录"开心农场"种植活动，了解农作物种植、生长、管理的过程，并通过多种形式展示本班的种植成果，交流种植心得，总结活动得失。

志愿服务：每月末组织学生参与"我爱我校"校园实践活动；寒暑假各组织一次志愿服务活动。

【劳动创意课】茶艺课堂、传统手工课堂、创意DIY课堂（社团类课程）。

参与人员：社团的相关学生。

【快乐生活课】垃圾分类、家政课堂、成长礼记、二十四节气。

【垃圾分类课程】

（1）组织一次有关垃圾分类的实践活动（参与人员：四年级学生）。

（2）通过各种垃圾分类主题教育活动，使学生更深刻地了解垃圾分类的知识，让学生进行垃圾分类的尝试，逐步形成垃圾分类意识、环保意识。在日常学习生活中，不断地将观念和意识转化为实际行动（参与人员：全校师生）。

【家政课堂】

（1）校内：四年级家政课堂——包饺子（参与人员：四年级学生）。

（2）校外：生活整理（参与人员：全校学生）。

（3）年段要求：

一年级

（1）整理书包。通过整理书包的动手实践活动帮助学生树立归位意识，提高学生的生活自理能力，养成良好的行为习惯。

（2）自己穿衣服。通过动手穿衣服的劳动实践活动，克服依赖思想，提高学生的生活自理能力，养成独立自主的习惯。

二年级

（1）学习自己系红领巾，系鞋带。通过自己系红领巾和鞋带的实践活动，培养学生的自理能力和自立意识。

（2）整理书桌。通过整理书桌，让学生学会分类摆放自己的学习用品和书籍，学习做小标签，为将来做个有条理的人打下基础，培养学生的独立性。

三年级

（1）整理床铺。学习叠被子、铺床单，学会整理自己的床铺，营造良好的居住环境。

（2）整理书桌、书架。通过对书桌书架的整理，学会有条理地对物品进行分类归纳。

四年级

（1）制订每周帮厨计划，学习收拾碗筷，洗碗筷，洗菜，择菜，认识各种蔬菜。

（2）家政小课堂——学做凉菜。学习使用简单的厨房用具，体会做饭的辛苦，懂得一餐一饭来之不易，爱惜食物。

五年级

（1）整理书柜，学习如何合理使用空间，将书籍分类整理。

（2）生活小课堂——收纳整理衣柜。①规划管理时间，避免慌乱。②巧用收纳用具，分类整理。③设定位置，安排空间。体会收纳的乐趣，养成良好的生活习惯。

六年级

（1）整理房间，做到物品归类，整齐摆放。校外：生活、学习的环境自己整理收拾，卧室、书房、书桌所有物品归类整理，做到摆放整齐，不乱丢乱放。校内：课前准备，小到自己的座位课桌、学习物品整齐收纳，大到教室、水房，每天早上、下午打扫卫生后工具摆放有序，所需物品规整到位，不乱放乱丢；遇到节日庆典，能够自主布置美化教室。

（2）自己的事情自己做，力所能及的事情抢着做，不会的事情学着做。

【成长礼记课程】

一年级：启蒙开智——入学典礼。

传承明志，心愿封存。

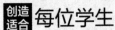

二年级：陪伴成长——亲子远足。

亲近自然，磨砺意志。

三年级：彬彬有礼——文明礼仪。

文明习惯，点滴积累。

四年级：拔节成长——十岁成长礼。

感悟生命，幸福成长。

五年级：躬行实践——基地实践。

行知之始，知行之成。

六年级：采撷硕果——毕业典礼。

收获成长，扬帆远航。

【二十四节气课程】完成《我眼中的传统文化之二十四节气》活动记录册
（参与人员：五年级学生）。

桃李待日开，荣华照当年

——学生德育管理

  学生发展始终是学校办学的核心所在，学生成才，学校才能出彩。我们始终立足培养具有"德行优秀、健康身心、人文底蕴、科学素养、国际视野"五大素养的水小学子这一根本，从多维度入手促进学生健康成长。

  每月两次班会常态化。组织开展"讲文明树新风""我身边的美德少年""道德讲堂建设""学雷锋树新风""我的节能小故事""晒家风亮家训""践行三爱三节做优秀学生""扣好人生第一粒扣子"等主题活动，使学生在参与和体验中明白一个道理、养成一种习惯。每月一次队会常态化。结合每一个节点进行"我们的节日"系列爱国主义教育活动、开展"小白杨慈善一日行"爱心义卖、亲子植树、亲子远足、校园体育艺术节、校园戏剧节、课前三分钟演讲、最美"黄河娃"评选等活动，在奉献爱心、劳动体验、才艺展示、互动交流的实践活动中，学生自我认识和自我促进不断升华，文明素养得以内化。

"三自"德育塑造快乐"黄河娃"

水车园教育集团水车园小学　金 艳　张 莹

学校依托"黄河"与"水车"文化，在润物细无声中找到了"适性扬长，促进学生潜能的发展，让每个人成为最好的自己"的办学理想。由此，学校凝练了"尊重个性，挖掘潜力，快乐发展"的办学理念，"铸润泽品牌，创西部名校"的办学愿景，创"卓越的队伍，丰富的课程，一流的质量"的办学目标，开创了以"黄河品质，水车情怀"为核心的"润泽教育"品牌发展之路。基于教育的呵护、唤醒、培植、引领功能，我校德育建设着力于"三自德育"体系建设，通过自主学习、自我管理、自我教育的培养模式，塑造认真、自信、快乐的"黄河娃"。

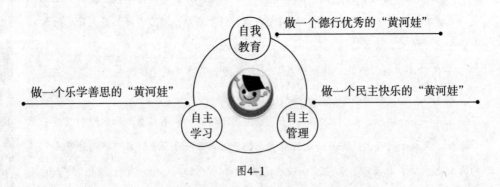

做一个德行优秀的"黄河娃"

做一个乐学善思的"黄河娃"　　　　做一个民主快乐的"黄河娃"

自我教育

自主学习　　自主管理

图4-1

在培养目标下，学校形成了"1251"德育序列化教育模式，即用"1条主线""2大教育平台""5个亮点工作""1个绿色评价"，系统性地形成了德育工作实施序列。

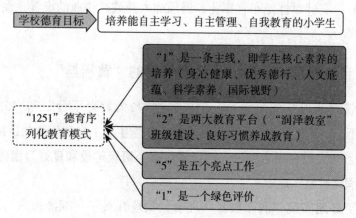

图4-2　水车园小学"三自德育"管理网络

一、自主学习——做一个乐学善思的"黄河娃"

培养目标下的一个"1"，即我校以"融合中西方优秀文化，滋养学生生命，创造适合学生发展的教育，着力培养具有健康身心、优秀德行、人文底蕴、科学素养、国际视野的公民"为教育使命，着力改进传统方式的接受式学习，以学生作为学习的主体，旨在"授之以渔"，挖掘学生内在潜能，使学生在知识与技能、方法与过程、情感态度与价值观等各方面达到改善和提升。

我校自主学习的核心在于构建"以学生为本体、以学为本位、体现学科特色"的"学本课堂"。为实现学生自主学习，学校在课前预习、课中互动和课后复习三方面形成"自主"特色。

课前预习："前置性作业"是课前预习的载体，教师通过科学合理的前置性作业的设置，留出空间让学生通过自学完成，提高其自主学习能力，学习潜能被不断激发，达到"先学后教"的效果，且教师课前通过前置性作业的检查、反馈，更好地掌握了学情，对课堂教学具有准确的指向作用。

课中合作：课堂上，发挥教师主导和学生主体的"双主"作用，在教师的有效引导下，学生通过合作、讨论、探究的自主学习方式，不仅学到了知识，而且更重要的是学会学习的方法，学会与同伴合作、交流、探究，学会思考和表达。让学生成为学习的主人，成为乐学善思的"黄河娃"。

课后复习：课后作业的布置同样以学生为主体，以提高学习兴趣，巩固课堂知识为出发点，科学合理地安排作业，减少大量的机械性作业，尽可能地根据个体差异，有针对性地布置作业，提倡加入开放性作业的设置，促进对相关知识的探索。

二、自主管理——做一个民主快乐的"黄河娃"

自主管理能力是成才之力。学校通过"2大教育平台"和"5个亮点工作"，在不断的理论研讨与实践落实中，引领学生走上自我管理的道路。

（一）"2大教育平台"——"润泽教室"班级建设和良好习惯建设

1. "润泽教室"建设

为了更好地实践"润泽教育"理念，我校开展了"润泽教室"班级文化建设活动。各班以班级文化为基础，自主构建适合本班的总体目标。"润泽教室"建设展示了各班不同的风格，突出班级格言、班级信念等班级文化对学生的培植、引领和浸润。学生作品的展示、一花一草的布置、书画格言的装饰，都发挥着班级文化的育人功能，达到润物细无声的目的，这是我校校园文化建设的特色，也是德育建设的优质平台。

如今，走进每一间教室，你一定会被教室后面催人奋进的班级誓言所吸引、感动，来自高年级墙面上的"每天都是一个崭新的开始，我们朝着理想前行！""博雅兼上知行合一"……是那样振奋人心，令人不屈奋斗；来自中年级教室里的"态度决定一切，习惯成就未来""我读书我快乐，我自信我成功"……让学生掌握了方法，充满了希望，使人心生力量；来自低年级的"每天进步一点点，做最好的自己！""我自信，我出色，我快乐！""我们就是灿烂的朝阳！"……是那样暖如春风抚人面，爱如雨露润心田，让人心存感动！优美的环境，给人以美的启迪。优美的环境布置，给孩子们以美的熏陶。教室里的绿色植物充满生机，空气清新干净，洋溢着活力。我校幽雅洁净、富有内蕴的班级人文环境，定能发挥"润物无声"的功效：陶冶学生的情操，净化学生的心灵，使教育的魅力绽放得更加灿烂，更加持久。

为了营造班级书香氛围，每个班级把书香班级建设作为缔造"润泽教室"的核心工作。我们在教室的侧墙上开辟了一个名为"我爱读书"的栏目。上面有"新书介绍""教你一招""阅读快递""优秀读后感"等分栏。可以说这扇阅读之窗给学生提供了一个学习、交流的机会，也给学生搭建了一个自我展示的舞台。

2. 良好习惯建设

小学生具有非常大的可塑性，这个年龄段是人形成终身习惯的最佳时期。教育，追根溯源，就是习惯的培养。我校良好习惯建设分为"行为习惯"和"学习习惯"两大模块，双管齐下，在低、中、高学段，学校有针对性、有目的性地以活动、课程等方式嵌入教育体系，确保将两大模块的习惯建设落实到每个孩子身上。"行为习惯"的建设以我校"八大礼仪"+"三项文明"的实施为主线。

（1）八大礼仪分别为仪表礼仪、餐饮礼仪、言谈礼仪、待人礼仪、出行礼仪、观赏礼仪、游览礼仪、仪式礼仪。具体实施方式是将这八大礼仪贯穿进"主题月活动——文明礼仪月"活动中，分层开展。一、二年级侧重于仪表礼仪；三、四年级侧重于出行、游览、待人、言谈礼仪；五、六年级侧重于餐饮、待人、观赏礼仪。通过主题月活动，在1—6年级中，逐渐根植行为习惯的规范内容，并在日常学习生活的每一天践行，达到较好的效果。

（2）"三项文明"的习惯养成教育，主要依托以下几个方面开展：

① 我校每学期开学的第一周是养成教育周，各班组织学生重温《中小学生守则》《小学生日常行为规范》《水车园小学一日行为习惯条例》等，对学生集中进行行为规范系列教育，强化训练。其中，考虑到一年级刚入校的小学生正在经历从幼儿园到小学的"断崖式"改变，养成教育则更具体、细化，具有明确的指令和人性化的设计。

A. 集中学习《小豆丁入学指南》，包含认识学校、遵守校纪校规、合理作息等；

B. 为一年级同学量身打造"整理能手运动会"比赛，内容设置有：穿衣服比赛、整理书包比赛等，增强趣味性，巩固养成结果。

C. 开展入队100天"日行一善"活动，家校携手，将每天的"小小善行"记录下来，构建价值观，助力孩子形成"向美向善"的习惯，让"举手之善"贯穿一生。

② 牢记"水小学生文明行为16句口诀"并自觉践行。

入校门，衣冠整，巷道行走有规矩；

不勾肩，不搭背，不追逐来不打闹。

进校园，情绪昂，问好鞠躬需谦恭；

爱校园，护环境，垃圾随手要捡起。

楼道内，勿拥挤，轻声慢步进课堂；

两人排，三人列，上下楼梯靠右行。

放学时，要迅速，专心下楼保安全。

③ 人人传递"水小文明礼仪五个宣传口号"。分别是：

水小少年智，"三自德育"促成长；

水小少年明，"三爱三洁"有情怀；

水小少年润，"文明有仪"修自身；

水小少年勤，"三关三净"养习惯；

水小少年美，"三张名片"展风采。

（我校在国家倡导的"三爱、三洁"的基础上更加校本化、特色化，养成水小"三关三净"的文明习惯，即关灯、关电脑、关窗户；地净、桌净、墙面净。每班由推选出的"三关三净"负责人每天中午、下午放学后完成此项任务。

我校三张名片"鞠躬、点赞、微笑"，引导学生严格要求自己，进行自我教育，实施自我行动，时时、处处践行我校的三张名片，以实际行动表达"感恩、赞美"，做一个受欢迎的好孩子。）

（二）"5个亮点工作"——三段式德育课堂、主题教育活动、劳动教育、文化日活动、学生关键能力培养

1. 三段式德育课程

水车园小学德育校本课程，以社会主义核心价值观为导向，以学校办学理念为指导思想，根据学生发展的需要，结合德、智、体、美、劳五育并举的原则，创设反映学校教育特色的课程并进行科学系统的整合，拟形成"校长国旗下分享—道德与法治课堂—家、校感悟实践"三段式德育课堂。首期设置八大核心主题，围绕主题，依据低、中、高三个学段，分层设计开展。

表4-1　德育校本课程主题及课程内容

主题	月份	低段（1—2年级）	中段（3—4年级）	高段（5—6年级）
文明习惯	9月	一、校长寄语 二、课堂讨论： 1.小豆丁入学指南。 2.说说我看到的身边同学的有文明、礼貌的小事例。 3.说说我在生活中发现的不文明、不礼貌的现象。 三、课后实践 1.模拟校园内文明、礼貌的场景。 2.回家和爸爸妈妈分享自己在校园内观察到的文明礼貌的行为（至少5件好人好事）。 3.在家长协助下，完成"日行一善"的30天计划表格（按照要求完善计划表格模板，并每日进行评价）。	一、课堂讨论 1.分享身边让人印象深刻的好人好事。 2.怎样做，才可以成为班级的"文明礼仪"之星？（6条） 3.按照"我要这样做"的主题，制定我的"日行一善"表格。（30天） 二、课后实践 制定自己"日行一善"的表格内容，依据标准给自己打分，评选班级"文明礼仪之星"。	一、课堂讨论 1.我是如何理解"文明礼仪就是由小事、细节组成的"这句话的？ 2.讨论：我怎样做才能成为一个有文明教养的人和受人欢迎的人。（10条标准） 二、课后实践 编写水小文明好习惯"三句半"，并现场朗诵。
诚信责任	10月	一、故事分享 二、课堂讨论： 1.谈谈如果我在校园内捡到了东西，那么我会通过哪些方式交还给失主？ 三、课后实践 1.视频播放诚信小剧场。 2.和爸爸妈妈一起寻找身边的诚信行为。	一、课堂讨论 1.谈谈我和家人在生活中遇到过的诚信的人和行为。 2.谈谈如果我在校园内捡到了东西，我会通过哪些方式交还给失主？ 二、课后实践 1.视频播放诚信视频。 2.和爸爸妈妈一起寻找身边诚信的行为。	一、课堂讨论 1.结合生活实际，谈谈"诚信是做人之本"的感悟。 2.共同编写《我的诚信承诺书》。 二、课后实践 班级小试验：组织开展班级"公益笔"活动，一个星期后看看笔的数量、质量，把试验的结果记下来。
合作共济	11月	一、故事分享 二、课堂讨论 1.结合选文讨论"大雁为什么要组队飞行"？	一、课堂讨论 1.你喜欢你的班级吗？请说说喜欢的理由。	一、课堂讨论 1.请客观评价一下你所在的班级。

续 表

主题	月份	低段（1—2年级）	中段（3—4年级）	高段（5—6年级）
合作共济	11月	2.以"我爱我的班级"为主题，说说做哪些事情是爱护班集体的具体表现。 三、课后实践 我要为班级做点事。	2.说说你还想为班级做哪些事。 3.说说做哪些事情是给班级抹黑。 二、课后实践 主题话题讨论："小我"和"大我"的关系。	2.你有没有好的建议：大家怎样做才能让班级更有凝聚力和团结向上的精神？ 3.主题话题讨论："展现个性"和"团队合作"的关系。 二、课后实践 同学们将今天的讨论心得写在纸上，装订成成长册放在班级教室。
健康安全	12月	一、故事分享 二、课堂讨论 1.你知道世界卫生组织是怎样定义健康的吗？ 2.为什么说"健康是一切生活的出发点"？ 三、课后实践 坚持"我的健康我做主"中"晨起一杯水"计划（28天），与爸爸妈妈一起做好记录。	一、课堂讨论 1.你知道世界卫生组织怎样定义健康吗？ 2.说一说，除了保持身体健康，怎样做才能保持心理健康？ 二、课后实践 1.视频播放急救法。 2.学生现场操作，学会"海姆立克"急救法。	一、课堂讨论 1.你知道世界卫生组织怎样定义健康吗？ 2.说一说，除了保持身体健康，怎样做才能保持心理健康？ 二、课后实践 1.探讨开车或行走时，突遇城市暴雨时的注意事项。 2.探讨突遇火灾时的注意事项，并现场模拟。
爱国爱校	3月	一、故事分享 二、课堂讨论 1.你喜欢你的校服吗？说说理由。 2.你爱你的校园吗？说说理由。	一、课堂讨论 1.说说爱上校服的N条理由。 2.说说爱上学校的N条理由。	一、课堂讨论 1.说说爱上校服的N条理由。 2.说说爱上学校的N条理由。

续 表

主题	月份	低段（1—2年级）	中段（3—4年级）	高段（5—6年级）
爱国爱校	3月	3.说说在升降旗时，你是如何做的。 二、课后实践 我每天做一件"爱校小事"，并和家长一起记录。（20天）	3.说说哪些行为是爱国的具体表现。你是如何做的？ 二、课后实践 绘制表格，将"爱校、爱国小事"记录下来（20天）。	3.说说哪些行为是爱国的具体表现。你是如何做的？ 二、课后实践 1.绘制表格，将"爱国小事"记录下来（20天）。 2.写一写自己的感悟。
尊重宽容	4月	一、故事分享 课堂讨论： 1.在课堂上，怎样做才是尊重老师和同学？ 2.我和好朋友闹矛盾的时候，我们是怎样解决的？（讲述宽容） 3.视频：判断这些行为是尊重别人吗？ 二、课后实践 选择一种方式（写卡片、当面等）向你曾经冒犯过的同学道歉。	一、课堂讨论 1.你被别人捉弄过吗？说说当时的感受。 2.推选班上最受尊敬的学生，说说推选他的理由。 二、课后实践 学会宽容，试着说说如何用"四步讨论法"解决一次曾经发生过的矛盾。	一、课堂讨论 1.你被别人捉弄过吗？说说当时的感受。 2.推选班上最受尊敬的学生，说说推选他的理由。 二、课后实践 1.结合实际，写写对"敬人者，人恒敬之"的感悟；学会宽容。 2.小组合作：现场展示用"四步讨论法"解决一次曾经发生过的矛盾。
审美修养	5月	一、故事分享 二、课堂讨论 1.讲述：干净整洁就是美。 2.讨论：说说班上哪位同学最干净整洁，问问他有什么小妙招？	一、课堂讨论： 1.你看见过的自然美景和人类创造的美的事物中，印象最深的是什么？为什么？ 2.为什么人一般会忽视这些身边的"美"呢？	一、课堂讨论 1.怎样做才能使自己发现、感受、创造更多的美？ 2.学习基础的审美相关原理。

续 表

主题	月份	低段（1—2年级）	中段（3—4年级）	高段（5—6年级）
审美修养	5月	二、课后实践 1.以"我的书包最整洁"为主题，进行一次现场评比活动。评选出最整洁书包，全班展示，并现场颁奖。 2.每周一评，连续四周评选出最整洁书包。	二、课后实践 把你认为拍得最美的一张照片贴在方框里，并简单介绍由来。	二、课后实践 自己做服装设计师（配色、设计、裁剪），评选"最美设计师"。
梦想愿景	6月	一、故事分享 二、课堂讨论 1.你觉得自己是个怎样的孩子，评价一下自己。 2.你想成为怎样的自己，请大声说出来。 3.你知道要成为你希望的样子，需要付出怎样的行动吗？ 三、课后实践 学唱《隐形的翅膀》这首歌，并用它来勉励自己。	一、课堂讨论 1.你觉得自己是个怎样的孩子，评价一下自己。 2.你身边有品学兼优的同学吗？你知道他们付出了怎样的努力吗？采访身边品学兼优的同学，分享努力、成功的经验，并推广。 3.生活中，有哪些事是你想到立刻去做的？哪些事是你想到了却一直没有做的？ 二、课后实践 绘制"梦想表格"，助力自己完成梦想。	一、课堂讨论 1.从"延迟满足"的实验中，你有什么启发？ 2.结合案例，联系实际，谈谈你有什么好办法可以抵挡住诱惑、增强自我控制能力？请与同学们分享。 二、课后实践 畅谈走出小学阶段后，会遇到什么困难，写一封信给未来的自己，遇见最好的自己。

2. 主题教育活动

我校的主题教育是与时俱进的德育活动，它关联了社会发展的趋势，关联了学生发展的趋势，关联了学校发展的趋势，更关联了教育发展的趋势。将安全、环保、心理健康、关爱、全球视野、体育艺术等方面的知识融入其中，实现了全方位的常规管理育人，形成了一整套完善的课程体系。

（1）八大主题月教育活动

学校每学年开展8个主题的活动，即安全教育月、体育艺术月、湿地保护月、读书交流月、文明礼仪月、快乐运动月、科技创新月、世界博览月。每个主题月由一名老师策划安排，在每周星期三下午开展活动。主题月活动采用"三个一"的活动模式，即：根据活动主题的需要从一个讲座、一部电影、一次实践活动、一份手抄报、一次演讲、一个小制作等形式中选择三项，每周开展一项活动，通过三种不同形式的活动，让学生全方位地深入到不同的主题中。

主题月活动为学生创造了很多实践和展示的机会，讲座活动的组织、策划、主持、PPT制作、演讲等全部交给学生完成；看电影活动中影片的选择、下载等也交给学生完成；实践活动以学生为主体开展，小导游、情境表演、手抄报、外出调查等活动，充分挖掘学生的潜能，为学生才能的展现提供机会。活动中学生们表现得相当出色，出乎老师们的意料。平时默默无闻的学生做出了内容丰富、画面优美的幻灯片；平时有点调皮、学习一般的孩子，在讲台上滔滔不绝、全方位地向大家介绍自己喜欢的篮球明星；课外学习音乐的孩子，非常自豪地向大家介绍自己学习的乐器、练习的方法和相关的音乐家；课外学习美术的孩子带来了自己的美术作品向大家介绍……活动不仅让学生很受益，也让老师们大开眼界，很多老师感慨地说："孩子们太优秀了，真没想到在学习以外他们还有这么多的才能可以显露和展示。"这种活动方式给孩子们搭建了一个展示自我的平台，使他们的能力得到了充分的锻炼与发挥。丰富的主题月活动为学生开辟了更广阔的学习空间，在这个过程中学生获得了知识，锻炼了能力，丰富了学习体验，变得更为自信。

（2）"我眼中的传统文化"主题教育活动

孩子不应该是一张白纸，而是一颗种子，孩子并不是教育的对象，他们有着天然的成长的欲望和能力，自身就积淀了人类进化的各种基因。教育的使命是信任和尊重孩子，让孩子充分健康地成长。我校聚焦学生核心素养，传承中华传统文化，在传统文化教育领域的实践上，依托"经典诵读+二十四节气课程+节日文化+生肖文化+书法文化"的主线分年段开展。

① 经典诵读启心智。自编《中华经典诵读读本》12册，用诵读让儿童感受音韵之美，每册采撷包含《论语》《大学》《中庸》等经典古诗文20余篇。除每周诵读1篇外，在寒暑假亦诵读数篇，最终都能达到熟练背诵的程度，在国学的熏陶下，修润学生自身。

② 传统节日含底蕴。我校分年级、有重点、有梯度地开展内容丰富多彩、各具特色的传统文化活动。比如，在三年级学生中开展"我眼中的传统文化之

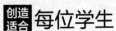

十二生肖"活动，让孩子们了解十二生肖的来历与传说，诵读描绘十二生肖的诗词故事。四年级学生开展"我眼中的传统文化之节日文化"活动，了解节日的来历、习俗；五年级学生开展"我眼中的传统文化之二十四节气"，了解我国古代历法纪年法"天干地支"与二十四节气的密切关系，用蕴含中国哲理的老故事启发学生对中国智慧的思考；用中国文化类的节日实践活动，让学生感受中国文化的环境与氛围。学生在动手动脑的实践中，体验传统节日的魅力，感受传统节日中流溢出的中华文化底蕴和精彩烂漫，在经典教育中添福添慧。

③ 书法文化永流传。我校规定在每周二晚上不布置语文、数学、英语书面作业，留出足够的时间让学生学习书法，完成书法练习作业，让学生感受书法的魅力，提高学生的审美能力和文化品位。

3. 劳动教育

青少年阶段是人生的拔节孕穗期，需要精心引导和栽培，尤需以劳立德。劳动教育的核心是培养劳动价值观、劳动情感态度和劳动伦理品德，与道德教育有着天然的密切联系。劳动本身就是一种美德，能够使孩子深刻理解"幸福是奋斗出来的"，唯有通过辛勤劳动才能实现人世间的美好梦想，从而更加坚定为中华民族伟大复兴而奋斗的理想信念。

我校通过不断探索、实践，体系化地开展了劳动教育实践课程。

（1）劳动教育课程化

① "开心农场"科技实践课程。每学期在1—6年级开展以"我种植我快乐"为主题的科技实践体验课程，通过种植和观察不同植物的生长过程，获得鲜活的生命体验。

② 厨艺家政课程。每学期在四年级开展家政课程，每周五下午安排一个班，在学校实践基地开展活动，如开展包饺子、做蛋糕、做寿司等厨艺活动。让每个学生都参与到活动中，了解制作的程序，学会制作的方法，在实践中体会劳动的快乐。

（2）劳动教育日常化

① 倡导学生做家务。家务劳动是学生必备的生活技能，因此每学期学校将家务劳动作为劳动教育的重点，要求学生每周至少要在家中做两次家务劳动，班主任根据班级特点，想策略督促学生主动去做力所能及的家务，以促进学生掌握劳动技能，提升劳动意识和自理能力。

② 一、二年级开展"生活自理我能行"主题活动，清洁个人生活用品：会洗袜子、红领巾，会刷鞋，清洗水杯、脸盆等；学习用品分类整理：按学习需要准备学习用品，归类收纳学习用品，及时整理书包；清洁居室卫生：用完的物品放回原处，扫地，垃圾分类入箱，整理床铺，衣服分类摆放等。从力所能及的自我服务劳动做起，学会料理自己的生活，养成自己的事情自己做的好习惯。

③ 3—6年级开展"家务劳动我能行"主题活动，帮助家长做力所能及的家务劳动，包括：择菜、洗菜、洗水果、整理饭桌、洗碗筷等；学会简单手工缝纫技术，学会一般衣物的洗涤、晾晒和折叠方法；知道家庭安全用电、用火、用煤气等的方法，初步学会家庭触电、火灾的预防、急救与逃生，最终养成良好的劳动习惯，端正劳动态度，提高家庭责任感。

④ 坚持每日清扫。劳动意识是当代中国学生发展核心素养一个不可或缺的素养，它是一个学生全面发展的必要条件和必然要求。学校、家庭中的自我服务方面的劳动教育是培养小学生劳动意识和技能的必要手段和基本途径，我校实行"三自德育"管理体系，在学生的日常活动中，始终渗透自主管理的理念，平日校园的日常清扫全部交由学生自主完成，每班将全班学生分为五个小组，每组分为两队，一队负责教室内的卫生打扫，一队负责教室外的卫生打扫，每周每位同学轮流一次，让学生在日常的点滴中培养劳动意识。

（3）劳动教育社会化

我校每学期在寒暑假、节假日组织学生开展志愿者服务活动，培养学生的服务意识，让他们明白我是社会的一员，我有为社会服务的权利和义务。

① 活动一：每到寒暑假，全校学生开展"我劳动、我奉献、我快乐"志愿服务活动，充分利用劳动教育实践基地、综合实践基地等资源，开展社会实践活动，组织学生参与劳动实践，培养学生的服务意识、责任意识、使命意识。

② 活动二：每逢节假日组织学生开展植树造林、环境清扫、文明交通劝导等志愿服务活动，培养学生热爱劳动、服务他人的意识。

（4）强化措施，规范劳动行为

加强学生对劳动的深入理解，教师适度做出示范引领，如通过安全预防、及时总结、循序渐进等劳动行为示范进行立体教育。

（5）依托劳动课程，结合生活实践，分级打造"成长礼记"，在成长的不同阶段留下深刻印记。

一年级：启蒙开智——入学典礼　　　　（一次启蒙）

传承明志，心愿封存。

二年级：陪伴成长——亲子远足　　　　（一份陪伴）

亲近自然，磨砺意志。

三年级：彬彬有礼——文明礼仪　　　　（一堂礼仪）

文明习惯，点滴积累。

四年级：拔节成长——十岁成长礼　　　（一节开智）

感悟生命，幸福成长。

五年级：躬行实践——基地实践　　　　（一场实践）

行知之始，知行之成。

六年级：采撷硕果——毕业典礼　　　　（一种收获）

收获成长，扬帆远航。

我校以打扫卫生为实践载体，通过教师的指导、训练，学校的检查、反馈，使学生逐渐学会劳动、热爱劳动。我校的室内外卫生没有外请保洁人员，全部由学生打扫。每天早晨、中午各打扫一次，每天值周师生都会对各班的卫生情况进行检查评比，每周通报一次各班卫生情况，每月最后一周的周五下午学校还安排"我爱我校"大扫除活动，彻底清洁校园。这些劳动逐渐培养了学生的劳动习惯，帮助学生树立起正确的劳动观念和态度，并能让学生积极参与力所能及的家务劳动和公益劳动，践行"勤奋吃苦"的劳动精神。

4. 文化日活动

以"学、思、行"为模式，利用各种文化日，开展有针对性的活动。比较典型的活动有：开学典礼、毕业典礼、体育艺术节、国庆节、儿童节、元旦、植树节、湿地日、清明节等，丰富学生的体验。我们每一年的活动都能在传承中创新，教育价值较高。

如在以"我和我的祖国"为主题的开学典礼中，由高年级同学将一年级新生领入校园，鲜花夹道，携手相迎，使新生感受水小的温暖。所有新生都用小纸条写下了自己6年后的心愿，以班级为单位把小纸条放在心愿叶中，再将一个个心愿汇入心愿瓶中，交给金校长和胡书记亲手封存。同学们相约多年后，再次打开自己的心愿纸条，看看自己当年的梦想。多年以后当大家看到自己儿时的心愿和梦想时，该是一件多么美好的事。最后，当硕大的五星红旗从空中缓缓降落，全场师生挥动国旗，汇成一片红色的海洋，高唱国歌，全场为之沸腾。学生管乐团自奏国歌、击鼓明志、举拳宣誓，爱国爱校之情洋溢其间。

　　每年的毕业季，水小学子都会深情写下送给学校的"三行情诗"，这是毕业生最真挚的发声，孩子们将6年以来对学校的喜爱、难忘、不舍、眷恋全部倾吐而出，令人感动落泪，也是送给学校最好的礼物。这项活动传承多年，多次被各大媒体采稿，也被"学习强国"平台录用。

难忘

最是那温暖的目光，

像春风拂过我的心田。

吹落了梨花，拨动了心弦，佯装着微笑。

夏日的灼热早已掩盖了泪水，

您目送我渐渐离去，

有过留恋，有过不舍，

但仍需挥手告别。

亲爱的您啊！

我会一直前进下去，

带着最初的"我是水小少年"。

——六年级（1）班　施相伊

时光未央，岁月静好，

大梨树下，细雨亭中，

是谁，执我之手，伴我乐学；

是谁，携我之心，引我善思；

是谁，抚我之眸，唤我执着；

是谁，扶我之臂，助我进取。

水小，与你的相遇，

此生，最美的邂逅！

——六年级（2）班　张梓轩

天净沙·离别

书声琅琅不绝，窗外梨花飞雪，操场嬉笑依旧。夕阳西下，同窗人各奔东西。

——六年级（4）班　马卓然

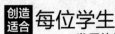
5. 学生关键能力培养

围绕"身心健康、优秀德行、人文底蕴、科学精神、国际视野"五大核心素养，我校着力打造学生"七个一"的关键能力，即"一个好身体""一手好汉字""一副好口才""一篇好文章""一项好才艺""一个好思维""一身好习惯"，通过关键能力的培养，让每一个学生都知道自己六年的小学生活应该做什么，具备什么样的能力。

（1）"一个好身体"。研究表明，运动对脑部的发育有着神奇的影响，多运动确实可以促进青少年脑部的发育。如跑步可以大大提高孩子的认知能力和创造能力。球类运动可以帮助孩子提高记忆力、注意力及数学能力。城市还未苏醒，学校的体育锻炼活动已经在篮球、田径中开启。我校通过上午、下午两个"运动大课间"、体育课，有效保障了孩子们在校的运动时间。为持续提升体育素养，我校与兰州市"全民健身中心"密切合作，在其场地新开设游泳课、击剑课等课程，丰富了课程种类，让学生感受体育的魅力。此外，课后运动服务也在延续，我校体育组精心选择"天天跳绳"等现代化APP，由体育老师根据孩子具体特质布置体育家庭作业，家校合作，将视频上传至平台，并在后台分析数据、点评作业，有效保障了学生每天的运动总量。

（2）"一手好汉字"。写一手好字，是中国文化的传承。我校从低年级开始，就注重培养学生热爱汉字的情感，感受汉字的形体美、意蕴美。为贯彻落实学生硬笔+软笔的汉字训练，我校实施"课堂教授+书法日训练+日常巩固"的模式，开设书法、写字课程，教会孩子书写要领；在每周二"无作业日"时进行刻意练习（硬笔、软笔都包含）；在每天的日常学习中，各科老师进行随时监督、修正、反馈，旨在让更多的孩子在最短的时间内养成认真书写的好习惯，并不断提升拥有"一手好汉字"的关键能力，为自己的人生加分。

（3）"一副好口才"。语言，是一个人的力量的统帅，一副好口才可以使孩子更加自信，天性更加开放，组织、思维能力更加突出。我校长期以来坚持好口才的训练，以每月的"三分钟演讲"为载体，主题丰富，人人参与，鼓励孩子们自己做PPT、脱稿演讲，很好地锻炼了孩子们的语言能力。平时的课堂，老师们非常注重思维能力的提升，对语言表达也有潜移默化的影响。

（4）"一篇好文章"。为彻底改变孩子们谈"写"色变的现状，我校从"真"和"兴趣"入手，鼓励孩子们"写眼睛真实看到的、写心里真实想到的"，倡导从比较短小的"百字作文"入手，每天记录，每天动笔，让写作自然发生，真实发生。长期坚持，孩子们锻炼了写作能力，部分同学形成了自己的风格，具备了写"一篇好文章"的关键能力，多次在市、省、国家级竞赛中获奖。

（5）"一项好才艺"。当下，时代在变，选拔方式也在适度改变。所以，水车园小学倡导学生在学好主要文化课程的基础上，掌握更多的技能，做到"人人有才艺，人人能展示"，鼓励大家精通深挖这项才艺，并发挥到极致，"玩出名堂"，在人生的重要时刻，赢得更多的机会。为此，依托"合唱""管乐""国画""书法""篮球""排球""足球""围棋""机器人"等多个社团平台培养学生，孩子们忠于自己的选择，忠于自己的热爱，在长期不懈的坚持下，不但学好了文化知识，还以超群的综合能力为自己赢得了极有竞争力的"第二战场"，即在学校提供的各种比赛中，拔节成长，取得成绩，未来可期！

（6）"一个好思维"。思维是人脑对客观事物间接的概括和反映。人是通过思维达到理性认识的，所以人的一切活动都是建立在思维活动的基础上的。思维是人类认识世界、改造世界的最重要的主观来源，思维培养是教育的本质目的之一。水车园小学将"一个好思维"的培养贯穿到小学6年当中，以"思维课堂"为核心，通过语言逻辑表达、思维工具的学习、开展思维培训等多种途径实现对思维力的提升。

（7）"一身好习惯"。水车园小学良好习惯的建设分为"行为习惯"和"学习习惯"两大类，"行为习惯"以"八大礼仪"和"三项文明"为主线，"学习习惯"的建设，也是学校一直在研究、推广、实施的重要内容。

对学习习惯的培养，重点放在专注力、记忆力、规划力等学习能力上，且分年段、有侧重点地进行培养。在学习习惯形成的最重要时期的低年段，着重培养专注力，"让每个孩子学会专注听课"，是水小不变的追求。课后，开设"家长学校"，邀请知名专家传授提升专注力的核心方法。中年段开始教给孩子们提升记忆力的方法、策略，从"艾宾浩斯遗忘曲线"的原理开始，让学生明白复习的重要性，并传授口诀记忆、谐音记忆、兴趣记忆、目的记忆、导图记忆、理解记忆等多种记忆方法，鼓励孩子们实践运用，开展"记忆大赛"，强化记忆方法。对于高年段的孩子，着重培养他们自主学习的规划力，包括时间规划、任务规划、巧做笔记等，如开展了"番茄钟法"的实验，有效提高了

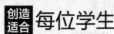

学生写作业的效率,"3+2+1"笔记法、康奈尔笔记法等,为小升初的衔接提供了极大的帮助。

三、自我教育——做一个德行优秀的"黄河娃"

(一)实行整班值周

通过调研,我们了解到学校每周值周的领导、教师和学生的值周任务有重叠和遗漏的情况,为此学校重新修订了值周工作制度,实行整班值周,每周值周人数由原来的16人增加到现在的一个班的学生,值周范围从原来的校门口、操场、课间操等区域,延伸到每个楼层的所有区域,包括水房、洗手间、立德巷等。每个楼层的所有区域都有文明礼仪监督岗,让学生把自己的行为置于学校和班级同学的监督下。这样的礼仪监督岗,让学生在管理者和被管理者的角色转换中,一方面维护了学校所有空间的公共秩序,达到了学校要求的在公共场所的室内保持安静的办学理念,引导、督促孩子们在公共场所守规则、不影响他人、言行文明、爱护公物等良好行为习惯的养成。另一方面,在角色体验内化过程中增长了孩子们的智慧,提高了孩子们自主管理、自我教育的能力。改进值周工作后,学校很多方面都发生了明显的变化。比如,在学校巷道内安排了值周生,巷道内的卫生明显好转,进入巷道送孩子的家长越来越少了;每层楼安排的小小监督员,有效控制了楼道内奔跑打闹的现象。总之,以促进学生"自主管理、自我教育"为目标的值周工作的改进,提高了学校管理的效益,培养了学生的自主管理能力。

(二)晨诵、午读,暮省吾身

晨诵、午读,是师生每天不可或缺的内容。晨诵中华国学经典以明理,午读优秀文学作品以修身。通过读书活动,引导学生做一个忠实的阅读者,做一个终生的阅读者,把"规则、尊重、责任、诚信、爱心"等基本价值观融合、倾注其中,建立完善的人格道德教育系统,不断把班级学习生活聚焦在乐观健康上。暮省一日言谈举止以自警。暮省就是学生每天在完成学业以后,用随笔和日记等方式记录每天的生活,我们称它为——点滴美丽记录。在德育方面我们引导学生思考反省:自己哪里做得好,哪里还要改进;某位同学哪里做得好,值得肯定和学习;有哪些现象是不良的,引发"我"怎样的思考。在每天的反省中,形成优秀德行。

四、绿色多元改进学生评价

水车园小学倡导的"1个绿色评价"，打破了传统的评价机制，更加多元、合理、人性，在课堂教学、社团活动、主题月活动等活动中引入积分制评价、"快乐的黄河娃争章评星"与"群星闪耀，尽我所能"双轨制评价等评价方式，引导学生进行自主管理、自我教育、自主学习。学生"发展报告单"由原来的单片纸改为《学生管理手册》，在手册中展示学生互评、学生自评、教师评价、家长评价过程，成为学生成长和发展轨迹的最好纪录。

绿色多元的评价方式，使学生能看到自己的长处和闪光点，树立乐学爱学的信心，更好地促进了学生核心素养的形成。

（一）最美"黄河娃"评选活动

我校特制定最美"黄河娃"评价细则。目的是鼓励学生，提高学生学习的积极性，培养学生的竞争意识。全面评价学生的德、智、体等，使学生在奖励机制下，进一步得到全面发展。

各班选出连续四次获"每周一星"（"黄河娃"印章最多）的学生为班级"每月一星"的上榜明星（学习之星、劳动之星、文明之星、体育之星、礼仪之星、艺术之星），成为班级之星的在班级展示牌中进行展示。

（二）奖励等级设置

"六星争章"共有四个等级的奖励，分别为"'黄河娃'印章"→"'黄河娃'胸章"→"'黄河娃'胸章"积分兑换→"快乐'黄河娃'"争杯评选。其中"'黄河娃'印章""'黄河娃'胸章"由教师保管和发放，"快乐'黄河娃'"争杯评选队部负责。

图4-3

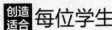

（三）奖励兑换规则

（1）获奖学生要妥善保管"快乐'黄河娃'"积分存折，丢失不予补发。

（2）每位学生每获得12个"'黄河娃'印章"，就可到班主任处兑换一个"'黄河娃'胸章"；获得3个"'黄河娃'胸章"就可到大队部换取一个乐高玩具或印有水小LOGO的文具；获得6个"'黄河娃'胸章"就可到大队部换取一个"快乐'黄河娃'"吉祥物；获得12个"'黄河娃'胸章"就可到大队部换取一件代表特殊意义的水小特制T恤；学期末每班星级最高的3位学生将获得"快乐'黄河娃'"争杯资格，"快乐'黄河娃'"每两年评选一次，胜出者将颁发水晶奖杯一座。

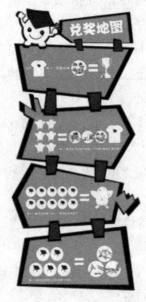

图4-4

（3）本人持积分存折和"'黄河娃'胸章"同时进行兑换，积分存折累积使用。

争章评星活动促进学生不断自强，积极上进。多角度评价学生，无论哪方面获得进步都予以奖励，真正为学生长足的发展服务。一方面，生生之间互为榜样，互相评比。另一方面，教师发掘学生身上的闪光点，关注学生的点滴进步。多元评价树立学生成长的标杆，让更多的孩子发现自己的闪光点，找到成长中的自信。通过系列活动，提升学生素质，提高学生素养，提升孩子们的创新思维，让学生在亲历、体验中发现自己，认识自己，提高自己，从而成为我校培育的快乐"黄河娃"。

"黄河品质是笑纳百川，九曲不回，是渴望、胸怀、精神、毅力。水车情怀是勤于进取，乐于奉献，是守望、给予、润泽、执着"源于"尊重个性，挖掘潜力，快乐发展"的办学理念。在德育实践中，尊重学生，充分依靠学生，以润物无声的情怀开展丰富多彩的活动，定会启智扬长，塑造健康快乐的"黄河娃"。

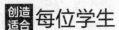
今天我为祖国骄傲，明天祖国为我自豪

水车园教育集团水车园小学　金 艳

亲爱的老师们、孩子们、家长朋友们，大家早上好！

欢迎大家如约来到我们可爱的校园，开启新学年的学习。过去的这个假期，学校里发生了很多变化，你们肯定都注意到了：大梨树上的梨子长大了，挂满了枝头，操场比以前平整了，很多教室都重新布置了，操场的西北角多了一处瀑布景观，大树的四周摆放了供大家休息的长凳，民勤街分校的校园里也修葺一新，咱们的银河分校更是"内外兼修"……学校里的很多地方都在变得更好、更美。这学期，我们还迎来了658名一年级的新同学。

随着新学期的到来，我们还即将迎来一个重要的大日子，那就是祖国妈妈70岁的生日。孩子们，你们在祖国妈妈的怀抱里幸福地学习、成长，祖国也在一天天地富足、强大。我要讲话的主题是《今天我为祖国骄傲，明天祖国为我自豪》。

2019年，共和国70华诞。70年里，伟大的祖国栉风沐雨，砥砺前行，取得了一个个让大家瞩目的成就。每一个中华儿女都纷纷为祖国点赞，为中华喝彩。

而70年前的中国，到处满目疮痍，遍体鳞伤。人民生活流离失所，食不果腹。山河破碎风飘絮，身世浮沉雨打萍。那时的中华民族到了最危险的时候，在无数仁人志士"起来，起来"的呐喊声里，在他们抛头颅、洒热血的前赴后继里，才孕育了我们今天可爱的中国。

今天，我们的老师们在为庆祝国庆的盛世排练合唱，有的班级里孩子们也在为水小国庆戏剧节抓紧排练，每一个人都想在这个伟大的日子里纵情歌唱，舞蹈。

不过，孩子们，作为校长，我想告诉你们：未来之中国在你们手里，所以为了祖国明天的盛世，你们必须好好学习。

108年前，周恩来总理曾说：为中华之崛起而读书。这声音它穿越历史烟云，震撼着雄阔的时空，它不断地激励着一代代年轻学子为报效祖国而畅游学海，激励着一代又一代国之英才脱颖而出。

"蛟龙"号载人潜水器最大下潜深度达到7062米；首颗量子试验卫星"墨子"号登上太空并与地面实现量子通信；世界上最快的超级计算机"神威太湖之光"已超第二名近3倍的运算速度；我们的高铁享誉全球……这些成就的取得无一不是科技工作者努力的结果，而他们每一个人都是学习的佼佼者，都是通过学习改变世界的人。

中华已经崛起，亟须人才辈出。同学们，未来当祖国母亲100岁生日的时候，也就是30年后，那时的你们，正是学有所成，风华正茂的时候，那时候你们也将成为国之栋梁或是这个城市的脊梁。为了那一天，你们今天就要百分百地努力学习。

为了祖国明天的盛世，你们必须强健体魄。同学们，你们一定都知道：强健的体魄是我们做好一切工作的根本，有了好身体我们才能更好地学习、生活。水小的孩子们在"体育课课练"里跳绳、打篮球；在"大课间"练协调性，练柔韧；在"全员运动会"里奔跑、跳跃。在水小，你们锻炼身体，磨炼意志。这些，都让你们的体魄变得强健，同时也会让你们变得坚韧、专注、执着、智慧。伟大领袖毛泽东从小酷爱学习，同时也很重视体育锻炼。他说，体育不仅可以活跃身体，而且还能振奋精神。年轻时他勤于锻炼，到了80岁高龄时，他还畅游长江。习近平爷爷也是健身的楷模，因为从小锻炼身体，所以打下了良好的底子，后来面对辛苦的工作，他精力充沛，思维敏捷。

在我小的时候很流行一句话：每天锻炼一小时，健康工作五十年，幸福生活一辈子。这些年，我一直努力地去做，今天，校长把这句话也送给你们。我们每天一起锻炼，一起进步，因为体育确实会磨炼你的毅力、自制力，培养你抗压能力，提高学习能力。这样的你，才能更好地为祖国贡献你的力量。

为了祖国明天的盛世，你们必须多多读书。孩子们，从你们踏入水小的第一天起，学校就给你们种下了阅读的种子，努力践行着"让阅读成为一种习惯"的理念。营造阅读的氛围，构建阅读课程，开展阅读活动……就这样一路

　　行走，阅读现在已经成为水小师生的生活方式，成为我们的自觉习惯。人们都说："一个人的精神发育史就是他的阅读史，一个民族的发展史就是它的文化史。"读书，不仅是水小人的基因，还会让你们有开阔的视野、独立的思考、理性的分析、辩证的表达。

　　孩子们，你们要相信：阅读会让一个人变得目光澄澈，心向美好。阅读不仅能使自己绽放，而且会在自己成长的同时成就他人。每一个水小学子是靠不断阅读与积累站立起来的。与书相伴，你的一生一定有质量、有生机，心里也会充满光亮。如果每个人都这样，那么我们的城市、我们的祖国该有多美好！

　　为了祖国明天的盛世，你们必须心怀梦想。也许有同学会说，梦想离我好远。可是，孩子，当你有梦想并为此努力过，你的一生就不会碌碌无为、苍白无力。你可以平凡，但因为你选择了走向聪慧与高尚的梦想，你就不会平庸！一个人立下志向并为之努力的时候，也正是自己开始强大的时候。时间匆匆，逝者如斯，我们在这世间能留下的最好的印记就是自己奋斗的脚步。

　　如果，他人能因你的奋斗而更幸福，如果城市能因你的志向而更温暖，如果祖国能因你的努力而更繁盛，如果人类能因你的梦想而进步……那我想，你的人生会因此而绽放光华，这才是最美的"黄河娃"。你的、我的、每一个人的小梦想，加起来，不就一点一点地实现了民族乃至人类的大梦想了吗！

　　我还想对老师们说，水小的优秀已融入我们每个人的血液，每一次看到你们忙碌的身影，我都在想，正是你们不计劳苦的付出，才有了水小今天的繁荣；每次看到你们无怨无悔的工作，我都被你们感染；每次看到你们用专业、用学识培育祖国筑梦人的时候，我都在为勤勉、执着的你们点赞。

　　今天，你们所有的工作不仅在照耀一个个向阳的生命，而且还在呵护着每一个家庭的希望，更在为祖国的明天培养建设者和接班人。每每想到这里，我的心里便有无穷的力量，我们为祖国喝彩！祖国也在为你们点赞！

　　最后祝愿伟大的祖国生日快乐，繁荣昌盛！祝愿老师们家庭美满，工作幸福！祝小朋友们天天开心，学业有成！

　　谢谢大家！

来自校长的一封家书

水车园教育集团水车园小学 金 艳

亲爱的老师们、孩子们：

2020年庚子鼠年春节，本是我们期待的合家团圆之日，但这一切却因一场突如其来的战"疫"变得不同寻常。新型冠状病毒肆虐全国，疫情形势牵动着每一位中国人的心。党中央带领我们"坚定信心，同舟共济，科学防治，精准施策"，打响了疫情狙击战，同时间赛跑，与病魔较量。我们每一位水车园人也用自己的坚持与努力一起战"疫"，我看到了老师们的敬业、执着，看到了孩子们的聪慧、勤奋，看到了我们一起"躬身入局，挺膺负责，方有成事之可冀"的毅力和坚韧。

万物有灵 敬畏生命

亲爱的同学，中国文化是尊重生命、敬畏生命、爱护生命的。儒家的核心观念是"仁"，是"在天为生生之理，在人为博爱之德"，可我们人类，却恰恰犯下了一个违背自然的致命错误。人类吃野味的历史，可以追溯到很久以前。那是人类在满足温饱以后更"高级"的追求，正是这种追求，让人类陷入万劫不复的境地！作为一个中国少年，你是否暗下决心，从此义正词严地对野味说"不"呢？你会的！我始终坚信，你眼中是花香满径，是星辰大海，是飞鸟依人，是和美安澜。对生命之敬畏，对规律之恪守，乃中国少年之良知，之气度！

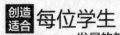
童眼有光　年少有责

　　亲爱的同学，你看到了吗？从2003年到2020年，惊人相似的疫情，惊人相似的冷静无畏。已经83岁高龄的钟南山院士，以令人敬仰的学术勇气、高贵的医德和深入的科学探索，给予人们战胜疫情的勇气！

　　亲爱的同学，你看到了吗？命名为"雷神山""火神山"火速建立的医院，既蕴含着文化底蕴深厚的神话中筚路蓝缕、开创蛮荒的精神，又装满了中国人民解放军医生队伍的英勇豪情！

　　亲爱的同学，你看到了吗？当武汉生病了，当我们的国家生病了，祖国的人民，无论身在何处，那一腔拳拳报国之心在跳动！一时间，海内外华人齐心协力，医用物品、民生物资源源不断地运输；无名英雄，爱心捐赠，每个角落都有希望在燃烧。是啊，疫情传播的速度再快，却远没有爱蔓延的速度快，这一切，唯有在中国！

　　亲爱的同学，去年九月开学之初，我们曾一起高唱"我和我的祖国，一刻也不能分割……"时至今日，旋律响起，我依然会热泪盈眶。今天，没有军号和硝烟，我们的祖国却行走在危险的边缘，没有刀枪和利剑，我们的祖国，却捍卫着生命的尊严！在这守望相助的每一天，在这众志成城的中国年，我们中国少年应该做些什么？

　　我们的肩膀虽弱小，却也坚如磐石，我们虽无法上"战场"，但信念亦铿锵有力！

　　我们，中国少年——要为满目伤痕而强自己！

　　亲爱的同学，你们要为祖国繁盛而立抱负！病毒在肆虐，疾患未消除。面对这场病毒，我们看到了国家的团结与实力，我们看到了一群勇敢的逆行者：医生、护士、军人等，他们舍小家为大家。在我们的国家，从来不缺平凡而伟大的人，他们用自己的实际行动践行着自己的使命与社会责任。

　　亲爱的同学，作为校长，我期望你们能把读书、学习当作是一种责任，他日，要做像钟南山爷爷、李兰娟奶奶那样的人，勇挑重担，用知识去战胜危险，用自己的一流专业知识为身边的人、为国家分忧。亲爱的同学们，他日，你若长大，你们会从事不同的职业，但无论你在哪里，在做什么，你们终会用健康的体魄，用科学知识，做一个对国家有用的人，我想这是每一个水车园人的报国志、家国梦。

常言道"成大事者，必有静气"。同学们，"宅"家的日子还要伴随我们一段时间，在开学前的这段时间——至少在2月23日之前，我们要先暂别网课，我们要静思反省，让心灵在真与情中学会感恩，学会善待生命、善待自然；要在家和家人一起多读书，读纸质的书，一起讨论书里的乾坤；要多活动，和家人进行飞花令、家庭运动会……温暖亲情、迎接阳光，学会自主学习、自我管理与自我教育；我们要关注疫情，定时收看疫情发布会，为医务人员点赞，记录他们的感人故事，为武汉加油，为中国加油！

有大家的齐心协力，有强大的祖国，攻克最后的难关一定不会太遥远。等到那时，我会在操场上、教学楼里再次听到我最喜欢的——你们的欢笑，你们的读书声，听你们说声"校长好"！

2020年，相信春天的到来会让我们马上回到往日的祥和与自由，那时，一切的美好都会如约而至！

亲爱的同学，"天下兴亡，匹夫有责"。从古至今，无论是"位卑未敢忘忧国"的陆游、"先天下之忧而忧，后天下之乐而乐"的范仲淹，还是"一腔碧血勤珍重"的秋瑾、"我以我血荐轩辕"的鲁迅，都懂得：爱国——是一个人必备的素养！

心系祖国少年志，此生不悔入华夏！

"黄河娃"的朋友：金 艳

2020年2月12日

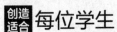

小学生居家学习的三个建议

水车园教育集团水车园小学 金 艳

疫情的突然袭击让我们放慢了前行的脚步。

正如我校一位一年级的小同学说的："不出门是预防病毒最好的药。"事实也是如此。我们学校的"黄河娃"们做到了无论何时、无论何地，都能营造向阳而生的美好生活。这段时光，我每天都在学校的班主任群里欣赏大家发来的美篇，内容有线上书友会、捐赠活动、百字习作、百变达人等。给人印象最为深刻的是线上书友会：《长江娃挺住，黄河娃给你加油》，我感受到的是孩子们的善良与上进，同学们发出的掷地有声的宣言：做像钟南山爷爷一样有知识的人，勇敢地担当社会责任，树立为实现"中国梦"而读书的远大志向。

我还看到五（3）班的白鹭同学在甘肃少儿频道《防疫小卫士》节目中给大家讲"七步洗手法"。五（3）班的陈胤哲同学、一（6）班的王汉天同学、四（7）班的程俊凯同学在兰州市文明办举行的"金城娃为武汉打气"系列活动中都有很好的表现。四（5）班的小朋友们在家举办"舞王争霸赛""成语猜谜比赛"，还有很多班级开展以疫情为话题的每天百字习作等活动。同学们还变身美食小达人、清洁小能手，让生活多姿多彩！每天的锻炼更使我们明白了：宅在家里，我们更要坚持锻炼，好的身体才是抵御病毒最好的武器。

在任何环境中，同学们都能保持积极向上的乐观心态，用聪明才智演绎一段学习和生活的传奇。我为我亲爱的"黄河娃"们点赞，我为同学们骄傲！在过去的一个月里，我看到老师和同学们在这场分工不同的全民战"疫"里，尽力做好了自己的事。用行动为防控助力，用学习共克时艰。

同学们在这次没有硝烟的战场上，更加明白了要做什么样的人，怎样学习与生活，怎样对待自然与生命，怎样成为真正的快乐"黄河娃"。

先说做怎样的人：在这场人生大课里，我们从钟南山、李兰娟等科技工作者身上，学到了"科学与敬业""责任与担当""大义与忠诚"。

10天就竣工的火神山医院，被世界感叹。工地上的无名助阵者，很多都是自发来工地帮忙的，我们从这些平凡人身上学到了"豁达与乐观""团结与拼搏""奉献与博爱"。

从全国同胞、海外朋友们对武汉的帮助，从一批批医护人员的援助，到各地物资的支持，以及鼓励的文字与语言，我们学到了一方有难，八方支援，我们深切地体悟了众志成城，无坚不摧！

《夏洛的网》这本书里有这样一句话：生命到底是什么啊？我们出生，我们死去，我们活上一阵子……通过帮助你，也许可以提升一点我生命的价值。是的，无数的人们为这场战"疫"拼尽全力，前行便义不容辞。一批批的医护人员驰援湖北，逆行就是对生命的礼赞！希望同学们以后更加珍惜每一天的生活，努力让自己的生命更有价值。为了这个世界更加光明，我们也要努力发出灿烂的光芒。

再说说生命与自然：高年级的同学一定记得这句话：大地不属于人类，而人类是属于大地的。它出自我们学过的一篇课文《这片土地是神圣的》。

林间的飞鸟，精美的秋日落叶，来自山谷的风，星辰大海，豆蔻青枝……世间万物都需要你温柔以待。而打破自然的平衡，迟早要招致自然的报复。澳大利亚的山火、非洲的蝗灾，都是惨痛的教训。

大自然这次给我们上了深刻又惨痛的一堂大课，并给我们布置了沉重又长远的作业——关心地球、关怀自然。与自然和谐相处，与其他物种和平共处，更智慧地辨析个人与自然之间的因果，更深刻地把握自我和世界之间的关系，是灾难警示我们必须思考和践行的严肃话题，也是我们必须学好的课程。

不仅人类之间是命运共同体，而且整个自然界都是命运共同体，所有的生命都值得我们敬畏和尊重。在这场突如其来的疫情之后，我们也一定会更深刻地懂得：自然的每一次灾难，都和我们息息相关。人与自然和谐共存，悲剧才不会重演。学会敬畏自然、了解自然、顺应自然，与自然"和解"，我们才能在这世界里"天人合一"。

最后说说做快乐的"黄河娃"：这段时间，我们还要居家学习。学校课程中心的老师们已经根据教育部的总体要求和学科特点，为延迟开学提前做好了充分的准备工作，以确保延迟开学期间同学们的居家学习取得实效。为此，我给同学们三个建议：

第一，养成自主管理的好习惯。

我想，居家学习不仅仅是简单地追赶教学进度，还要在这段时间里培养我们的自主管理能力。自主管理能力的核心是自控力的培养。有人说：一个人成功的要素，自控力是智商的两倍。所以，我们要把我们能够做的、应该做的、通过努力能够做到的事情，都做到最好。这就要培养我们自主管理的能力。请同学们一定在家按时保质保量地做好功课，每天坚持读书、计算、锻炼、劳动。我建议大家把居家学习期间的课表当作自己的时间规划表，晨诵、午读、暮省，把每一件事在自我管理下做到最好。

每件事是否在规定时间、有质量地完成？自己要控制，自己要评估，同时真诚地邀请爸爸妈妈每天都给你评价，帮助你把计划实施好，培养自己的自控力。或者和你的一个坏习惯较劲，在这段时间里打败它，建立新的学习生活习惯，形成自我管理的能力，从这场人生大课中收获自我的成长。孩子们，人生的意义是什么呢？就是努力地工作学习，寻找快乐！而快乐的源泉，是化被动为主动，只有我们自己愿意做，那快乐就从心里、从内而发，历久而弥新。孩子们，在自主管理的过程中寻找到快乐，就能听到自己拔节成长的声音。

第二，把家当作一座亲子图书馆。

孩子们，从学校设计的课程中，你一定能读到老师们的愿望：希望你们能大量阅读。居家学习让我们有时间充分阅读，一本书可以读几遍，通读批注，摘录重读感悟，最难得的是可以和爸爸妈妈好好讨论一番、辩论一番，也有充足的时间在老师的组织下，线上开书友会。一起读书、一起聊书，一起做朗读者，一起做摘录笔记，这是多么美好而且奢侈的一件事啊！请家长、老师和同学们，一起把家变成图书馆，好好徜徉在书里，沐浴在经典作品的思想里，让自己变得情感丰富、底蕴丰厚、思想独立，为自己今后飞得更高更远打下坚实的基础。

你们知道吗？在非洲草原上，有一种草叫作尖毛草，它被誉为"草地之王"，可是在最初的半年里，它几乎停止了生长，人们根本看不出它是草地之王，但是在雨水充沛的季节，它仿佛被施了魔法，两三天就长到1.6米到2米的惊人高度。植物学家研究发现尖毛草一直在生长，它可以把自己的根部扎往大地深处28米，根深才能叶茂。

阅读就是长根的事业。要想成为一个卓越的人，就必须根植于深厚的阅读。亲爱的孩子，你能不能冒出来，可能取决于你的灵气，可是看你能不能走远，但关键看你的底气。底气、底蕴，是用书堆出来的。所以我们要提醒自己阅读，阅读可以博闻强识，可以像蜜蜂采蜜，博众家之长，也可以深入地阅读一类书，深入阅读一个作家，慢慢地让自己在某一个领域能够深究下去。总的来说，文史哲的阅读，始终能为我们的人文底蕴打下坚实的基础。

所以，亲爱的家长、老师、同学们，让我们在灿烂的春光里阅读吧！家这个图书馆的温情、芬芳，给你力量，让你内心强大，让你自带香气，魅力四射。

第三，用项目化学习开启我们新的学习历程。

亲爱的老师们、同学们，现今全球化的趋势和21世纪教育的重点，是培育下一代在当今世界取得成功所需要的深入学习的素养和能力：建立批判性思维的能力、合作的能力、沟通的能力、创造性地解决问题的能力、分析的能力。如何让我们在学习的过程中既获得知识又获得促使我们终身学习和发展的学习能力和品质呢？项目化学习就是一种有效的培养时代所需的学习素养和能力的学习策略。从现在开始，我们会更注重以项目化的方式来学习。学校课程中心的老师们制定了项目学习课程方案，解决一些在疫情中实际遇到的问题。在真实的问题解决中，你们可以学会使用知识和创造，形成专家思维，引发跨情境的迁移，引导同学们将当下的读书与做事（项目）、做人（素养）建立关联，在学校学习与未来个人生活、校外社会实践之间建立关联，增进我们与未来世界接轨的能力。这段时间，项目组的老师会每天引导大家系统地开展这个项目，请同学们像真正的科学家、作家、工程师、数学家一样，在富有挑战性的情境中，不断洞察，有创造力地思考，成为心智自由的学习者！

同学们，停课不停学，为了保护同学们的眼睛，为了珍惜居家亲子时光，也为了让居家学习的效果的性价比最高，我们在学校的微信公众号制定并发布了学习的方案，以阅读和自主研究为主。如果疫情要求我们继续居家，那后续我们会修订课表和学习内容，希望同学们按时连线空中课堂，在有限的时间内高效及时地完成线上任务，希望所有的"黄河娃"、少先队员们，每天早睡、早起，按照学校安排的作息时间学习。每天和家人一起读书、讨论，和家人一起锻炼、劳动，开启温暖、开启未来，共同迎接春暖花开的校园。

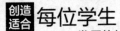

自立成长　让风华少年在生活中闪光

水车园教育集团水车园小学　周 卫

让孩子在生活中学会自立成长，一直是水车园小学的育人理念。多年来，学校通过多种途径、多种方式，通过开展各类课程、活动，关联孩子们的学习与生活，让孩子们人人参与，在生活劳作中锻炼技能，提高自理能力，让学生学会生活、学会交流、学会感受。

在我校，沿袭着每人争做"家政小能手"的传统。谈起家政学，是一门涉及范围很广的综合性应用学科，它的内容涉及烹饪、缝纫等一些家庭生活技能，也包括家庭人际关系、家庭经济、家庭管理、育儿等方面。劳动教育一直是我们学校教育比较欠缺的一块。为了培养孩子的能力，促使孩子全面发展，水车园小学开设了家政课。

学校家政课主要根据孩子的年龄特点在4—6年级开设，考虑到学校场地限制，学校每周五下午安排一个班开展家政课，课程的教学主要由班主任、副班主任和家长志愿者组成。课程内容主要是包饺子和家常菜的教学，使孩子在课程中学到一些生活技巧，尝试亲自动手实践，体验劳动带来的乐趣，感受平时父母的辛苦。同时在劳动的过程中和同学合作交流，培养孩子的合作能力。学校希望通过这样的课程和引导，使学生在家能够更多地体谅、帮助父母，促进家庭和谐和孩子健康成长。

一、巧设课程目标，锻炼生活技能

我校家政课在课程目标的设置上，聚焦生活，传承中华美食文化的精髓，以"饺子""家常菜"等为载体，激发兴趣，达到锻炼目的。

（1）简单学习包饺子的技能，会拌馅、擀饺子皮、包饺子。

（2）能制作一道简单的家常菜，了解炒菜的步骤、所用的器具。

（3）学会与同学合作订合理的计划。

（4）培养审美意识，学习如何摆盘、配色等，能设计出带有自己特色的饺子或菜品。

二、细化实施过程，确保人人参与

家政课根据学校统一安排开展，根据课程目标，课程分为三大阶段，即准备阶段、实践阶段、总结阶段。

准备阶段主要包括：

（1）学生的动员活动，活动内容的宣传：告知学生家政课的内容、要呈现哪些成果、我们要如何组织活动。

（2）学生的分组：老师根据学生推选确定小组长，由小组长确定自己的组员，全班大概分为6—8组，每次课程的小组成员并不固定。

（3）家长志愿者的挑选：在家长自愿报名的基础上由各组成员自主选择一位家长作为本组的辅导员。

（4）小组的分工：在小组内进行分工，包括需要携带的物品、负责的内容、所需物品的购买等，要保证每个孩子都有任务，做到人人参与。

实践阶段主要是按照计划按时将物品带到学校的家政课教室，学生统一穿好衣服、戴好帽子，洗手进入教室，分组在自己规定的位置完成任务，在此过程中组长和家长志愿者负责小组的纪律和安全。学生在实践过程中如果遇到困难则由家长志愿者或者老师来帮助孩子解决。为了保证各组的效率，统一规定须在两个小时内完成任务。之后由班主任统一安排分组煮饺子就餐，享受自己的劳动成果。

总结阶段主要是进行本次家政课收获的分享，先由小组长总结本次活动中的优点和不足，其他同学补充之后的家政课需要改进的地方，再由各组组长在班级汇报此次活动的总结，以便取长补短。然后自由在小组内分享自己本次活动的感受，推选同学在班级分享，形成文字性的成果。

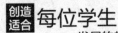

三、多元评价方式，聚焦成长反思

1. 评价方式

家政课的评价包括过程性评价和终结性评价两部分。过程性评价主要在小组内由小组同学进行同学间的互评，评价比较全面，包括参与度、与他人合作的情况、完成工作的效率、是否遵守小组纪律、有无安全意识，等等。终结性评价主要是形成的成果以及孩子对自我认知的评价。例如，是否学会了包饺子，在课程中有没有其他收获，在与同学的合作中学到了什么。

2. 评价亮点

家政课的评价注重学生的成长和反思，在过程性评价中关注学生的成长过程，关注孩子的努力程度和成长过程，在终结性评价中关注孩子的反思及行为的调整。整体评价的目的不是定性而是促进学生的成长。

四、劳作收获颇丰，学会生活艺术

学校的家政课对于学生们来说是非常有益的课程，孩子们在本门课程中可以充分发挥自主能动性，通过自主选择成员、自主制订计划等充分感受到一项劳动的全部过程，充分调动了孩子们的思维，对问题的考虑和理解也会更加全面。随着人们生活水平的提高，能让孩子动手的地方越来越少，大部分都是家长代劳，学校的家政课给孩子们机会，让孩子们充分地动手操作，在这样的实践中切切实实培养了孩子的动手能力，让孩子们体会到了劳动的乐趣。课程让孩子们学到了许多常识，知道了在生活中看似普遍的事物背后有许多的知识，了解到在做饭的过程中也可能存在一些危险，在遇到这些危险时我们该如何保护自己，我们需要采取怎样的措施来预防这样的危险发生。通过家政课，孩子们认识到生活中也有许多知识，应当关注生活中的点点滴滴，从生活中获取知识、培养能力。学校家政课同样促进了家长和学生、学生和学生、老师和学生之间的关系。大家通过合作和相互帮助促进了相互间的理解和了解，老师引导学生在家里帮助父母做家务，从而有效地促进了亲子关系的良性发展，也促进了家校合作的有效开展。

附：学生参与家政课感悟

快乐时光

六年级（2）班　王　杰

人生仿佛是一场梦，所经历过的所有快乐的时光仿佛在一眨眼间便溜走了。而其中，最令我难以忘怀的则是那一次家政课。

那是一个金秋十月，在学校的食堂里，人群密密麻麻，如蚂蚁一般。只见同学们个个头戴大厨帽，身穿白色的做饭衣，系着蓝色的围裙，走起路来大摇大摆，好像一名饭店的厨师。这是在干什么呢？哈哈！这里正在进行一场特别的家政课——包饺子！我们在老师的带领下分配好小组，我心中顿时忐忑不安起来：我以前可没包过饺子，这次如果包不好怎么办？会不会遭到同学们的笑话呢？但是，我又有点小激动！正当我思绪乱飞时，配好的饺子馅已经发下来了，只等一声令下了。

老师那一声"惊天动地"的"开始"后，同学们都紧张地忙碌起来，我小心翼翼地拿起一个面皮，又颤抖地拿起勺子，把一团肉馅放在面皮正中央，随后，我将面皮的两端轻轻捏在一起，从正中部向边缘扩展，将开口全部压紧，最后将面皮旋转，中心顿时形成了一个大"旋涡"。"大功告成"了！我将我"努力的果实"轻轻地放进托盘中，得意扬扬地想：包饺子也没什么难的嘛，如此简单。我抬起头扫视了一下四周，同学们都忙得不亦乐乎。我突然惊讶地发现有位"高人"包出的饺子竟是如此精巧，有的是"巨龙"，有的是"兔子"，还有的是"山羊"。我真是自愧不如啊！我心里暗暗地想：真是人外有人，天外有天啊！当品尝着自己亲手包出的饺子时，我心中不禁泛起一阵波澜，这不是一个个普通的饺子，而是大家共同努力、协作的成果，更是同学们浓浓的情谊呀！

快乐的时光总是稍纵即逝，这次家政课，不仅仅是一次普通的课程，更是一条连接同学们情谊的五彩斑斓的纽带，又宛如一条长河，引领我们奔向美丽的远方！

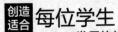

守一方清洁　做校园主人

水车园教育集团水车园小学　柏延霞

古人云："居移气。"是说环境可以改变人的气质。学校，是一个传播文化的特定的学习场所，是学生获得知识、养成行为习惯的重要场所，同时也承担着环境教育的基本功能。良好的育人环境，反映一个学校的精神面貌，会使学生受到美的熏陶，得到心灵的净化，有助于学生形成高尚的道德情操和良好的生活习惯。身处优美的环境，学生心中就会升腾起爱美保洁的意识，自觉规范自己的行为。

水车园小学的每一天，都是从孩子们自己打扫校园拉开帷幕的。多年来，这已经成为学校一道独特亮丽的风景线，全体同学人人做义工，人人争当小主人。我们自己的校园，自己清洁，自己做主，舒适在校园中，快乐在校园中！

一、树立主人翁意识，激发爱校情怀

校园清洁，是让学生树立主人翁意识的最好途径，孩子们通过积极参与学校环境的美化与保护，为全体师生打造了健康的生活环境，提高了学校的整体形象，同时也激发了学生热爱生活、热爱学校、热爱祖国的情感。

在校园清洁中，潜移默化地培养了学生爱护环境的自觉性，增强了学生的环境意识，养成讲卫生、爱清洁的习惯，还能提高学生的动手能力和实践能力，培养学生吃苦耐劳的精神和克服困难的意志，还增强了班级凝聚力和集体荣誉感。

二、领导注重管理，学生加强监督

学校成立督查小组：金校长任组长，胡书记任副组长，各办公室组长为成员。每周一早上检查各办公室及活动室卫生，公布检查结果，提出整改方案。

值周班级安排值周生，每天上、下学四个时间段在校门口、楼门口、垃圾台及楼道内巡视，检查各班教室及区域卫生，监管学生乱扔垃圾情况，严禁学生携带食品及饮料入校，杜绝校门口"脏、乱、差"现象的发生。学校提供给学生教室及卫生间用纸，严禁学生自带卫生纸、随意撕作业本纸张等，以从根本上杜绝校园垃圾，为校园清洁工作减轻负担。

三、加强宣传力度，提高师生认识

充分利用健康教育课、校园广播、国旗下讲话、手抄报、黑板报、主题班会等形式进行宣传教育，使学生充分认识到校园清洁工作的重要性和紧迫性。全面提高师生的卫生意识，积极倡导健康文明的生活方式，让校园清洁主题教育深入人心。

四、全校人人动手，师生互助共洁

在这场属于全校师生的"清洁序曲"中，人人参与的乐趣更体现出了劳动的价值，不仅如此，各项制度的设置，还保障了清洁工作的有序开展。

（1）各年级同学负责本班教室以及小水房的清洁工作，人人参与，互相监督。各楼层的公共水房卫生，由本楼层各班级值日生每周轮流打扫。学校把操场的清洁责任区域划分到二年级以上各班，要求每日扫、拖各两次，由各班副班主任带领值日生进行清洁。

（2）每月一次，按时进行"我爱我校实践活动"，全校大扫除，包括办公室及各活动室，消除卫生死角。

（3）教师率先垂范，随时随地弯腰捡垃圾。

（4）遇到雨雪天气，师生总动员，共同清扫。

（5）每学期开学前，体育组教师负责操场的清洗工作。

（6）特殊时期，各班正副班主任轮流在下午放学后对教室桌面及地面进行杀菌消毒。

（7）保洁员随时保洁，做到了墙壁、窗台、宣传牌无积尘，楼道、楼梯无垃圾。

五、定期检查督促，落实管理制度

学校清洁管理，实行值周生每天两次检查、打分制度，每天中午公布各班的"三关三净"（关门、关窗、关灯，桌面净、地板净、黑板净）情况，发现问题及时解决，确保校园干净、整洁。学校每周五进行汇总，并评出卫生先进班集体，颁发"黄河娃"流动红旗，并于每年"六一"节对各年级的先进班集体给予奖励。

六、多元评价方式，尊重劳动之美

（一）评价方式

1. 班级内部评优选先

各班班主任根据本班实际情况，将清洁任务分组承包，以表格形式公布室内外值日生名单，张贴在教室的"三表栏"里，由本班卫生委员进行检查和监督。室内清洁由班主任负责，室外的区域清洁由副班主任负责，分工明确。每周班会课，班主任进行清洁工作总结，对于按时搞值日、认真做值日甚至主动帮助值日生的同学进行表扬，量化评选出本周的"劳动标兵"，奖励"黄河娃"印章一枚，并以此作为每年"六一"表彰大会上各班"卫生之星"的候选人。

平时的个人卫生，由四人小组组长进行日监督，内容包括：指甲、头发的长度，书本的整洁，书包的整理，桌仓的清理，表现好每次1积分，每10积分奖励"黄河娃"印章一枚，集够12枚印章奖励学习用品。

2. 值周班级进行日评、周评

值周生每天两次检查，对于各班的室内外卫生，包括小水房的清洁情况进行量化评比，每个楼层安排四个人。每日一评，每周总评，最后算出平均分，评选出本周的卫生先进班级。年级组内自查、互评。

3. 学校进行周总结和年度评优奖励

每周一，校园清洁领导小组成员在检查各办公室及活动室卫生之后，及时公布检查结果。每周五下午的降旗仪式之前，值周教师总结本周工作，表扬在校园清洁工作中以身作则的正、副班主任，大队辅导员公布本周各年级卫生先进班级，颁发流动红旗。每年"六一"儿童节，评选出各年级的优秀班集体，颁发奖状，以资鼓励。

（二）评价亮点

每周一的卫生检查结果，以电子版和纸质版的形式公布，表扬表现突出的办公室，公布相关的亮点，为大家指出了改进的方向。每周的值周总结会上，表扬身体力行的老师，给大家指明了学习的榜样。

在校园清洁课程的实施过程中，无论是学生的自我管理还是互相监督，重要的是人人参与学校环境的美化与保护，让他们亲眼见证了劳动带给校园环境的巨大变化，从而体会到了劳动的成就感与幸福感。在此过程中，每个学生都能体会到清洁工作的艰辛，也就能够懂得尊重劳动者，逐步培养了学生爱护环境的自觉性，增强了学生的环保意识，养成讲卫生、爱清洁的习惯，激发了学生爱学校、爱生活的情感。在共同的清洁活动中，学生体会到了团结的力量，增强了班级凝聚力和集体荣誉感。每年新生入校的第一个月，都是由六年级各班主动派出值日生，进行班对班的清洁指导和帮扶。这已经形成了一个长效机制，让所有一年级的同学都感受到了大家庭的温暖与友爱。

第五章

根本固者，华实必茂

——集团化办学

　　集，三只鸟聚集在树上，有会聚、汇合之意。团，本义为圆，有组织起来、团结为一体之意。水车园教育集团是每一个孩子全面成长的乐土；水车园教育集团是教育人共生共长的集合之地；水车园教育集团是教育改革创新实践的新高地；水车园教育集团是奔跑的城关教育的时代剪影。过去、现在与未来，我们一直致力于培养对国家、对社会有担当的，有独立思辨能力的，有高尚道德情操的社会栋梁。水车，黄河上的不老传说。辘辘水车润泽大地，滔滔黄河融合百流，共生奔涌。

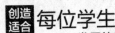

水车园教育集团章程

第一章 总 则

第一条 为认真贯彻落实《兰州市城关区教育局关于组建一只船等三个教育集团的通知》（兰城教〔2020〕15号）文件精神，充分发挥优质教育资源的示范辐射功能，带动区域内学校教育资源的整体优化与教育质量的整体提升，满足人民群众对优质教育的需求，经区教育局批准，成立水车园教育集团。为规范集团内各成员学校活动，明确成员校的权利和义务，加速集团发展进程，特制定本章程。

第二条 集团成立日为2020年1月9日。

第三条 以名校＋强校＋潜力（新）校的方式组建教育集团，集团名称为水车园教育集团（以下简称"集团"）。集团总校设在水车园小学校内。集团成员校分别为：水车园小学、秦安路小学、白银路小学、水车园小学民勤街分校、水车园小学银河分校。分别以名校与强校（"伙伴"式关系）、名校带潜力校（"兄弟"式关系）、名校带分校（"亲子"式关系）的方式，通过集团化办学给予潜力（新）校帮助和提升，同时与秦安路小学各美其美、美美与共。

第四条 集团内各成员校名称：

总校：水车园教育集团水车园小学，简称"水车园小学"。

成员校：水车园教育集团秦安路小学，简称"秦安路小学"；水车园教育集团白银路小学，简称"白银路小学"；水车园教育集团民勤街分校，简称"民勤街分校"；水车园教育集团银河分校，简称"银河分校"。

第五条 秦安路小学、白银路小学法人代表不变、管理体制不变、经济独立核算不变，原则上保持人、财、物管理独立。集团内学校之间实行管理互通、师资共享、教研一体、质量共进、文化共建、特色发展等"六大行动"，促进学校之间的深层次交流与影响，进而缩短校际差距，实现共同发展。

第六条　集团各校应具有统一的宗旨性的文化追求，在此基础上各成员校致力于个性化的、因地制宜的学校文化建设。

办学理念：尊重个性，挖掘潜力，快乐发展。

发展目标：立足西北，中国特色，世界水平。

集团愿景：办黄河之滨人民满意的学校发展共同体。

集团办学策略：互利互荣，内涵生长。

集团徽标：

图5-1

第七条　集团的一切教育教学活动必须遵守国家法律、法规，贯彻执行国家的教育方针，接受上级教育行政部门的管理。集团根据国家的法律、法规和教育行政部门的要求，制定各项管理制度，规范办学行为。

第八条　本章程自生效之日起，即成为规范集团的组织与行为的制度，成为总校与成员校、成员校与成员校之间权利、义务关系的文件。

第二章　集团的性质、宗旨和准则

第九条　集团的性质

水车园教育集团行政隶属兰州市城关区教育局，集团属学校发展共同体，不具有事业单位法人资格。集团各校以《水车园教育集团章程》为共同的行为规范。

第十条　集团的宗旨

集团以学校发展共同体为合作形式，以"优势互补，发展互促，协作共赢"为宗旨，使集团内各学校在办学理念、教育管理、课程教学、教师发展与设施使用等方面实现共享、互通、合作、共生，成为互动共赢的学校发展共同体。为人民群众提供更优质、更适合的教育。

第十一条　集团的准则

1. 集团内各成员校通过办学理念交流、骨干教师柔性流动、教育教学资源共享、设施设备场地共用、学校办学文化生成等策略，加强内涵建设，提升教育品质。

2. 集团内各成员校协同、抱团发展，打破校际壁垒，缩小校际差距，推动学校优势互补和发展互促，实现共同体内优质教育资源的辐射推广与合成再造，形成稳定的合作机制。

3. 集团内各成员校尊重各校在办学理念、管理方法、文化发展等方面的价值认同，充分保障学校主体地位，激发学校主动发展的积极性、创造性，增强学校"改进"与"重建"的能力，逐步形成各自的办学优势和特色。

第三章　集团的目标和任务

第十二条　集团的目标

1. 实现互动交流。发挥集团办学的平等互通功能，通过各种联席会议形成互动交流的机制与文化，推进各成员校的优质化、个性化办学。

2. 实现资源共享。发挥集团办学的资源整合功能，将集团成员校的各自资源实现共享，尤其是集团成员校在学科优势、人才优势、科研优势、管理优势等方面的资源，要实现共享。

3. 实现成果提升。发挥集团办学的智力聚合优势，通过集团办学建设，构想并逐步实现成果提升，实现各成员校"课程开发""课堂转型""质量提升"等方面经验的总结、提炼和发布。

第十三条　集团的任务

1. 通过集团内的工作章程和发展规划，理顺决策、执行、监督、保障等机制和环节，积极探索适合自身特点的模式，建立以共同进步为中心、以制度体系为框架、以规范程序为纽带、以项目实施为重点的集团化办学运行机制。

2. 通过集团内的各成员学校以及社区资源，建设具有集团特点和地域特色的优质课程的开发、共享、配送机制，促进优质课程资源共研共享。集团内各学校应实行基本同步的教学管理模式，在教学计划制定、教学评估、常规检查、教研活动、教学质量评价、学生综合素质评价、各类考试等方面协调一致，统一标准，统一要求。

3. 通过集团内的教师信息资源库建设，摸清各学科教师结构和骨干教师资源。按照"总量不变、合理流动、促进均衡、盘活优化"的原则，建立集团内干部和教师的定期交流制度，创新教师交流方式。通过骨干教师柔性流动、学科基地建设、特需教师配送等形式，实现教师资源优化配置。

4. 通过集团内的经验分享，全面实施素质教育，培养优秀的少年儿童。着力完善课程目标、课程内容、课程评价体系，提高课程实施成效。加强成员校之间学生的互动交流，组建多形式的学生社团，促进学生个性发展、健康成长。

5. 通过集团内的制度创新、教育改革、课程建设以及相关文化建设品牌打造，相互促进，形成集团的品牌特色。

第四章　集团的机构组成和管理

第十四条　集团机构组成

1. 集团领导机构为集团管理委员会（以下简称"集团管委会"）。设总校长1名，由水车园小学本部校长（金艳）兼任。集团成立党委，设党委书记1名，由秦安路小学校长（卢迎福）兼任，各成员校校长任党委委员；下设集团党委办公室，任党办主任1名。各校校长、执行校长为集团管委会成员（金艳、卢迎福、董文莉、李惠芳、张莹）。

2. 集团工作机构为集团秘书处。设秘书长1名，由白银路小学校长（董文莉）担任。设副秘书长5名（余洮［常务］、胡永红、张生斌、周俐彤、刘艳）。设秘书5名，由成员校各推荐1名干部担任。

3. 集团执行机构为"四大中心"。集团管委会下设学生发展中心、教师发展中心、课程发展中心、发展规划中心四个分支机构，分别由各校执行校长或副校长、中层干部兼任中心负责人。

第十五条　集团的管理

1. 集团学校干部管理。集团管委会具有对集团分校执行校长人选的任用建议权，对集团成员学校副校长的统筹调配权，对集团成员校中层干部的任免权，对集团教职工的内部交流权。

2. 集团学校资产管理。集团管委会对水车园小学、银河分校的固定资产、流动资产建立集团统一管理台账。民勤街分校固定资产、流动资产暂行自主管理，后期纳入统一管理台账。秦安路小学、白银路小学实行自主管理。

3. 集团学校经费管理。各成员校保留现有学校账户，但经费支出由集团集中式统一管理。集团根据相关要求与规定制定集团学校预算计划，通过集团学校校务会研究后，统一上报开支。集团学校建立完善的财务、资产、采购、基建、维修等管理制度。集团学校根据各校区教育教学设施设备状况，为各校区合理配置教育教学设施设备。建立集团校区仪器、器材及学生桌椅等物资管理统一的流转程序，健全集团物资进出库台账。

4. 集团学校教师管理。集团依据各成员校班级数、学生数、师资状况等因素，统筹安排集团学校教师流动，逐步实现各成员校学科骨干教师基本均衡。集团制定统一的教师考勤、业务培训、教师流动、年度考核、评先评优、绩效考核、福利发放等人事管理制度。

5. 集团学校招生管理。集团管委会对各成员校招生工作负总责，各校区校长、执行校长负责本校区招生工作的具体实施。各成员校要严格执行区教育局出台的招生政策，不得擅自跨区招收学生，不得随意突破招生计划。保持各成员校现有学生稳定，集团学校各校之间学生原则上不予转学；如符合在本校学校就读条件，且在有学位余额的情况下，经集团管委会同意、教育局批准，各校区间方可办理学生转学手续。

第十六条　集团管委会职责

1. 制定和修改集团章程；

2. 制定集团三年发展规划；

3. 制定集团年度工作计划；

4. 决定联席会议召开时间、地点和审议的主要内容；

5. 审议通过集团成员校提出的议案；

6. 审议和决定集团的重大活动。

第十七条　集团秘书处职责

1. 统一协调、规范管理，促进集团工作规范化、科学化；

2. 完善机制，共享共进，提高集团教师专业发展水平；

3. 加强对集团工作的统一领导，定期研究集团工作，总结集团工作经验，不断推进集团内各项工作有序开展；

4. 规范集团档案管理。水车园小学作为本部成立相应的档案室，设立专职档案员，由本部统一管理相应档案；各成员学校安排专人进行集团发展档案收集、管理；协调集团发展文书收发、活动组织及会务安排；

5. 搭建多种平台，发挥各校特色，提升集团形象；

6. 协调各成员学校定期在集团教育公众平台上发布宣传报道资料，展示集团办学成果。

第十八条　学生发展中心职责

1. 建立班主任工作交流平台，让教育集团全体教师能够在交流和分享中获得共同提高，促进班主任工作的开展；

2. 成立校园文化策划室，进行学校文化建设及班级文化建设交流，提升办学品牌；

3. 建立少先队手拉手工作室，定期开展少先队互动交流活动；

4. 开展艺体活动，引导集团师生开展特色团队建设与主题性的艺体特色活动，以及大型少先队展示活动。

第十九条　教师发展中心职责

1. 制定集团内教师发展计划、教师培训制度；

2. 对集团内的教师进行职业发展分层规划要求，组织能促进教师专业发展的培训活动，搭建不同层次、不同形式的交流平台，实现教师的多向交流与专业提升，促进集团内教师队伍素质的整体提升；

3. 大力推进集团内教师基本功训练，在集团内营造"比学赶超"的良好氛围，使教师练就过硬的专业基本功；

4. 对集团内教师进行集中和分散结合的培训方式，对集团内各成员学校教师进行通识性培训，并指导各成员学校进行自主的校本培训，开展有主题、有实效的校本教研活动、教师专题培训、学科论坛等活动，促进教师专业发展。

第二十条　课程发展中心职责

1. 完善集团内教研活动的制度建设，组织成员学校有计划、有主题地开展学科教研活动，并对成员学校教学常规工作的开展进行指导；

2. 实行集团内教师定期交流制度，广泛开展聚焦课堂的教学研讨活动，定期不定期在各校开展课堂教学研讨，积极探索集团学校课堂教学新模式，提高

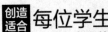

课堂教学效率；

3.聚焦课程建设，依据集团内学校各自办学特色，开发适应学生发展的校本课程，编写相应的校本教材，增强学校办学活力，提升集团学校办学品位；

4.定期开展成员学校间的教学指导活动，严把课堂教学质量关；

5.对各类教育资源进行开发和整合，推进集团教学资源库的建设。

6.申报适应集团共同发展的研究课题，组建成员校共同参与的课题联组，以课题为引领，带动集团学校科研水平的整体提升；

7.经常性地指导成员学校的教育科研工作，任务明确，方法得当，措施落实；

8.每年组织开展一次集团校际交流活动，每一学期开展至少一次集团科研活动；

9.形成一年一度的集团学校共同参与的教育教学教研学术年会机制，通过年会平台搭建，凝聚集团合力，加强集团发展。

第二十一条　发展规划中心职责

1.制定集团内校园文化建设方案，实施校园文化建设诸项行动，形成"一校一品"的校园文化格局；

2.形成集团文化形象力系统，提高整个集团的文化建设水平，形成集团文化品牌；

3.坚持教育技术为教学服务的原则，加强集团内学校间交流，在交流分享中获得共同提高；

4.建设集团教学资源库，将集团的重要教学资源收集、整理、编辑，成为集团内可共享的资源；

5.成立培训小组，对集团内教师教育技术技能进行培训，提升教师信息技术素养；

6.坚持安全巡视工作，定期检查设施设备，发现问题立即处理；

7.加强资产管理，按时清资核产；

8.制定后勤管理计划，并具体抓好落实；

9.落实安全值日制度，保障教育教学活动有序进行。

第五章　成员校的权利与义务

第二十二条　成员校的权利

1. 依照章程，优先享用集团内各种教育资源和各类信息；

2. 根据本学校发展的实际需要，有权向集团管委会提出修改《章程》的议案；

3. 参与集团内各成员校之间的交流共建活动；

4. 对集团的工作有批评建议权和监督权。

第二十三条　成员校的义务

1. 遵守集团章程及各成员校间签订的各种协议；

2. 参加集团管委会组织的各项活动，执行集团管委会决议，为集团开展活动提供必要的支持；

3. 团结协作，保守集团秘密，自觉维护集团的信誉与合法权益，树立集团良好形象。

第六章　附　则

第二十四条　本章程经集团管委会讨论通过，报兰州市城关区教育局核准。

第二十五条　教育集团根据本章程，建立健全学校各项规章制度。本章程如有与国家法律、法规、规章和上级有关政策相抵触的内容，概以国家法律、法规、规章和政策为准。

第二十六条　本章程解释权属集团管委会。

第二十七条　本章程其他未尽事宜由集团管委会商定。

第二十八条　本章程自批准之日起施行。

水车园教育集团

2020年2月13日

教学研究的高地，专业发展的沃土

——大教研活动综述

水车园教育集团民勤街分校　李惠芳

　　集团化办学是在新形势下促进我国基础教育健康发展的有益探索。水车园教育集团把集团化办学定位在：着眼于教育的均衡发展而立足于提升质量的教育模式。集团目前包含5所学校，共有教师331名、学生5801名。

　　2020年是水车园教育集团的首创之年，为追求高质量办学，集团内各校互相尊重，和谐共生。集团把教师专业发展作为集团化办学第一年的目标任务，以教师成长促集团发展。针对各校急需培养的众多的年轻教师和提高课堂教学效率的需求，集团以"打造精品微课，做范式引导"为目的，组织集团教师集众人智慧深入研究教材，在集体备课、问题研究中寻找最适合学生课堂学习的方案与策略，扎实落实课堂教学实践，提高课堂教学效果，促进教师的专业成长。每周半天的大教研活动，成为教师专业成长的高地，专业发展的沃土。

　　记得在一次大教研活动的总结环节，集团校的一位教科室主任非常感慨地说："我和我的同伴刚才在说，我们教师每天白天都在学校忙着上课、批作业、管学生，晚上急急忙忙回家又要做家务、管孩子，很少有时间能静下心来做教学研究。集团大教研刚开始时，我们从内心抵触每周一次的大教研，但是这次我们团队承担了主讲任务以后，我专门在周末的早晨早早起床，认真研究我们主备的单元教学，花费了很多的时间认真完成了这次备课。但是经过今天与大家在一起的教研，我发现我们团队前期的研究依然还不够好，我们还需要进一步改进和完善。通过大教研我们有了不少的收获，现在我们觉得大教研真的很有必要。"

"三人行，必有我师焉；择其善者而从之，其不善者而改之。"（《论语·述而》）这是水车园教育集团大教研活动给集团所有教师的启迪与收获。

下面我从水车园教育集团大教研组织形式、教研方式、管理模式、教研流程、评价体系、教研成果等六个方面，来向大家做整体介绍。

一、组织形式

集团教研组依据学科兼顾年级分组，目前共分为10个学科20个教研组。语文、数学学科依据年级分别分为6个年级教研组，其余学科自成学科教研组。集团校在新学期开学前安排课表时，预留每周一下午2：30—5：00为语文大教研时间，每周五下午2：30—5：00为数学、综合学科大教研时间。

大教研活动的地点固定校区与教室。语文在水车园小学，数学在秦安路小学，英语与综合在民勤街分校。

学科教师在规定的时间、固定的地方，按照教研计划共同研究相同的主题。

二、教研方式

各学科大教研由课例研究、专家讲座、参观学习和集体备课等多种形式组成。

今年的语文、数学学科大教研以单元集体备课为主，集团计划用一年时间，集众人智慧，细化研究全册教材教学策略，打磨精品案例与微课。

综合学科的每一学科不分年级集中在一组，以"一个主题多步走"为方式，分课型、分年段开展大教研活动。

所有学科研究分阶段形成精品案例和精讲课堂教学视频，上传集团智慧备课平台，为青年教师和全体学生提供反复学习的优质资源。

大教研活动中，五校教师优势融合、资源共享，深入探究学生参与深度学习的途径，关注培养学生的学科素养，在专业的沟通与交流中，每校教师为努力展现自己最好的水平，自觉地深入学习，积极参与研讨过程，在智慧碰撞中，不断提升，抱团成长。

民勤街分校的刘辉书记是资深的音乐教师，她说："参加大教研我是有压力的。因为柴玲老师的音乐素养很高，每次我们都很有收获，特别想把在活动中学到的马上用在课堂中，这样的教研让我们提升很快。但每次大教研都要求大家发言，我不能说得太差，所以每次教研我都要提前做准备，这样就必须得自己努力学习。"

还有一次，科学大教研结束后，科学教研组长王红妮老师兴奋地告诉我们："民勤街分校的何明德老师（同工同酬教师）进步特别大，今天的科学课他上得特别好！"

大教研活动，让每一个教研团队为共同的目标而不断凝聚，让每一个团队的教师在教研中受益成长。

更值得一提的是，集团成员校间的融合和提升每年都需要教师按15%的比例交流，定期的大教研活动为集团教师交流提前做好了准备，因为每周一次的聚会让集团内教师变得熟识，无论教师交流进入哪一所学校，都会与参加大教研的同伴相遇，交流教师适应新的工作环境就会变得方便与快捷，从根本上降低了所有教师参与交流的畏难情绪。

三、管理模式

集团教师发展中心总负责处下设10个学科负责人，学科负责人从集团五校的名师、骨干教师、学科带头人或副校长中遴选任命。学科负责人对接集团各校教科室主任和学科教研组长，并从中择优选出集团大教研学科教研组长和年级教研组长。每位学科教研组长和年级教研组长统领学科教师，负责本组大教研活动的组织管理；集团班子成员包抓学科大教研，每个教研组安排一位或两位参与跟进指导每一次大教研活动，保障学科教研正常运转。为进一步提高教研实效，集团陆续邀请省内各学科教研员与专家参加集团大教研，与集团内骨干团队形成专业的学术指导团队，促进教研活动有效开展，保障教研活动质量提升。

四、教研流程

按照教材内容，学科组长和年级组长依据教研计划，把每次大教研的内容提前分配给不同的主备课团队，每个主备课团队由2—6人组成。为方便主备课团队前期交流研究，主备课团队主要由同一所学校的教师组成。

主备课团队需确定一人主讲单元教材分析，一人主讲典型课例，一人主持大教研活动，另外的组员协同备课并完成主讲PPT。主讲的两位教师先行与备课团队研究完成备课任务，在大教研前将主讲稿件上传至集团智慧备课平台，供组内教师学习讨论，并做出评价。组内教师同步积极搜集备课资源，为大教研活动准备丰富的素材，以方便在大教研讨论时打开所有教师研究的思路。两位主讲教师依据组内教师评论做好修改，到大教研活动时，在组内主讲。

大教研活动由主备课团队选举的主持人穿针引线，组织教研组全体成员研讨，每次活动两个半小时。

首先由主备单元教材分析的教师主要围绕"单元教学目标、单元教学重难点、单元教学策略以及确定的依据"主讲。之后由主持人组织全组成员讨论并发表意见，我们称之为众筹众议环节。主讲人在听取大家的意见后将会对单元教材分析进一步修改完善，这一时段大概需要40分钟。

接着由典型课例主讲教师开讲。典型课例是教师从备课团队主备的单元中选择的具有代表性的教学内容。全体组员对应单元教学目标与重难点的落实，认真倾听，深入思考。之后在主持人的组织下众筹众议，质疑问难，帮助主讲教师发现备课中存在的问题，获得进一步改进和完善的有效策略，这一过程大概用时80分钟。

最后，主持人组织全体组员，对应单元教学目标，分组讨论本单元其他教学板块的教学策略，并分组汇报，在组内达成共识。此环节大概用时30分钟。

教研活动后，主讲教师根据讨论的结果，修改教案内容，形成三备成果，并交由审核教师审核，待审核通过后，形成精品案例，并在授课前着手录制精品微课，微课时间限制在5—8分钟，专门就单元教学的重难点内容做个性化教学，精品案例与录制好的精品微课以及主讲内容的PPT，一同上传至集团智慧备课平台，方便教师和学生反复学习使用。

所有参加大教研的教师，在主讲团队的带领下，深入学习与思考，在交流碰撞中解决教学中的疑难问题，更深刻地解读每个单元的教学。这样的教研活动，无论是年轻教师，还是资深的骨干教师，都会因为团队的研究，而有不小的收获。

五、评价体系

集团教师发展中心采用"过程性评价+成果评价"的方式对集团各学科教师依托大教研的发展情况进行评价，评价采用积分制。

过程性评价主要由学科教研组长负责记录。在活动的每个环节，教研组长根据每次活动组员的贡献度，为老师们评分，每次活动结束后在组内公示。

成果评价主要由智慧备课平台自动积分。备课平台依据教师上传平台的备课成果、发表的评价、信息报道、微课、案例的点击量等自动积分。

学期教研活动结束后，集团依据教师的积分和组内民主推选评优选先，进行表彰。

六、教研成果

这一年里，集团大教研共开展了20次，所有课程的任课教师参与人数6000多人次，生成精品微课77节、精品案例787节、精品课件327份。

集团建立了统一的门户网站"智慧备课"平台，形成了"空中课堂"优质课程资源库，将教师所有的教研成果上传至智慧备课平台，实现资源的统一协调与管理，打造资源丰富的教师专业发展共享服务平台。

每学期结束后，集团全体教师还利用假期时间集中备课三天，提前研究新学期的教学内容，研讨完成一半的备课任务，为新学期开学做好准备。

在我们的教研活动中，每一位老师点滴收获的背后，一定都有大家的用心付出！每一位教师的快捷成长都有集团校教师智慧的结晶。教育教学质量的提高离不开教师业务能力的提升！在这个快节奏的时代，我们集团的教师都在耐心、静心研究教学，相信集团大教研会让一个人走得很快，还会让一群人走得更远。

多彩共修课程培植集团每一个孩子成长

水车园教育集团水车园小学　金　艳　朱衍秀

为认真贯彻落实《中共中央国务院关于深化教育体制机制改革的意见》，深化教育体制机制改革，推进教育集团化办学，根据城关区委区政府、教育局相关部署，结合教育集团相关情况，现将集团共修课程实施方案发布如下。

一、指导思想

以党的十九大精神为指导，以办人民满意的教育为目标，以改革创新为动力，以集团化办学为突破口，深化教育体制机制改革，创新办学模式，优化办学机制，提升教育治理能力，充分发挥优质教育资源的辐射、示范和带动作用，不断扩大优质教育资源覆盖面，着力解决城乡教育发展不平衡不充分问题，不断满足人民群众对优质教育资源的需求，推动全区基础教育实现优质均衡发展。

二、基本原则

（1）全面性原则：面向集团全体学生，优化整合校园素质教育因素，全面提升学生人文素养，为学生的全面发展奠定基础。

（2）主体性原则：以学生为主体，教师为主导，激发学生学习积极性，形成推动学生积极、自主、持久的学习内驱力。

（3）自主性原则：根据国家提供的课程科目和课时比例，结合集团内学校的实际情况，统筹安排课程计划，科学合理地完成共修课程。

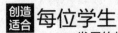

三、课程目标

以"尊重个性，挖掘潜力，快乐发展"为课程培养核心理念，以现代课程理论为依据，贯彻科学发展观，不断深化对新课程目标、任务的认识，遵循教育客观规律，按照全面协调可持续发展的要求，以科研为手段，实践新课程理念，探索新课程实施的有效途径。

四、课程内容结构

水车园教育集团课程结构的安排，基本上是由集团共修课程、选修课程、特色课程三个板块组成的，它们之间相互配合、协调一致，共同完成集团课程的育人任务。

1. 共修课程

共修课程是指所有学生都必须修习的课程，这里有两个层面，分别是集团共修课程和学校共修课程。

（1）集团共修课程是指水车园教育集团所有学生都必须修习的课程，分为四个课程板块，即编程课程、整本书阅读课程、文化日活动、劳动课程。

① 人工智能课程：包括Scratch创意课程、Micro：bit智能设计课程、机器人课程、编程课程。

② 整本书阅读课程即"一主两翼"高效阅读课程，包含整本书阅读、经典诵读等课程内容。

③ 文化日活动是指对传统节日、主题节日、节气文化和仪式典礼等有文化内涵、意义价值的特定日子的学习体验活动。特定日子包含的内容如下：

传统节日：春节、元宵节、端午节、中秋节

主题节日：元旦、劳动节、儿童节、教师节、国庆节、艺术节等

节气文化：立春、雨水、惊蛰、春分等二十四节气

仪式典礼：开学典礼、毕业典礼等

④ 劳动课程是指学生自我服务劳动、家务劳动、公益劳动和简单的生产劳动教育课程，水车园教育集团劳动课程包含开心农场种植活动、劳动创意课程、茶艺课程、生活整理课程、垃圾分类活动、志愿服务活动等。

（2）学校共修课程是指集团各校根据学校硬件、文化、师资、学生等情况

设置的本校学生共修的课程。学校共修采取"2+1"模式，即两项体育课程和一项艺术课程。

2. 选修课程

选修课程是指各校丰富多彩的社团课程。

3. 特色课程

包括水车园小学的万物启蒙课程、主题月课程，民勤街分校以文明礼仪为核心的特色系列课程，秦安路小学的"全人"教育课程和白银路小学的乒乓球系列课程。

五、课程实施保障

1. 完善组织机构，明确管理职责

建立有效的组织管理网络，明确职责，保障集团课程管理的顺利进行。集团课程中心成员保障共修课程的实施，由课程中心主任牵头，副主任协助，其他成员参与组织集团内课程的相关活动。课程中心负责研发教育集团共有课程，制定教育集团课程实施方案，组织教育集团相关课程核心成员参加各项培训，监督教育集团课程推进过程。

2. 完善管理制度，规范常规管理

建立科学的管理制度，规范要求，确保集团课程管理的有序进行。

（1）集团共修课程

① 人工智能课程：每天下午放学后，按照年级在专业老师的指导下完成，学生自愿参加。人工智能课程在水车园小学2—6年级开展，其他各校根据学校和学生情况灵活开展，逐步推进。

② 整本书阅读课程：分为整本书阅读课程和经典诵读课程，整本书阅读课由学校阅读老师执教，每班每周一节；经典诵读在班级语文老师的指导下于早读时间完成，每学期进行测试。

③ 文化日活动：在特定的文化日体验相应课程，完成相关学习单和作品。

④ 劳动课程：开心农场种植活动、劳动创意、生活整理、垃圾分类课程等由各班主任组织学生完成，志愿服务活动于假期在社区完成，茶艺课程由学校专业老师指导完成。

（2）学校共修课程依据各校安排进行。

（3）选修课程：是指各校丰富多彩的社团课程。其中水车园小学于每周二下午3：30—5：10进行社团课程教学，其余学校按学校实际进行。

（4）特色课程包括水车园小学的万物启蒙、主题月课程，民勤街分校以文明礼仪为核心的系列课程，秦安路小学的"全人"教育和白银路小学的乒乓球系列课程，依据学校实际合理安排课时，形成各校课程特色。

六、课程评价

以发展性评价为引导，建立、完善以教师、学生为主的发展评价指标体系，实现共修课程育人目标。

1. 学生评价

采用过程性评价与终结性评价相结合的方式。拓展型、探究型课程不采用书面的考试或考查方式，但要做考勤评价记录，最后以不同形式呈现学生学习的情况。学生成果可通过实践操作、作品鉴定、竞赛、评比、汇报演出等形式展示，获得了成果的可在学生成长记录册的收获园内做记载。

2. 教师评价

教师从教必须有计划，有进度，有考勤评价记录。教师应按学校整体教学计划的要求，达到规定的课时与教学目标。各校依据自身情况由教导处通过查阅资料、调查访问等形式，每学期对教师进行考核。

以发展的眼光赋能教育帮扶

清华基地领航名校长工作室　金 艳

"感谢教育部，感谢清华基地领航校长工作室……甘肃兰州水车园小学的金艳校长，无论是在财力、物力、师资，还是远程协助、校际学习等方面都给予莫大的援助，给民族希望小学的未来发展带来希望和动力。"这是清华基地教育帮扶四川省冕宁县民族希望小学收官之年欢送会上，受援学校王玉雄校长用代表彝族特色的告别仪式，向我教师团队的一段深情告白。

在教育部教师司的带领之下，2019年9月开启了金艳领航工作室结对四川省冕宁县民族希望小学的教育帮扶之路。

四川省凉山州冕宁县民族希望小学是全县唯一一所少数民族寄宿制小学。截至2021年1月，在校学生人数1169人，21个普教教学班级，2个特教班级。除5人是汉族外，其余都是彝族。大部分孩子的成长缺少父母陪伴，90%以上的学生在生活中都运用彝语，只有在校上课时间才运用普通话。家庭教育的严重缺失，加之当地经济、人文历史各方面因素影响，导致教育教学质量不高。教育部"国培计划"的启动，如一缕春风，给民族地区教育发展带来希望，而我的团队有幸加入这场盛大而庄重的教育帮扶行动中，更要有责任担当、不负使命。教育帮扶工作是国家脱贫攻坚的关键一环，其精髓是"扶贫扶智"。用发展的眼光科学统筹，用教育的方法打造智慧帮扶平台，为受援学校传递教育的温度，引送可持续发展的长效机制尤为重要。

第一，精心选派支教教师。为充分发挥支教教师的桥梁纽带作用，我精心选拔、用心安排，先后三批次派出冯晓琴、陈剑南、金一伟、王志艳4位支教教师，不远千里奔赴凉山，走进冕宁县民族希望小学，扎扎实实开展了为期一年

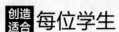

半的教育帮扶工作。4位支教教师充分了解校情学情，合理制定教育帮扶工作方案，按照支教计划有针对性地开展了一系列帮扶工作，主要包括：六年级语文教学、班主任工作管理；六年级提高班特色课程；三年级美术课程；师徒结对培养"种子"教师；有效的语文教研活动；校园读书行动；学校社团课程、创办校刊、校本教材汇编等，为冕宁希望小学的孩子们带去了来自工作室团队的智慧与温暖。

第二，千里援培精准指导。民校的孩子们大都是留守儿童，他们在家里干农活、做家务、照顾弟弟妹妹，他们可爱善良、灵气十足。但是，大山阻隔了孩子们与外面的世界，师资不足、资源缺乏，导致孩子们接受艺术教育的机会很少，甚至连图画本、水彩笔都没有，课外读物和读书意识也就更加缺乏。但每个孩子都渴望更广阔的学习视野，心里都飞扬着美丽的梦想……

我了解到这些情况之后，立即组织各方力量爱心捐助。5600多本图书、2500多盒彩笔、3300多本图画本、100多个篮球、1200多根跳绳、500多套文具、3000多件（套）生活用品、700多件（套）办公用品，总价值13.5万多元的援助品满载着工作室师生团队和社会各界浓浓的情谊，源源不断地从兰州发往冕宁，温暖了民族希望小学无数学子的心。

"问渠那得清如许，为有源头活水来。"教育帮扶不仅仅是捐赠，更要在"扶志"上精准施策，在输入鲜活的教育观念上多下功夫。捐赠仪式后，我带领团队开展了援培送教活动。李惠芳、柴宗虎、张靖、魏孔鹏等6位教师，分别从班级成长、班主任智慧管理、统编教材的教与学、语文、体育、音乐等方面进行了多角度援培送教，用先进的教育理念引导教师们学习实践。

活动中，我以"润泽教育，适性扬长"为题做了专题报告。通过一桩桩小故事，从学校课程建设、教师发展、学校管理、学生发展等各个方面为与会的校长们讲了自己做校长的责任与担当。在与冕宁县的校长们座谈时，我提出一定要在孩子的美育、体育方面给孩子以引导与培植。可以通过听、学100首歌曲、欣赏100幅名画、观看100部电影等方式唤醒孩子们对美好的追求。要让孩子掌握一两项体育技能，强身健体的同时，让体育项目成为孩子一生的爱好，成为学校的特色项目。通过这样点对点、手把手地精准指导，激发希望小学因地制宜大胆实践的迫切愿望，帮助民族希望小学打开工作思路，学习教育管理方法。

　　第三，引领转变学习观念。为切实推进民族希望小学课堂教学改革，提高教师课堂教学水平，工作室支教团队情系学生发展，尊重学生学情，通过示范，引领教师用全局性思维、大课程观解读教材，转变课程观、教学观，以学定教，提高课堂教学质量。"何为有效课堂""一篇课文用两课时该怎么教？"带着民族希望小学语文教师们的困惑，团队教师通过精彩纷呈的公开课引发教师深入思考，带领教师议课研讨，进行专题讲座，带动了课堂教学研究的氛围与习惯。以此为契机，支教团队带领教师们研读教材，确立教法学法，积极参加第十届语文教学展评大赛，在磨砺中不断转变教学观念，促进师生共同发展。师徒结对帮扶中，团队指导的张红梅老师在第十届校园教学大赛中荣获一等奖，沈阿敏、罗英富老师荣获二等奖，指导何建芝老师拍摄录像课报送参加县微课大赛。指导学生阅读理解、实施作文教学是一线教师们普遍头疼的问题，支教团队的王志艳教师以六年级提高班特色课程为平台，积极为希望小学的老师们上示范课、指导课。选择大型纪录片《航拍中国》《舌尖上的中国》《最美公路》和优秀绘本作为课程资源，精心设计特色课程，为学生打开一扇看世界的窗，用全新的学习方式帮助孩子们开启阅读写作之旅。金一伟老师大胆尝试欣赏儿童诗、写儿童诗、写单字小短文等方式，大而化小，化繁为简，激发学生的写作欲望，更是受到学生的一致欢迎。学校综合性课程方面，支教团队教师策划"书润童年"启动仪式，打造5个"书香班级"示范班，拟定校园读书管理制度、评价制度，设计完成"阅读记录册"，加强过程性管理，为希望小学未来打造"书香校园"播撒火种。挖掘地区特色，努力丰富学校校本课程。指导学生书法绘画、美文诵读，成立"丹青雅趣"美术社团、"心儿飞扬"诵读社团。通过大量阅读历史书籍，精选内容汇编了《红色冕宁》校本教材读本一本，创办校刊《宁馨儿》两期，完成校本教材《彝族月琴》大体框架和4000字编撰。在创建开展民族文化特色学校中，指导学生完成60余幅优秀作品，装裱后精心布置两间活动室。在民族希望小学首次参加冕宁县科技创新大赛活动中，我的团队为希望小学出谋划策，通过远程协助提供典型案例，介绍活动经验，助力科技创新活动的开展与深入推进。通过不懈努力，在冕宁县第九届青少年科技创新大赛中，民族希望小学取得了可喜的成绩：科技创新大赛辅导员科技创新成果类一等奖一项；科技创新绘画荣获冕宁县二等奖两项、三等奖五项；青少年科技创新成果类二等奖一项、三等奖一项；科技实

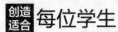

践活动优秀奖一项。

第四，倾情激发内生动力。"授人以鱼，不如授人以渔。"教育帮扶的最本质的意义，莫过于激发受助学校自我发展的动力源泉。在工作室支教帮扶过程中，冕宁民族希望小学的王玉雄校长也紧跟教育改革的步伐，工作思路正在发生着日新月异的变化。2020年11月初，王玉雄校长希望能以支教老师为纽带，请领航校金艳校长为希望小学下一步关于"教师发展""分层教学""以研促教"三个方面的工作问诊把脉。得知这一工作思路，我积极与王校长取得联系，邀请王校长来兰州进行校际交流，共议学习方式，共商学校发展。

经过充分准备，11月15日，王玉雄校长带领中层负责人及部分骨干教师一行6人，赴甘肃兰州城关区水车园小学进行观摩学习，参加了"教育部中小学名校长领航工程金艳校长工作室授牌仪式暨'未来学校变革'主题论坛"活动。通过聆听国家教育行政学院教师培训部于维涛主任主题报告、清华大学教育研究院副院长李曼丽教授的专题讲座和金艳校长"未来学校发展"主题讲座，学习新的教育理念，从教育原理、教育实践中学习工作方法，学习如何做教育研究。

学校管理、课堂教学也是此次学习观摩的一个重点。水车园教育集团的管理模式，水车园教师的课堂教学风采，学校机器人课、编程课、管乐团、整本书阅读等课程，都给王玉雄校长带领的学习团队留下了深刻的印象，引发了深度的思考。王玉雄校长动情地对金艳校长说："承蒙您的厚爱，我和我的团队有幸参加此次规格之高、理念之新、视野之广、容量之大的教育盛会，备受震撼。让我有幸触及全国教育发展的最新理念，教育改革的最新动态，我们不虚此行，受益匪浅。感谢您及您的团队在我们这几天学习中的悉心安排和周到服务。时光匆匆，我们怀揣着满满的收获与感动，踏上了返程之路，临别之际，特表达我们的感谢之情。清华名校长工作基地让我们有幸结缘，在您的鼎力帮扶和关爱下，我们有幸续缘，我们真诚地期待在后续的学校建设和发展中，得到您及您团队的大力支持和专业指导。大恩不言谢，祝您身体健康，工作顺利！"

第五，建立长效帮扶机制。回望结对帮扶民族希望小学的教育历程，工作室团队坚守初心，用先进教育理念为希望小学注入朝气与活力，用真情奉献感受别样的教育人生，在结下深情厚谊的同时更加坚定了两校携手共进的爱与责任。"十四五"教育蓝图已经擘画，"凉山教育帮扶行动"收官之年不是结束，而是教育帮扶的新起点。工作室将一如既往，充分利用网络技术，通过在线支持、远程协助等方式，持续不断地关注、支持民族希望小学。共研教育教学管理，提升制度文化建设；搭建互助研修平台，促进教师专业成长；确立层级培养机制，助力自主创新发展；建立长效帮扶机制，持续增强凉山教育的发展动能，以家国情怀、教育情怀助力凉山教育走向新的明天。

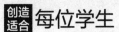

因校制宜开展结对帮扶活动

——水车园教育集团与东乡县三合学校结对帮扶小记

水车园教育集团水车园小学 魏孔鹏

感受着夏日的蓬勃与热烈，水车园教育集团、水车园小学党支部、水车园小学三个工作室一行19人来到东乡县三合学校，举行了结对帮扶的捐赠、签约仪式，并开展了一整天的送教活动。

因校制宜，找准切入点

在过去的一个多月里，"三合学校"早就是水小校园里的"热词"了。学校晨会上、党支部组织生活会上、全体教工大会上，这个名词被多次提起。余洮副校长、彭正斋主任在2020年6月3日、6月24日两赴三合，经过实地考察，并与三合学校的领导、孩子们座谈后，深入了解三合学校急需的帮扶项目。回来后，他们拉清单、定计划，把三合学校的需求一条条写在里面。根据这个计划，金艳校长、胡永红书记向老师们介绍三合学校的情况，介绍三合学校需要帮助的项目。学生们、党员们、老师们纷纷认领捐助内容并慷慨解囊，以自己的微薄之力，助力三合学校完成校园文化、班级文化建设，助力三合学校建成学校图书室、体育器材室等。

以课会友，水车园特色

一踏进校园，一行人马上被三合学校的幽静与清雅吸引了，恬淡的校园，朴素的校舍，质朴的老师和孩子们……来不及好好感受，徐文涛、王晓磊老师就匆匆走进了五年级和二年级的教室给孩子们上《登鹳雀楼》《杨氏之子》，上第二节课的俞婧雯老师和何敏老师也开始准备自己的课了。不一会儿，不大的校园里，学生的琅琅书声，老师忘我、入情的讲课声就传进了耳朵里。恍惚间，你就好像在水小的大梨树下，在清晨的校园里，听着最美的校园协奏曲。

下午，骄阳似火，交流课继续。何柳老师找了一块树荫，给孩子们上了两节体育课，篮球素质操、运球练习、素质练习，何老师教得一板一眼，孩子们学得踏实有趣。柴玲老师、田惠明老师带领孩子们在教室里唱唱跳跳，折折剪剪，《拉德斯基进行曲》《折纸鱼》在三合学校的孩子们那里同样有模有样，有滋有味。

"语、数、英、音、体、美"，几乎是"全学科覆盖"，也是这次送教的一大亮点，10节课的教学设计都经过精心打磨，上课教师与听课教师的互动，更是深度的思想交流与智慧的碰撞。课堂为"天"，学生为"本"，不论是在哪里，课堂里的老师们最美，课堂里的美好才是水车园特色。

签约揭牌，开启新一站

上午10：30，朴素、庄重的捐赠仪式开始了。三合学校的老师们和学生们在操场上整齐列队，简易的主席台也铺上了红地毯，水车园教育集团捐赠的一套音响设备第一次在学校的操场上响起来了。金艳校长在致辞中勉励学生们要树立远大的志向，要努力做到品学兼优，全面发展。在家做个懂事的孩子，在学校做个好学生，为家庭为学校为社会多增光添彩。她还鼓励老师们要坚守教育初心，用自己的专业发展为学生们的梦想助力，点亮自己的教育情怀，并真诚地希望自己能够帮助每一位老师成长。

双方还签订了《水车园教育集团、金艳名校长工作室与东乡县三合学校对口帮扶协议》。三合学校校长王志勇，唐汪镇党委书记马玉虎分别发表了热情洋溢的讲话。

捐赠仪式结束后，金艳校长和马玉虎书记一同察看了水车园教育集团为三合学校捐建的体育器材室和图书阅览室，并亲自为阅览室揭牌。金艳校长说："我们把图书阅览室命名为'润泽书屋'，就是希望孩子们能够在书中浸润自己的童年，在书中强健精神，增长智慧。"

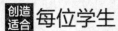

精准施策，下绣花功夫

金艳校长亲自谋划三合学校的学校文化建设，为学校提炼、拟定了"三合教育，和合共生"的学校核心文化，她说"三合"应为"合宜、合力、合作"即：创办适合东乡、唐汪的教育，合力追逐教育梦想，走合作之路，创"三合"美好的明天。

白亚珺老师还带着三合学校的班主任们一起布置"润泽教室"，这些专程从兰州"远道而来"的墙面标语牌、班名牌、三表栏……经白老师布置上墙，教室里一下子变得大气雅致了。

最后，在崭新的图书阅览室里，三合学校的副校长、任课教师、班主任、学生们以及中层干部分别与水车园小学的余洮副校长、各科老师、四年级班主任、学生们及彭正斋主任、魏孔鹏主任签订了《师徒结对帮扶协议》，让两校友谊更绵长，让情谊与帮扶更牢固。"友好班级""师徒结对""学科共建""互助伙伴"等深度合作将推进水车园教育集团在今后的两年里，持续深入开展帮扶工作，争取让三合学校展新姿，有新貌。

下午4：30水小的老师们踏上了返程的汽车，王志勇校长为老师们送行，三合学校的几位老师也向大家挥手告别。一天的时间很短，但所有人一起开启了一个美好的未来，水车园教育集团将继续为自己也为三合学校师生们心中的教育梦想助力。

携手同奋进，共筑教育梦

——水车园小学、金艳名师工作室帮扶送教纪实

水车园教育集团水车园小学　魏孔鹏

2019年9月25日，水车园小学、金艳名师工作室与甘肃永坤置业集团一起举行了"携手同奋进，共筑教育梦"志愿活动，双方走进临夏州积石山县双语小学、河崖小学开展了结对签约、捐助慰问、送教等活动。

上午11点，在经过近4个小时的路程后，水车园小学、民勤街分校、金艳名师工作室、甘肃永坤置业集团的22名同行人员到达了积石山县双语小学。积石山县双语小学是县城里一所规模较大的学校，与双语小学结缘是因为水车园小学的柏延霞老师这学期来这里支教。柏延霞老师在这里工作的一个月时间里，了解到这里的老师们、孩子们非常喜欢读书，非常渴望高水平的教研，于是把这个情况向金艳校长和胡永红书记做了汇报。为此，水车园小学党支部、金艳名师工作室在师生中发出了"共享书香，爱心助梦"的倡议活动，以"赠一本书，共勉一句话"的方式传递友谊，让积石山的学生和老师们都能在书香中丰富智慧、灿烂精神。短短两天时间，全校师生共捐图书2500余册，学生们不仅拿出了自己喜欢的书籍，还买了文具、文体用品等；老师们也拿出了自己爱读的高品质的图书，每一个水小人都想把书香传送，都想把爱心传递。

金校长、胡书记把学生们和老师们的情谊送到了积石山，甘肃永坤置业的冯武军书记也带来了银河国际员工们的爱心捐助。在捐赠仪式上，水车园小学与双语小学还签订了《结对帮扶协议》，双方约定以后要在水车园小学和金艳名师工作室的引领下开展教学、教研等多领域、全方位的帮扶与合作。仪式的最后，大家共唱《我和我的祖国》，一起为祖国繁荣富强喝彩，为祖国70华诞

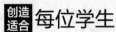

献礼，老师们和孩子们的歌声在校园上空久久回荡。

捐赠仪式结束后，大家马不停蹄，赶赴此次活动的下一站：积石山县河崖小学。河崖小学位于积石山县刘集乡，学校在大山深处。不到20千米的路程，大巴顺着蜿蜒的山路行驶了近一个小时。在捐赠仪式上，面对全校200名师生，金校长动情地说："今天，我们来到河崖小学，我们看到虽然这里的操场并不宽敞，但学生们的心一样驰骋翱翔；虽然这里的校园朴素，但学生们的红领巾一样鲜亮；虽然这里的教室环境普通，但学生们的读书声一样的琅琅；我的心深受触动，作为一个有近三十年教龄的老师，我深深知道：每一个学生都应该被宠爱，每一个学生的梦想都应该被灌溉。作为一名校长，我更知道：每一位老师的教育理想都应该被尊重，每一位教育者的情怀都应该被点亮。

"我们水车园小学、金艳名师工作室多年致力于阅读课程的研究与推广，工作室对阅读课程的研究已近十年，师生都在阅读中滋养、进步。为了把书香传递，水车园小学党支部、金艳名师工作室在师生中发出了为河崖小学的师生们捐书的倡议，我们想：也许学生们物质生活不够理想，但不能缺乏精神的成长。希望河崖小学的学生们也能在书中感受脚步到不了的地方，在书中浸润自己的童年，在书中强健精神，增长智慧。同时我也希望两校以后可以加强阅读课程等多方面的交流，共同学习，互相促进，共同成长。"

"在国庆节到来之际，我们与永坤置业一起准备了书籍、学习用品、物资等，大家共献爱心。希望学生们珍惜学习机会，树立远大志向，克服暂时的困难，努力做到品学兼优，全面发展，在家做个懂事的孩子，在学校做个好学生，为家庭为学校为社会多增光添彩。"

下午，水车园小学、金艳名师工作室的教师们与双语小学、河崖小学共同开展了送教、教研活动，水车园小学的马婧、段磊老师在双语小学分别上了"Story time""倍的认识"两节课，水车园小学、金艳名师工作室的朱衍秀老师上了语文课"精彩极了"和"糟糕透了"，民勤街分校的王维君老师在河崖小学上了体育课"原地侧向投掷垒球"，老师们和积石山的学生们在课堂学习中徜徉，在知识的海洋里遨游。学生们虽然表现得还略腼腆，但在课堂上，他们的眼睛里都闪烁着光芒，每个学生都努力地与老师一起运算、朗读、奔跑……老师们以课会友，通过课堂教学展示了我校新教育理念和在生本课堂的实验成果。

　　今天是水车园小学、金艳名师工作室、银河国际与双语小学、河崖小学携手同行的序幕。真心地希望这些带着温度的书籍和文具成为彼此间交流的纽带和友谊的桥梁，真心希望以后开展更多更广泛的交流活动，促进学校、工作室更好地发展。